갈등은 기회다

갈등은 기회다
일상의 갈등해결 솔루션

2016년 3월 28일 초판 1쇄
2019년 3월 20일 초판 3쇄

지은이 | 정주진

책임편집 | 김희중
제　작 | 영신사

펴낸이 | 장의덕
펴낸곳 | 도서출판 개마고원
등　록 | 1989년 9월 4일 제2-877호
주　소 | 경기도 고양시 일산동구 호수로 662 삼성라끄빌 1018호
전　화 | (031) 907-1012, 1018
팩　스 | (031) 907-1044
이메일 | webmaster@kaema.co.kr

ISBN 978-89-5769-372-8 93300

• 책값은 뒤표지에 표기되어 있습니다.
• 파본은 구입하신 서점에서 교환해 드립니다.

갈등은 기회다

일상의 갈등해결 솔루션

정주진 지음

개마고원

갈등 없는 성장은 없다

고등학교 1학년 아들과 40대 후반 아버지가 갈등을 겪고 있다. 반항하는 아들과 시시콜콜 자식의 일에 관여하려 하지만 정작 자식을 잘 모르는 아버지의 흔한 갈등이다. 시간이 지나면 저절로 사라질 아들과 아버지의 사소하고 일시적인 충돌처럼 보인다. 그런데 얘기를 들어보니 좀 심각하다. 갈등의 뿌리에는 아들의 상황과 심정에 공감하지 못하고 항상 '강한 남자'가 되어야 한다고 말하는 아버지의 일방통행식 주장이 있다. 거기에 어머니는 무조건 아들 편을 들며 갈등에 안 좋은 영향을 미치고 있다. 부자간의 갈등은 부부간의 갈등으로도 전이되고 있다. 이 가족의 갈등은 잘 해결될 수 있을까? 그냥 시간이 해결해줄까? 갈등을 해결하고 화목한 가정이 될 수도 있지만, 아버지와 아들이 의절하는 일이 생길 수도 있다.

쓰레기 소각장을 둘러싸고 갈등이 생겼다. 생활쓰레기를 처리할 대규모 소각장을 짓기로 한 도청의 결정에 건설 예정지 주민들이 백지화를 요구하며 시위에 나섰기 때문이다. 도청은 주민들의 입장은 이해하지만 그래도 소각장이 필요하니 주민들과 협의해 예정대로 건설을 추진하겠다는 입장이다. 주민들은 소각장이 들어서면 환경오염이 생기고 땅값도 떨어질 것이라고 주장한다. 도청은 주민들에게 최대한 피해가 가지 않도록 할 것이라며 사업 추진은 불가피하고 입지 재선정은 불가능하다는 말만 되풀이하고 있다. 이 갈등은 어떻게 될까? 시간이 가면 자연스럽게 해결될까? 도청과 주민이 타협점을 찾아 합의할 수도 있지만, 극한대립 끝에 물리적 충돌이 생길 수도 있다.

갈등해결은 '갈등'과 '해결'이라는 두 단어가 합쳐진 말이다. 그렇지만 보통 한 단어처럼 사용된다. 갈등을 해결할 구체적인 방법을 연구하고 그것을 실행하는 영역을 일컫는 전문용어라서 그렇기도 하지만, 무의적으로도 붙여 쓰는 것이 자연스럽다고 생각하는 것 같다. 거기에는 '반드시 갈등을 해결해야 한다'거나 '갈등은 해결하는 것이 자연스럽다'는 생각이 담겨 있는 것으로 보인다. 물론 갈등해결을 전문적으로 연구하고 실행하는 사람들 역시 그렇게 생각한다.

그렇지만 갈등을 해결하는 건 쉽지 않은 일이다. 앞에서 얘기한 두 가지 사례는 흔히 볼 수 있는 갈등이지만, 흔한 갈등이라고 잘 해결되는 건 아니다. 갈등은 결코 만만한 상대가 아닌 것이다.

사실 다양한 사람들이 섞여 사는 사회에서 갈등이 생기는 것은 너무나 자연스런 일이다. 심지어 비슷한 가치관과 문화를 가지고 있는 가족들 사이에서도 갈등이 생긴다. 단언컨대 갈등을 겪지 않고 사는 사람은 없다. 그렇지만 대부분의 사람들은 자신의 삶에는 갈등이 끼어들지 않기를 바란다. 다른 사람의 갈등은 자연스런 일로 취급하지만 자신의 갈등은 매우 부자연스럽고 불안한 일로 여긴다.

개인적으로나 사회적으로나 우리는 갈등에 취약하다. 무엇보다 갈등에 잘 대응하고 해결하는 역량이 턱없이 부족하다. 갈등에 직면할 때마다 불안한 태도와 예민한 반응을 보이지만 개인도 사회도 그런 대응 방법을 향상시키는 노력을 거의 하지 않는다. 그래서 갈등은 반복되고 개인과 사회의 일상이 흔들린다. 해결되지 않은 기존의 갈등에 새로운 갈등이 더해지면서 시간이 지날수록 첩첩산중이다. 개인·집단·사회가 모두 이런 비슷한 상황에 처해 있다.

이 책을 쓴 이유는 개인과 사회가 갈등 대응 역량을 키울 수 있도록 돕고, 일상의 갈등에 대처하는 방법을 제공하기 위해서다. 이를 위해 이 책은 갈등이 무엇인지, 어떻게 전개되는지, 갈등을 이해하기 위해서는 뭘 해야 하는지, 그리고 갈등을 잘 해결하기 위해 어떤 절차를 거쳐야 하는지를 설명하고 있다. 무엇보다 이 책은 자신을 포함해 갈등에 직면한 사람들의 전체적 상황을 이해하고 대화를 통해 갈등을 해결할 방법을 설명하고 있다. 이 책을 이해하고 활용한다면 적어도 갈등에 대응하는 상투적인 방식에서 벗어나고, 적합한 해결책을 찾을 수 있을 것이다. 이 책이 자신 또는 자기 집단이 겪는 갈등을 잘 해결하고자 하는 사람들에게 큰 도움이 되길 바란다. 회사나 단체에서 갈등 문제를 담당하는 사람들에게도 좋은 참고서가 될 것이다.

독자들에게 한 가지 당부할 것이 있다. 자신의 갈등 대응 역량이 조금 키워졌다고 갈등을 쉽게 해결할 수 있는 것은 아니다. 원칙적으로 말하면 갈등과 관련된 모든 사람들의 역량이 키워져야 갈등에 잘 대응하고 잘 해결할 수 있는 가능성이 생긴다. 그렇다고 실망할 필요는 없다. 갈등에 관련된 한 사람, 또는 갈등 당사자 중 한 편이라도 잘 대응하고 해결할 수 있는 역량을 갖추면 그로 인해 다른 사람들의 역량도 키워질 가능성이 높기 때문이다.

이 책의 제목처럼 '갈등은 기회'다. 갈등이 없으면 개인이든 사회든 성장할 수 없다. 갈등 없이 삶에 심각한 영향을 주는 문제가 개선되는 경우는 드물다. 물론 문제가 커지기 전에 처리하는 것이 최선이다. 그러나 대부분은 어느 정도 잡음이 생기고 갈등이 빚어진 후에야 비로소 문제가 해결된다. 그러나 '갈등이 기회'가 되는 것은 갈등에 잘 대응한다는 전제 아래서만 가능하다. 갈등이 파국적으로 전개되고 끝난다면 우리의 삶은 더 무거워질 것이다. 결국 가장 바람직한 상황은 갈등이 사라지는 것이 아니라 갈등이 기회가 되고 잘 해결하는 것이다. 이 책이 그런 일에 조금이나마 기여할 수 있기를 바란다.

갈등에 관련된 책은 많지 않다. 우리 사회에 갈등은 많지만 갈등을 잘 이해하고 해결해보려는 의지는 부족하기 때문이다. 또한 갈등 해결 연구가 독립적 학문 분야로 자리를 잡지 못한 데다 연구자들이 많지 않기 때문이기도 하다. 그럼에도 불구하고 이 생소한 분야에 대한 책을 쓸 수 있도록 해준 개마고원에 감사드린다. 어떤 내용이 됐든 책을 쓰고 출판한다는 것은 쉽지 않은 일이고 여러 사람의 수고를 필요로 한다. 그런 수고로움을 기꺼이 감당해준 것에 감사드린다.

2016년 3월 일산에서

정주진

|3부 갈등해결로 가는 길|

5장 대화와 협상

6장 해결을 위한 절차

7장 남겨진 도전

1부

갈등 없는 **사람**은
없다

1장

갈등, 피할 수 없는 삶의 문제

1. 갈등에 직면한 사람들

이야기 하나

희정은 30대 초반의 주부이자 직장 여성이다. 첫 아이를 낳고 출산휴가가 끝난 뒤 손위 시누이에게 아이를 맡겼다. 시누이와는 결혼 전부터 가깝게 지냈고 사이가 좋은 편이었다. 시누이가 아이를 길러준다고 했을 때 고맙고 안심이 됐다. 그래서 다른 사람들과 비슷한 수준에서 매달 사례비도 줬고 명절에는 꼬박꼬박 선물도 했다. 그런데 시간이 갈수록 아이 문제로 불편한 일들이 생기기 시작했다. 급기야 양육에 대한 이견으로 말다툼까지 하게 됐다. 문제는 거기서 그치지 않았다. 시누이가 희정과의 일을 시어머니에게 얘기했고 시어머니는 그때마다 희정과 남편을 나무랐다. 시누이와의 갈등은 시어머니와의 갈등으로 이어졌고 그로 인해 남편과의 말다툼도 잦아졌다. 참다못한 희정은 둘 사이의 일을 계속 시어머니에게 얘기하면 더 이상 아이를 맡길 수 없다고 시누이에게 압력을 넣었다. 그러나 그것이 오히려 시누이의 화를 돋우었다. 시누이는 자신을 고자질쟁이로 취급한 희정의 무례를 모든 가족 앞에서 얘기하겠다며 공격했다. 그동안 조심스럽게 진행되던 갈등이 마침내 폭발했고 희정은 난처한 입장에 처하게 됐다.

이야기 둘

찬호와 수혁은 20대 후반의 회사 동료다. 1년 가까이 같이 일했지만 동료애가 생기기는커녕 오히려 갈등을 겪는 사이가 됐다. 회사 사람들은 두 사람의 성격이 너무 달라 자주 부딪치는 것이라고 말하지만 찬호의 생각은 다르다. 찬호는 수혁의 잦은 지각이 갈등의 원인이라고 생각한다. 수혁의 지각 때문에 찬호는 상사로부터 동료 단속도 못한다고 몇 번이나 꾸지람을 들었고 수혁이 지각할 때마다 서류를 찾느라 애를 먹기도 했다. 수혁에게 그런 얘기를 했지만 '그럴 수도 있지'라며 쉽게 넘겼고 버릇은 고쳐지지 않았다. 찬호는 피해의식까지 생겼고 수혁과 계속 회사생활을 할 생각을 하면 가슴이 답답하다. 수혁의 생각은 다르다. 수혁은 지각은 순전히 자신의 일인데 찬호가 동료랍시고 참견할 때마다 기분이 상했다. 그리고 회사 생활을 하다보면 동료 대신 일을 처리할 수도 있는데 그때마다 꼬치꼬치 따지고 수혁의 지각을 거론하는 찬호가 못마땅했다. 동료들과 술자리에서 넋두리라도 하지 않았다면 수혁은 오래전에 찬호와 한판 붙거나 회사를 그만뒀을 것이다. 두 사람은 물론 주변 동료들도 갈등을 끝내려면 둘 중 하나가 회사를 그만두는 수밖에 없다고 얘기하곤 한다.

이야기 셋

60대 초반의 부부인 현숙 씨와 상기 씨의 갈등은 요즘 최고조에 달했다. 하루가 멀다하고 말다툼을 하고 서로에게 욕까지 내뱉는다. 예전 같으면 상상도 못했을 일이다. 현숙 씨는 상기 씨를 보면 서운함을 넘어 파렴치하다는 생각까지 든다. 지난 20년 동안 상기 씨의 수입이 불안정했기 때문에 자신이 일하지 않았다면 생계도 자식 뒷바라지도 불가능했을 것이다. 이제 자식들이 모두 결혼하고 좀 쉴 수 있으려나 했지만 노후 준비가 되어 있지 않아 일손을 놓기 힘들다. 그것이 모두 상기 씨 탓이라 생각돼 좋은 말이 나오지 않는다. 상기 씨는 현숙 씨의 생각에 동의할 수 없다. 수입이 들쭉날쭉하고 많지는 않았지만 지난 20년 동안 꾸준히 일을 했고 생계의 반 이상은 자신이 책임졌다. 그런데 현숙 씨가 다 책임진 것처럼 얘기하니 억울하다. 이제는 좀 쉬고 싶지만 노후 대책이 없으니 힘들어도 경비원 일을 계속 할 수밖에 없다. 그런데도 현숙 씨는 상기 씨 탓만 하니 역시 입에서 좋은 말이 나오지 않는다. 두 사람은 싸우는데 지쳤지만 그렇다고 진지하게 대화를 해볼 생각도 없다.

이 이야기들은 우리 주변에서 흔히 볼 수 있는 평범한 갈등이다. 이런 갈등은 나이·성별·교육수준·사회적 지위를 가리지 않고 누구나 겪는다. 갈등은 당사자들에게는 모두 특별한 사건이며, 갈등의 당사자들은 편히 먹기도 잠을 자기도 힘들다. 그렇지만 주변 사람들에게는 한 귀로 듣고 다른 귀로 흘려버려도 되는 일이다.

사람들은 어느 날 갑자기 삶에 비집고 들어오는 크고 작은 갈등을 운명처럼 받아들이며 산다. '아무 일도 일어나지 않으면 사는 게 재미 없지…'라는 공허한 말로 자신을 위로하기도 하고, 때로는 눈을 크게 뜨고 정면돌파를 모색해보기도 한다. 산전수전 겪으며 쌓은 삶의 지혜와 온갖 잡다한 지식을 총동원해 갈등이 자신의 삶을 통째로 집어삼키지 않도록 적절한 수준에서 관리하기도 한다. 대응할 것이냐 회피할 것이냐의 큰 틀을 먼저 결정하고 머릿속으로 분주하게 적극적 대응이냐 소극적 대응이냐, 또는 의도적 회피냐 완벽한 무관심이냐 등의 대책을 세우기도 한다. 그러나 이런 대책을 그대로 밀고 나가는 것은 쉬운 일이 아니다.

운명처럼 받아들이든, 적극 수용해 정면돌파하든, 또는 적절한 수준에서 관리하든 어떤 것도 결코 쉽지 않다. 갈등이 마치 살아있는 생명체처럼 진화를 거듭하고 카멜레온처럼 색깔을 바꾸기 때문이다. 휴화산처럼 몇 달 몇 년 동안 조용하다가, 방심하고 있는 순간 활화산이 돼 폭발하기도 한다. 손톱만큼 작아 거의 보이지 않았던 것이 어느새 집채만한 크기가 돼 압박을 가하기도 한다. 이렇게 갈등은 시간이 지나면서 예상치 못한 방향으로 전개되기 때문에 애초 정한 대응 방식이 먹히지 않는 일이 흔히 생긴다.

갈등을 반기는 사람은 없다. 사람들은 갈등을 매우 불편해하고 때로 위협적인 것으로 느낀다. 그래서 되도록 빨리 끝내고 싶지만 맘대로 되지 않는다. 섣불리 대응하면 오히려 갈등이 더 악화되기도 한다. 살면서 흔하게 마주치지만 그때마다 탐탁지 않고 모른 척하고 싶은 것이 갈등이다.

사람들이 갈등을 불편하게 생각하는 첫번째 이유는 전개를 예측하는 것이 거의 불가능하기 때문이다. 저마다 독특한 삶의 방식이 있고 그것에 익숙해져 있다. 누구나 자신에게 익숙한 방식으로 일을 하고 사람을 만나고 문제를 해결한다. 불가피하게 그 방식을 벗어나야 하는 상황에 처하면 불편과 불안을 느낀다. 그래서 본능적으로 자신의 방식으로 돌아가려고 한다. 자신의 방식을 적용할 수 없고, 앞으로 자신의 방식을 적용할 수 있을지조차 알 수 없을 정도로 예측이 불가능한 상황에 직면하면 불편과 불안은 최고조에 달한다. 갈등이 바로 그런 상황을 만든다.

갈등이 예측 불가능한 것은 그것이 오롯이 한 사람의 문제가 아니라 최소한 두 사람 이상이 공유하는 문제이기 때문이다. 갈등은 어느 한쪽이 원하는 방향으로 전개되거나 해결되지 않고, 다른 쪽의 대응과 또 그에 대한 재대응에 따라 전개 방향이 달라진다.

앞의 이야기 중 찬호와 수혁의 갈등을 보자. 찬호는 자신이 몇 차례 얘기하면 수혁의 지각 버릇이 고쳐지고 갈등도 해결되리라 예상했을 것이다. 그러나 수혁의 반응은 찬호의 예상과 달랐다. 수혁은 오히려 찬호가 회사생활에서 생기는 흔한 일을 대충 넘기지 않고 일일이 따졌기 때문에 갈등이 생겼다고 생각했다. 게다가 붙임성 좋은 수혁은 회사 동료들과 술자리에서 이 문제를 얘기하면서 찬호를 이상한 사람으로 만들어버렸다. 애초 회사 일 때문에 시작된 갈등이지만 이제 찬호는 수혁이 자기에게 인신공격까지 한다고 생각하기에 갈등은 더 깊어졌다. 갈등은 찬호의 문제제기에 대한 수혁의 대응, 그리고 수혁의 대응 방식에 대한 찬호의 재대응으로 인해 감정싸움으로 치닫고 있다. 이것은 찬호도 수혁도 전혀 예상치 못했던 전개다.

사람들이 갈등을 불편해하는 두번째 이유는 관계에 미치는 영향이 크기 때문이다. 갈등은 관계가 있는 사람들 사이에서 생긴다. 아무 관계가 없는 사람들 사이에서 생기는 일회성 다툼이나 화풀이 같은 것은 갈등이 아니다. 관계에서 갈등이 생기는 이유는 좋든 싫든 그 관계가 적어도 당분간은 지속되고 각자에게 영향을 미칠 것이라 예상하기 때문이다.

여행지 상점에서 흥정하다 생긴 말다툼은 일회성 사건으로 끝나지만 동네 채소가게 주인과의 잦은 언쟁은 십중팔구 갈등으로 변한다. 한 동네에 살면서 이미 자연스럽게 관계가 만들어졌고 그 동네에 함께 사는 한 관계가 지속될 것이기 때문이다. 그런데 한 가지 의문이 생긴다. 관계가 있는 사람들 사이에서는 이견이나 말다툼이 생겨도 잘 해소돼야 되는 것 아닌가? 물론 그렇다. 관계와 상호 신뢰가 깊으면 작은 말다툼이나 일시적 의견 충돌이 갈등으로 번질 가능성이 낮다. 그러나 모든 관계가 그렇게 돈독할 수는 없는 법이다. 또한 외부 영향에 따라 사람 마음도 달라지기 마련이다. 금슬 좋은 부부가 외적인 문제로 갈등이 생겨 결국 이혼으로 이어지는 경우도 많다.

서로 가까우면 필요와 이익을 둘러싸고 충돌할 가능성도 높다. 그래서 관계가 있는 사이에서 갈등이 생겨난다. 같은 가족·조직·공동체·사회에 속하거나 인접한 지역에 살수록 같은 물건·자원·주변시설 등을 두고 경쟁을 벌일 가능성이 높다. 각자 상대와의 경쟁을 통해 자신이 가질 수 있는 것과 경쟁의 결과가 자신에게 미칠 영향을 계산한다. 그래서 사소한 것이라도 그냥 지나칠 수 없다. 그런데 갈등은 다시 관계에 영향을 미치고 그 영향은 오래되고 깊은 관계일수록 더 치명적으로 작용한다. 새롭게 형성된 관계에 미치는 영향은 상대적으로 적을 수 있지만 그냥 지나쳐도 좋을 만큼 미미한 것은 아니다.

갈등 당사자와 주변 사람들과의 관계는 흔히 갈등의 전개 방향에 영향을 미치고 그 영향은 문화에 따라 아주 클 수도 있다. 당사자들은 주변 사람들의 눈치를 보느라 자유롭게 대응 방식을 선택하지 못한다. 여기서 또 다시 의문이 생긴다. 그렇게 관계가 염려되면 애초 갈등을 만들지 않으면 되지 않나? 물론 맞는 말이다. 그런데 각자 나름대로 꼼꼼하게 계산한 뒤 최선의 선택을 한 결과가 바로 갈등인 경우가 많다. 객관적으로 보면 어리석은 선택인 것 같지만 주관적으로는 불가피한 선택인 경우가 대부분이다.

갈등과 주변 관계의 문제는 앞서 희정의 이야기를 보면 쉽게 이해할 수 있다. 희정과 시누이의 갈등은 아이 돌봄을 둘러싸고 두 사람 사이에 이견과 다툼이 생기면서 시작됐다. 그런데 시누이가 희정과 있었던 일을 시어머니에게 얘기하면서 더 복잡하고 심각해졌다. 희정은 시누이와 관계가 악화되는 것을 피하기 위해서는 물론 시어머니와의 관계를 고려해서도 시누이에게 말과 행동을 조심해야 하는 상황이 됐다. 그뿐만이 아니다. 시누이와 남편, 시어머니와 남편과의 관계를 고려해 시누이에게 할 말이 있어도 두 번에 한 번은 참을 수밖에 없다. 갈등은 자신과 시누이 사이에서 생겼지만, 그 갈등이 주변의 관계에 미칠 영향도 항상 살펴야 되는 것이다.

사람들이 갈등을 불편하게 생각하는 세번째 이유는 갈등의 당사자가 되면 주변의 비난을 받고 체면이 상하기 때문이다. 한국인들은 갈등을 만든 사람을 고운 시선으로 보지 않는다. 이유가 어찌됐건 원만한 관계를 유지하지 못해 갈등을 만든 것도, 문제가 생겼을 때 지혜롭게 대응하지 못해 일을 키운 것도 결국 잘못이라고 생각한다. 개인의 갈등 때문에 집단이나 공동체 내부가 시끄러워지면 이런 생각은 비난으로 터져 나온다. 때로 집단이나 공동체의 분위기를 위해 갈등을 빨리 끝내라고 압력을 넣기도 한다. 갈등에 처한 사람들은 주변의 이런 시선과 압력을 너무나 잘 알고 있다. 그래서 되도록 갈등을 키우지 않으려 조심하고, 누군가와 갈등을 겪고 있다는 사실 자체를 부인하기도 한다. 심각한 갈등을 겪고 있어도 겉으로는 별일 아닌 것처럼 행동하기도 한다. 최대한 주변의 비난을 피하고 체면을 지키는 방법을 찾는 것이다.

찬호와 수혁의 사례를 보자. 두 사람은 회사 안에서 직접 부딪치지 않으려고 애를 쓴다. 그냥 개인적인 사이였다면 이미 격하게 말다툼이나 몸싸움을 했을 것이다. 하지만 두 사람은 갈등이 회사의 업무와 분위기에 미칠 영향을 생각하지 않을 수 없다. 그래서 상사와 동료들의 비난을 피할 수 있는 대응 방식을 선택하려고 노력한다. 그렇지 않으면 '다리 뻗을 자리도 못 가리는 사람'으로 비난받고 체면이 손상될 것이다. 수혁의 지각 버릇이 마음에 안 드는 찬호가 수혁과 계속 동료 관계를 유지하고, 수혁이 회사 밖 술자리에서만 찬호를 욕하는 이유도 모두 공식적 비난을 피하고 체면을 지키기 위한 것이다. 동시에 회사 내에서 자신의 위치를 지키기 위한 노력이다.

사람들이 갈등을 불편해하는 네번째 이유는 해결이 어렵기 때문이다. 해결이 쉽다면, 갈등은 맘에 들지 않는 일을 바로잡고 때로는 삶에 활력이 되는 좋은 기회가 될 수도 있다. 그러나 한 번 생긴 갈등은 잘 해결되지 않는다.

갈등이 잘 해결되지 않는 것은 그것이 사람이 만드는 문제기 때문이다. 곧 사람들의 생각과 '마음먹기'에 따라 갈등이 생기기도 생기지 않기도 하고, 완화되기도 악화되기도 한다는 얘기다. 종교나 민족 집단 사이의 큰 갈등부터 가까운 친구 사이의 소소한 갈등까지 세상의 모든 갈등이 마찬가지다. 정치·사회의 구조 때문에 생기는 사회 갈등도 결국 그 구조를 움직이고 영향을 받는 사람들에 의해 만들어진다. 그러면 갈등을 만든 당사자들이 맘만 바꿔 먹으면 갈등이 해결될 수 있을까? 그렇지 않다. 사람 마음이 갈대처럼 이리저리 흔들리거나 산처럼 아예 움직이지 않아서가 아니다. 그들의 마음이 같은 시점에 같은 목적을 가지고 같은 방향으로 움직이지 않기 때문이다.

갈등은 당사자 중 한쪽의 의지대로 통제되지 않는다. 다른 쪽의 생각·태도·행동이 갈등의 발생은 물론 해결에도 결정적 영향을 미친다. 한쪽만 해결 의지를 가지고 있어서는 안 되고 다른 쪽도 비슷한 수준의 의지나 최소한 시도해보겠다는 태도 정도는 가지고 있어야 한다. 그런데 이런 조건을 만들기가 쉽지 않다. 경쟁이나 대결 관계에 있는 상대의 마음을 움직이는 것도 어렵지만 보통은 상대가 그런 시도 자체를 차단하기도 한다.

앞에 나온 현숙 씨와 상기 씨의 사연은 해결이 어려운 부부 갈등의 전형을 보여준다. 부부 갈등은 밖으로 잘 드러나지 않는다. 보통 체면 때문에, 그리고 자녀들이 받을 영향 때문에 갈등을 숨기려 한다. 부부 갈등은 가정과 자녀를 지키기 위해서 부부가 상당한 노력을 한 뒤에야 본격적으로 나타난다. 때문에 부부 싸움이 매일 반복되고 노골적인 상호 비난과 무시가 이뤄질 정도면 이런 부부 갈등은 해결이 쉽지 않다. 당사자들이 오랜 기간 지속된 말싸움과 대립, 상호 비난과 무시로 닫힌 마음을 다시 열려고 하지 않기 때문이다. 이혼이라는 최후의 선택이 가능하다는 것도 이미 잘 알고 있다. 그렇지만 대개 자녀, 체면, 재정 문제 때문에 할 수 없이 같이 사는 선택을 한다. 갈등을 최저 수준으로 관리만 하거나 자녀를 생각해 정면충돌만 피하는 선택을 하는 것이다. 그러나 그것은 갈등의 해결이 아니다.

불편한 갈등에 대응하기 위해 선택하는 가장 흔한 방식이 회피다. 갈등으로 발전될 조짐이 보이는 문제가 생기면 눈을 질끈 감고 안 보려고 한다. 가깝거나 오래 관계를 유지한 사람과의 문제는 더 열심히 외면하려고 한다. 이미 갈등이 생겼다 해도 갈등이 악화되지 않도록 언급을 피하거나 어떻게든 원만하게 해결해보려고 한다.

그러나 갈등은 결코 저절로 해결되거나 사라지지 않는다. 잠시 잠복하거나 일시 중단될 수는 있지만 관계가 계속되는 한 언젠가는 모습을 드러낸다. 빙산의 일각처럼 꼭대기 부분만 드러내고 있던 갈등은 어떤 계기가 주어지면 수면 밑의 거대한 덩어리까지 드러낸다. 휴화산처럼 잠잠하던 갈등은 작은 균열에도 폭발해 용암 같은 감정의 덩어리를 걷잡을 수 없이 쏟아낸다. 온 가족이 모인 명절 때나 직장의 회식 자리에서 폭발한 갈등은 오랫동안 수면 밑에 숨어 있던 것이다. 사실 갈등 당사자들도 해결되지 않은 갈등이 언젠가는 폭발하리라 짐작하고 편치 않은 시간을 보낸다. 그럼에도 불구하고 갈등을 정면으로 다루기가 두렵기 때문에 '삶의 지혜'라고 우기면서 갈등을 애써 외면하고 산다.

2. 갈등에 직면한 사회

이야기 하나

부산의 E아파트 단지와 이웃 C아파트 단지 주민들 사이에 갈등이 생겼다. E아파트 단지에서 C아파트 단지 초등학생들의 통행을 막기 위해 출입문을 설치했기 때문이다. 출입문은 출입카드가 있어야만 열린다. 출입문이 생긴 후 아이들은 먼 길을 돌아 등교했다. 그러나 일부 아이들은 지름길을 포기하지 않고 4m나 되는 E아파트 단지 축대와 울타리를 넘는 위험한 행동을 했다. C아파트 주민들은 E아파트에 등교하는 1시간 동안만 출입문을 열어달라고 사정했다. E아파트는 받아들이지 않았고 C아파트 주민들은 분노했다. 사실 E아파트 단지 내 통행로는 공공보행통로기 때문에 임의로 출입을 제한할 수 없다. 그렇지만 E아파트 주민들은 단지 내 보행로에서 사고가 나면 자기들이 책임져야 하기 때문에 아이들의 출입을 제한할 수밖에 없다고 주장했다. 구청이 출입문 설치가 불법이라면서 과태료를 물렸는데도 E아파트 주민들은 출입문을 철거하지 않았다. 그런데 출입문 때문에 불편을 겪는 것은 이웃 아이들만이 아니었다. E아파트 주민들도 출입카드가 없으면 문을 열 방법이 없기 때문에 때로 안이나 밖에서 갇히곤 했다.*

* 2015년 2월 24일 JTBC 뉴스룸에서 보도한 내용을 정리했음. http://news.jtbc.joins.com/

전라북도 군산의 새만금 산업단지에 전력을 공급하기 위한 송전탑 건설이 결정되면서 한국전력과 송전선이 지나는 지역 주민들 사이에 갈등이 생겼다. 2008년 한전과 군산시는 주민들의 동의 없이 양해각서를 체결했고 군산변전소-새만금변전소 사이 30.6km의 구간에 345kV급 송전탑 88기를 건설하기로 했다. 송전탑이 세워지는 지역의 주민 9030명은 토지가격 하락과 전자파에 의한 주민 건강 위협을 이유로 송전탑 건설을 반대하고 송전선 지중화를 요구했다. 그렇지만 한전이 지중화에 필요한 5400억 원의 비용 중 절반을 군산시가 부담해야 한다고 하자 주민들은 할 수 없이 송전탑 건설을 수용했다. 대신 피해를 줄이기 위해 일부 구간을 군산 미군기지 옆으로 우회시키는 대안 노선을 강력히 요구했다. 이로 인해 2014년 4월 이후 공사가 중단됐다. 주민들의 요청을 받아 국민권익위원회가 중재에 나섰고 당사자인 한전과 주민들, 그리고 이해관계자인 군산시와 전라북도는 미군의 답변에 따라 공사 재개 여부를 결정하기로 합의했다. 그런데 미군은 비행 안전 문제로 미군 기지를 우회하는 노선을 허락하지 않았다. 주민들은 미군의 답변이 일관성이 없고 논리적이지 않다며 받아들이지 않았다. 그렇지만 2014년 11월 국민권익위원회는 미군의 답변을 수용하는 결정을 내렸고 주민들에게 합의를 지킬 것을 요구했다. 미군의 답변을 전적으로 받아들인 한전과 받아들이지 않은 주민들의 갈등은 계속되고 악화됐다. 주민들은 미군의 답변과 상관없이 다시 대안노선의 일부 구간을 지중화할 것을 한전에 제안했다. 그러나 한전은 더 이상의 협

article/article.aspx?news_id=NB10779392 참고.

상은 없다며 2015년 5월 공사를 재개했다. 공사가 계속되면서 한전과 주민의 충돌은 매일 반복됐다. 갈등은 위기 국면으로 접어들었다.*

이야기 셋

한의사가 CT(컴퓨터단층촬영장치)와 MRI(자기공명영상장치) 등의 의료기기를 사용하는 문제를 두고 의사와 한의사 단체 사이에 갈등이 생겼다. 한의사 측은 정확한 진단을 위해 현대 의료기기를 사용하는 것이 불가피한 상황이라고 말했다. 또한 한의사들도 대학에서 양의학 분야인 진단방사선학과 진단의학을 이수하기 때문에 의료기기를 사용하는 데 문제가 없다고 주장했다. 무엇보다 한의원을 이용하는 환자들, 특별히 많은 노인들의 불편함과 비용 부담을 줄이기 위해서도 한의사의 의료기기 사용이 불가피하다고 말했다. 발목을 삐어 한의원을 찾는 환자들이 엑스레이를 찍기 위해 다시 병원으로 가야 하는 일이 많기 때문이다. 한의사 측은 또한 현대 의료기기는 의사가 만든 것이 아니라 단순히 기초 진단 장비이므로 한의사와 의사가 공유할 수 있다고 주장했다. 그러나 의사 측의 견해는 완전히 달랐다. 의사 측은 의료기기 이용은 한의사의 면허 범위를 벗어나는 의료 행위라며 한의사가 의료기기를 사용한다면 '무면허 의료 행위'가 될 수밖에 없다고 주장했다. 또한 한의사가 현대 의료기기를 사용하려는 것은 한의학이 과학적이고 체계적이지 않음을 자인하는 것이라고 반박했다. 두 집단은 자신의 주장이 옳다는 것을 증명하는 데 주력했다. 또한 정부의 최

• 관련 내용은 http://www.yonhapnews.co.kr/bulletin/2015/05/14/0200000000A KR20150514144600055.HTML?input=1179m 등 언론 보도 참고.

개인만 갈등을 겪는 것이 아니다. 단체·마을·회사·종교집단·국가 등 크고 작은 사회도 갈등을 겪는다. 앞의 세 가지 사례는 집단 사이에 일어나는 여러 가지 사회 갈등을 잘 보여준다. 집단이 갈등을 이해하고 대응하는 방식은 기본적으로 개인의 방식과 크게 다르지 않다. 집단 사이의 갈등은 결국 해당 집단에 속한 사람들, 그리고 해당 집단과 직간접으로 관계된 사람들이 겪는 갈등이기 때문이다. 또한 개인 갈등처럼 집단에 속한 개인의 삶에 직접 영향을 끼친다. 갈등을 겪는 집단에 속한 사람들은 자신의 이익을 위해 집단 갈등에 대응할 방법과 해결을 고민한다. 그렇더라도 사회 갈등은 개인 갈등과는 다른 특징을 가지고 있고 대응 방식도 개인 갈등의 경우와 다르다.

개인과 마찬가지로 집단 역시 갈등을 매우 불편해한다. 다양한 집단이 존재하는 사회에서 갈등이 생기는 것은 당연한 일이다. 그래도 대부분의 사람들은 자기 집단은 갈등을 겪지 않기를 바라고 사회는 갈등을 예방하기 위해 체계를 만든다. 억압적인 사회는 갈등의 싹 자체가 자라지 못하도록 통제하기도 한다.

집단이 갈등을 불편해하는 첫번째 이유는 개인과 마찬가지로 전개를 예측하는 것이 쉽지 않기 때문이다. 더군다나 사회 갈등에는 더 많은 개인과 집단이 관여한다. 쓰레기 무단 투기자들과 투기 장소 근

---

[*] 관련 내용은 http://news.chosun.com/site/data/html_dir/2015/01/15/2015011500204.html 등 언론 보도 참고.

처 주민들의 갈등에는 전체 동네 주민은 물론 관할 행정당국과 담당 공무원, 쓰레기 수거 회사와 현장 직원 등 많은 사람들이 관계돼 있다. 지역 재개발을 둘러싼 갈등에도 찬성과 반대로 나뉜 주민들을 비롯해 행정당국·시민단체·건설업체·상인 등 여러 개인과 집단의 이해가 엮여 있다. 갈등에 관계된 집단과 개인이 많으면 관련된 현안도 많을 수밖에 없다. 표면적으로는 쓰레기 무단 투기 예방이나 재개발 찬반 문제 같은 굵직한 현안이 다인 것으로 보이지만 그 내부에는 다양한 관심사와 이해관계가 얽혀 있다. 그렇기 때문에 갈등이 어떻게 전개될지 쉽게 예상할 수 없다. 때로 새로운 문제와 관계자가 등장해 순식간에 갈등의 중심에 자리를 잡는다 해도 전혀 놀랄 일이 아니다. 그것이 사회 갈등의 가장 독특한 특징 중 하나이기 때문이다. 사람들은 이론적으로는 몰라도 이런 사회 갈등의 복잡성과 예측불가능성을 본능적으로 알기 때문에 사회 갈등을 골치 아프고 불편한 일로 생각한다.

새만금 송전탑 건설 갈등의 이면을 살펴보면 위의 얘기를 더 잘 이해할 수 있다. 갈등의 주요 당사자는 한전과 주민들이다. 그런데 그 지역 교회의 성직자들이 한전과의 충돌에서 부상당한 주민들을 지원하고 집회를 열면서 주요 이해관계자가 됐다. 미군 측의 답변에 따라 대안노선의 가능 여부가 결정되는 상황이 되면서 미군도 자의반 타의반으로 갈등에 중대한 영향을 미치는 이해관계자가 됐다. 다른 한편 송전탑 공사가 늦어지자 지역 상공회의소와 기업들이 신규 투자와 기업 유치에 어려움이 있다면서 한전에 빠른 공사를 요구하고 나섰다. 갈등이 진행되면서 새로운 문제가 등장하고 갈등에 영향을 미치는 새로운 집단이 등장한 것이다.

사회 갈등을 불편하게 생각하는 두번째 이유는 관계 때문이다. 집단 또한 관계에서 자유로울 수 없다. 집단의 갈등은 결국 집단을 움직이는 사람들의 선택과 결정에 따라 발생하고 전개 방향이 결정되는데 그들은 사회에서 이런저런 관계를 맺고 살아간다. 그런데 갈등을 겪는 집단이 다뤄야 하는 관계의 문제는 개인 갈등의 경우보다 복잡하다. 개인 갈등에서는 관계가 사적인 면에 국한되지만 사회 갈등에서는 공적, 사적인 면이 뒤섞이기 때문이다.

댐 건설 계획에 찬성하고 반대하는 주민들 사이의 갈등 관계는 댐 건설이라는 공적 현안을 두고 만들어진다. 그런데 이들은 한 마을, 또는 한 지역에서 오랫동안 사적 관계를 맺고 살아온 사람들이다. 때문에 공적인 입장만 주장하기도, 사적인 관계만 고려하기도 힘들다. 이들은 공적·사적 관계 사이에서 줄타기를 해야 하는 상황에 직면한다. 댐 건설 찬성 또는 반대라는 공적 입장과 관계를 중시해서 사적 관계를 포기할 것이냐, 반대로 사적 관계를 유지하기 위해 댐 건설이라는 공적 현안과 관계를 외면할 것이냐는 갈림길에 서게 된다. 그러나 갈등이 오래 지속되고 깊어지면 대립적인 공적 관계는 강화되고 사적 관계는 단절되거나 파괴되는 일이 흔하게 생긴다. 이런 이유로 집단 간에 갈등이 생겼을 때 사람들은 갈등이 관계에 미치는 영향을 가장 먼저 염려한다. 유감스럽게도 어떤 현안을 둘러싸고 마을 내에서 공적 문제로 갈등이 생기고 악화되면 결국 주민들 사이의 관계가 깨지고 서로 공격하는 일이 흔하게 생긴다. 집단 갈등이 개인의 관계에 치명적인 영향을 미치는 것이다.

앞서 소개한 두 아파트 단지 사이의 갈등에서도 비슷한 상황을 짐작할 수 있다. 갈등 때문에 두 단지 사이의 공적 관계는 악화됐다. 그런데 갈등이 주민들의 사적 관계에도 영향을 미쳤을 가능성이 크다. 이웃 아파트 단지 지인들과의 관계는 물론, 자기 아파트 단지 내 사람들과의 관계에도 영향을 줬을 것이다. 주민들은 개인의 관계냐 집단의 입장이냐를 선택해야 하고, 그도 아니면 갈등을 외면하거나 겉으로만 동조하는 척해야 한다. 특히 E아파트에서 출입문에 반대하는 사람들, 그리고 C아파트에서 E아파트와의 싸움에 반대하는 사람들은 각 아파트 단지에서 적극적으로 싸울 태세를 갖춘 사람들과 관계가 어색해질 수밖에 없다.

사회 갈등은 이미 사회에 존재하는 공적 관계에 근거해서 생긴다. 공공정책·제도·규제·행정 집행 등을 결정하고 집행하는 공공기관이나 공기업들 사이, 그리고 그들과 시민 사이에 공적 관계가 형성된다. 공적 관계는 갈등의 근본원인이 되기도 하고 갈등의 전개와 해결에 결정적 영향을 미치기도 한다. 또한 집단이 갈등에 대응하고 전개 방향을 결정짓는 데도 큰 영향을 미친다. 공적 관계는 공적인 지위를 가진 사람들, 다시 말해 정치인·공무원 등과 일반 시민 사이에도 만들어진다. 이런 공적 관계의 가장 큰 특징은 개인 간의 관계에서보다 힘에 더 의존한다는 것이다. 그리고 갈등이 생기면 힘에 대한 의존은 더 분명해진다.

사회 갈등에서 상대적 약자는 갈등 이후 강자로부터 받게 될 불이익을 고려해 갈등의 전개 방식과 강도를 선택해야 하는 압력을 받는다. 그래서 문제를 적극적으로 제기하고 갈등을 지속시키기보다 적절한 수준에서 문제를 봉합 또는 종결시키는 선택을 하기도 한다. 상대적 강자도 힘의 관계를 고려하기는 마찬가지다. 강자는 갈등이 길어지고 악화되면 자신에게 유리한 힘의 관계에 균열이 생길 것을 우려한다. 그래서 갈등을 조기에 무마하거나 봉합하려고 한다.

물론 이런 시도는 개인 갈등에서도 볼 수 있다. 그러나 개인 갈등의 경우에는 관계 유지를 위해 그러는 경우가 많고, 미치는 영향이 아주 제한적이다. 그렇지만 사회 갈등에서 힘이 이용될 경우에는 관련된 모든 집단과 거기에 속한 많은 사람들에게 영향이 미친다. 사회 갈등에서 드러나는 힘의 관계는 당사자 집단과 소속된 사람들의 대응 방식, 그리고 다른 집단이나 개인의 대응과 관심에 따라 달라지기도 한다. 예를 들어 공공기관과 시민, 기업과 노동자, 공공기관과 이익집단 사이의 힘의 관계와 갈등의 전개는 여론과 언론의 지지나 정치 상황에 따라 방향이 바뀌기도 한다.

한의사와 의사 집단은 서로 앙숙 관계인 대표적 이익집단이다. 두 집단 사이에 갈등이 생기면 전 사회의 이목이 집중되곤 한다. 그들의 선택이 사회 전체의 안녕과 이익에도 큰 영향을 미치기 때문이다. 그들의 갈등은 보통 법이나 제도와 관련돼 있다. 앞에서 본 갈등도 한의사들이 사용할 수 있는 의료기기의 범위를 정부가 어떻게 법으로 정하느냐에 따라 결말이 나게 돼 있다. 사실 두 집단이 목소리를 크게 내면서 갈등을 악화시키는 이유는 그런 정부의 판단과 결정에 영향을 미치기 위해서다. 때문에 두 집단과 시민 사이는 물론 그들과 정부 사이에도 힘의 관계가 만들어진다. 그들은 국민 건강을 책임지는 자신들의 사회적 위치를 강조하면서 국민과 정부에 힘을 과시한다. 그렇지만 정부가 최종 결정권을 가지고 있기 때문에 정부와의 관계에서 절대적 힘의 우위에 있지 않다. 두 집단과 정부의 힘의 관계는 상호견제적이다.

그러나 한전과 주민과의 관계는 좀 다르다. 공기업인 한전은 공공재인 전기의 생산 및 공급과 관련된 사업을 집행한다는 점에서 정당성을 가지고 있고 그것이 주민과의 관계에서 힘이 된다. 한전은 사업을 진행하기 위해 그 힘을 적극적으로 이용한다. 주민들은 한전보다 상대적으로 약하고 자칫 개인의 이익을 위해 공공사업을 방해한다는 비난을 받을 수도 있다. 그렇지만 한전이 가진 힘의 우위가 안정적인 것은 아니다. 한전이 저항하는 주민들에게 어떻게 대응하느냐에 따라 여론의 지지가 달라지고 한전의 힘이 약화될 수 있다. 이런 이유로 한전은 현재의 힘의 관계를 유지하기 위해, 반면 주민들은 힘의 관계를 변화시키기 위해 노력하게 된다.

사회 갈등을 겪는 집단이 갈등을 불편해하는 세번째 이유는 사회 조화를 깼다는 비난을 받을 수 있기 때문이다. 이 또한 개인 갈등을 겪는 사람들의 경우와 비슷하다. 그렇지만 집단의 문제에서는 비난과 평가가 영향을 미치는 범위가 더 넓을 수밖에 없다. 또한 집단의 운명을 좌우할 수 있기 때문에 외부의 비난과 평가에 더 민감할 수밖에 없다. 이런 점이 갈등 대응에 영향을 미친다.

갈등을 예방하거나 조기 해결하는 데 실패한 마을·회사·종교집단·공공기관·공기업 등은 외부 집단이나 개인이 자신의 갈등 대응 능력을 부정적으로 평가하고 그로 인해 집단의 체면이 상할 것을 우려한다. 또한 사회가 기대하는 바람직한 역할을 하지 못한다는 비난을 받을 것을 염려한다. 특별히 집단의 운영과 관리를 책임지는 사람들은 내부의 비난 또한 받게 된다. 이들이 가장 염려하는 것은 자신에게 부정적 업무 평가가 내려지는 일이다. 나중에 공적, 사적 차원에서 책임질 일이 생기고 그로 인해 자신의 위치에 치명적 영향이 생길까봐 걱정한다. 이런 근거 있는 우려와 책임감 때문에 경직된 태도로 갈등에 대응하는 일이 생긴다.

한전과 주민들의 갈등을 보자. 이 사건은 한전과 주민 모두에게 힘든 일이다. 특별히 사회의 이목이 집중되는 갈등이라 더 부담스러울 수밖에 없다. 한전은 주민들과의 갈등을 잘 해결하지 못하면, 공기업으로서 사회적 압력과 비난을 받게 될 것이다. 주민들 또한 지역 사회의 이익을 가로막고 조화를 깬다는 비난을 감수해야 한다. 다른 한편 한전의 사업 담당자들과 주민 대표들은 각 집단 내부에서 갈등을 악화시키고 해결책을 찾지 못하는 상황에 책임을 져야 한다. 이런 악조건에도 불구하고 한전과 주민 모두 자기 집단의 이익을 위해 어려움을 감수하는 선택을 해야 한다. 이런 상황은 한전과 주민 모두에게 아주 불편한 상황일 수밖에 없다.

개인과 마찬가지로 집단도 해결의 어려움 때문에 갈등을 절대 달가워하지 않는다. 집단 간 갈등이 잘 해결되지 않는 이유는 무엇보다 사회가 갈등을 자연스런 일로 받아들이지 않고, 갈등을 해결하는 것보다 조기 봉합하거나 묵살하려고 들기 때문이다. 대부분의 집단 간 갈등은 어떤 식으로든 전체 사회의 지지를 받는 현실적 방안이 나와야 해결될 수 있다. 그런데 사회가 적극적으로 갈등을 수용하지도, 해결책 모색에 협조하지도 않으니 갈등의 해결이 힘들 수밖에 없다.

많은 사람들이 사회 갈등을 현재의 사회 상황과 구조에 대한 도전으로 여긴다. 때로는 불편을 야기하고 사회 조화를 깨는 일 정도를 넘어 반드시 제거해야 할 사회악으로 생각하기도 한다. 특별히 자주 사회 갈등의 당사자가 되는 공공기관이나 공기업, 힘 있는 이익집단, 기업 등은 사회에서 안정적 위치를 확보하고 있기 때문에 갈등 없이 기존의 구조를 유지하려고 한다. 그런 태도는 현재의 상황과 구조가 정당하고 합법적이라는 인식에서 나온 것이다. 그래서 특정 집단이 문제를 제기하고 갈등을 만드는 것을 구조의 정당성과 합법성에 도전하여 사회를 혼란스럽게 만드는 행동이라고 생각한다.

이렇게 상대적으로 힘이 있는 집단이 갈등을 해결하려는 의지가 없기 때문에, 집단 사이에 생기는 갈등은 흔히 방치되거나 적당히 봉합되는 수순을 밟곤 한다. 갈등을 통해 제기된 구체적인 문제가 사회 구성원들과 충분히 공유되거나 다뤄지지 않는다. 그런데 여기서 끝나지 않는다. 이런 대응 방식 때문에 사회 발전의 동력을 제공하는 갈등의 기능이 제대로 발휘되지 않는다. 그렇다고 갈등이 예방되지도 영원히 억제되지도 않는다. 갈등은 본래 가진 속성대로 때가 되면 예전 모습 그대로, 또는 모양을 바꿔 밖으로 표출된다.

갈등을 겪지 않는 사회는 없다. 끊임없이 관계를 맺고 함께 살아가는 다양한 사람들로 구성된 사회가 갈등을 겪지 않는다는 것은 모순이다. 더 긍정적으로 보자면 갈등을 겪지 않는 사회는 발전할 수 없다. 사실 사회 갈등은 사회가 변화를 겪는 과정, 예를 들어 민주화나 산업화가 빠르게 진행되는 과정에서 더 많이 생긴다. 이런 맥락에서 본다면 사회의 성숙과 발전을 위해서는 이런저런 사회 갈등이 생기는 것을 오히려 반겨야 한다.

3. 갈등에 직면한 나, 너, 그리고 우리

갈등은 둘 이상이 대립할 때 생긴다. 그들은 양립할 수 없는 목표를 가지고 있고, 충분하지 않다고 여겨지는 자원을 서로 차지하기 위해 다툰다. 이들이 다투는 이유는 상대가 자신이 원하는 것을 가지지 못하도록 방해한다고 생각하기 때문이다. 즉 상대가 없으면 아무런 문제없이 원하는 것을 얻을 수 있다고 생각한다. 그런데 갈등을 겪는 사람들의 관계는 상호의존적이다. 한 배를 탄 사람들인 것이다. 이 설명을 요약하면 갈등은 '양립할 수 없는 목표와 불충분한 자원을 둘러싸고 대립하는 둘 이상의 상호의존적인 당사자들이 상대가 방해가 된다고 여길 때 발생하는 다툼'이라 정의할 수 있다.

이런 갈등의 정의는 해체시켜 분석해보면 숨겨진 의미를 제대로 이해할 수 있다. 먼저 '양립할 수 없는 목표'를 보자. 이는 서로 원하는 것과 그것을 얻는 방식이 서로 다르며 동시에 달성될 수 없다는 의미다. 사실 같은 상황이나 일에 직면해도 삶의 배경과 환경, 하는 일과 세상을 보는 눈이 다르면 필요한 것과 그것을 얻는 방식이 다를 수밖에 없다. 아주 자연스럽고 당연한 일이다. 그런데 대부분의 사람들은 다른 사람의 다른 목표와 그것을 추구하는 다른 방식과 절차가 자신의 목표 달성을 방해한다고 생각한다. 그래서 그 방해물을 없애기 위해 상대와 힘겨루기를 한다. 백번 양보해서 목표가 다른 것은 인정할 수 있지만 상대가 그것을 얻기 위해 자신의 목표 달성을 방해

한다고 생각하면 묵과하지 않는다. 그래서 갈등의 정의에 '방해가 된다고 여길 때'라는 말이 들어간다.

상대의 '방해'를 인지한 사람들은 어떻게 방해에 대응하고 자신의 목표를 달성할까? 이성적으로 생각하면 목표 달성을 어렵게 하는 누군가가 나타난다면 여러 가지 방식과 절차를 고려해야 한다. 그런데 막상 '방해'가 등장하면 사람들은 방해를 제거하려는 생각에만 몰두한다. 같은 상황과 일을 둘러싸고 다른 목표를 가진 사람이 있을 수 있다는 생각을 하지 않고, 일방적으로 목표 달성의 방식과 절차를 정한 자신의 실수를 인정하지도 않고, 상대가 문제라고만 판단하는 것이다. 때문에 다른 목표를 가지고서 다른 방식이나 절차를 주장하는 사람들과 다투게 되고 갈등이 생긴다.

그런데 갈등이 생긴 이유가 겉으로 보기에는 '양립할 수 없는 목표'인 것 같지만 실제로는 그렇지 않은 경우도 있다. 앞의 사례 중 한전의 송전탑 건설 사업을 보자. 한전은 군산시와 논의해 송전선로를 확정했다. 송전탑이 세워질 마을의 주민들과는 상의하지 않았다. 나중에 결정을 알게 된 주민들은 땅값 하락과 건강 위협을 이유로 송전탑 건설을 강력히 반대하고 대안 노선을 요구했다. 그런데 주민들이 반대한 것은 송전탑 건설 자체가 아니라 자기 마을과 땅에 송전탑이 건설되는 것이었다. 한전이 송전탑을 다른 데 짓는다면 한전과 마을 주민들은 갈등을 겪지 않아도 된다. 하지만 한전은 주민들이 자신들의 목표 달성을 방해한다고 생각하고 주민 저항을 중단시키는 것에만 관심을 쏟았다. 결국 갈등은 목표가 양립 불가능해서가 아니라 목표를 달성하는 방식과 절차의 차이 때문에 생긴 것이다.

주목할 점은 양립할 수 없는 목표와 방해에 대한 판단이 주관적이란 것이다. 이는 주관적 판단이 달라지면 갈등이 생기지 않을 수 있음을 말해준다. 목표가 다르지 않다는 것을 이해하거나 목표가 달라도 대화나 협의를 통해 서로 해를 입히지 않으면서 각자의 목표를 추구할 수 있다고 생각한다면 말이다. 예컨대 회사 동료인 찬호와 수혁의 사례에서, 찬호가 수혁의 지각이 자신의 회사 생활을 방해하지 않는다고 생각했다면 둘 사이에는 갈등이 생기지 않았을 것이다. 왜 찬호는 그렇게 생각하지 못했을까? 가장 큰 이유는 둘 사이에 깊은 관계가 형성돼 있지 않았고 따라서 신뢰도 없었기 때문이다. 이런 상황에서는 작은 일도 갈등으로 번질 가능성이 높다.

갈등의 정의에서 '불충분'하다는 것은 어떤 자원이 나눠 가지기에 넉넉하지 않음을 의미한다. 그런데 '불충분'의 정도 역시 주관적인 판단과 생각에 따라 결정된다.

갈등의 원인이 되는 '자원'은 나눌 수 있는 것, 다시 말해 양을 재거나 숫자로 계산할 수 있는 것만을 의미하지 않는다. 명예나 체면처럼 사람들이 사회생활과 사회적 위치를 유지하기 위해 반드시 필요하다고 생각하는 것일 수도 있고, 애정이나 우정 등 행복과 만족감을 결정한다고 생각하는 것일 수도 있다. 이런 자원은 절대 한정적이지 않다. 그런데도 사람들은 충분치 않다고 생각한다. 물론 한정적이라고 여겨지는 자원도 있다. 경제적 이익이 그렇다. 수요는 한정적인데 여러 사람이 같은 물건을 판다면 각자 만족스런 수준만큼 이익을 얻을 수 없을 것이다. 하지만 시장이 작동하는 방식을 살펴보면 꼭 그렇지만도 않다. 커피 가게나 식당이 몰려 있는 지역에서 장사가 더 잘되고, 덕분에 1인당 커피 소비가 갈수록 증가해 커피 가게가 늘어나는 것처럼 말이다. 게다가 이익의 창출에는 다양한 변수들이 영향을 미친다. 시장규모가 같아도 각자가 얻는 이익의 양은 상황과 환경에 따라 변할 수 있다. 그렇지만 사람들은 분배가 가능하든 그렇지 않든, 또는 이익의 양이 변동적이든 아니든 상관없이 자원이 불충분하다고 생각한다. 그래서 다른 쪽이 많이 가지면 자신의 것은 당연히 적어진다고 생각하고 자신이 원하는 만큼 갖기 위해 상대와 다툰다.

앞의 사례에서 한의사와 의사 집단이 다투는 근본적인 이유는 수입원, 다시 말해 의료 시장과 환자의 수가 한정적이라고 생각하기 때문이다. 병원은 한의원이 추가로 의료기기를 사용하게 되면 병원을 찾는 환자가 줄어들 것으로 생각한다. 반대로 현재처럼 한의원의 의료기기 사용을 제한하면 적어도 현상 유지는 되리라고 생각한다. 그런데 꼭 그렇지만은 않을 수 있다. 한의원이 추가로 의료기기를 사용해도 병원을 찾아야 하는 증상이라면, 다시 말해 침이나 뜸으로 치료할 수 없는 증상이라면 환자들은 여전히 병원으로 갈 것이다. 또한 경제가 활성화되고 소득이 늘어나면, 또는 국민건강보험의 지원 항목이 확대되면, 또는 병원이든 한의원이든 서비스의 종류가 늘어나면, 환자가 지금보다 늘어날 수 있다. 물론 반대의 경우도 생길 수 있다. 어쨌든 환자 수와 환자들이 쓰는 비용이 절대 변하지 않는 것은 아니란 얘기다. 결국 자원은 한정적이지 않고 여러 변수의 영향을 받을 수 있는데 한의사와 의사 집단 모두 자원이 충분치 않다고 생각하기에 갈등을 빚는 것이다.

갈등의 정의에서 가장 눈여겨봐야 할 대목은 '상호의존적'이란 말이다. 사실 이 말은 갈등을 겪고 있는 사람들이 가장 싫어하는 말이다. 자신이 원하는 것을 갖지 못하게 방해하는 사람에게 의존하고 있다는 사실에 자존심이 상하기도 하며, 이 말이 비논리적으로 들리기 때문이다. 그런데 사실 상대와의 관계가 상호의존적이지 않으면 갈등이 발생할 이유가 없다. 애초 자기가 원하는 것을, 또는 원하는 만큼을 가질 수 있느냐가 상대의 판단과 선택에 영향을 받기 때문에 갈등이 생기는 것이다. 물론 반대의 경우도 마찬가지다.

이런 상호의존적인 관계는 갈등의 전개에 결정적인 영향을 미치고 갈등이 악화될수록 강화된다. 상대가 어떤 생각과 판단을 가지고 어떻게 행동하느냐에 따라 갈등이 표출되지 않고 수면 밑으로 가라앉기도 하고, 반대로 관계와 대화의 단절, 그리고 치열한 다툼이 전개되기도 한다. 물론 소통과 협력을 통한 해결책 모색으로 선회할 수도 있다. 덧붙여 상대의 대응 방식에 내가 어떻게 답하느냐, 반대로 나의 대응에 상대가 어떻게 답하느냐에 따라 갈등의 전개와 해결 여부가 결정된다.

갈등의 당사자들이 상호의존성을 인식하고 받아들여야 갈등을 해결할 수 있다. 그래야 대립 관계에 있는 상대를 대화의 파트너로 인정할 수 있고 해결 가능성이 생긴다. 그런데 갈등을 겪고 있는 사람들은 대부분 상호의존성을 인정하지 않고 자신이 가진 힘으로 갈등을 해결하는 것이 더 쉽다고 생각한다. 그래서 상대와의 대화보다 자신에게 힘이 될 논리와 정당성, 합법성, 보편적 상식, 주변의 지원, 정보, 인맥, 도덕적 우위, 언론과 여론의 지지 등을 강화하는 데 힘을 쏟는다. 힘으로 상대를 제압할 수 있다면 보기 싫은 상대와 마주앉거나 복잡한 대화와 협상을 거칠 필요도 없고 상대의 백기 투항으로 문제가 해결될 것이라고 생각하는 것이다.

앞의 사례에서 희정과 시누이의 관계는 상호의존적이다. 희정은 아이를 맡길 곳이 필요하고 시누이는 수입이 필요하다. 물론 희정은 다른 사람을 구할 수 있고 시누이는 수입을 포기할 수 있다. 그렇지만 신뢰가 됐든 수고비의 액수가 됐든 서로의 필요가 맞아떨어져서 아이를 맡기고, 맡기로 했다. 이런 상호의존적인 관계 때문에 시누이는 희정에게 직접 불만을 얘기하지 못했고, 희정 또한 시누이가 시어머니에게 시시콜콜 자기 얘기를 하는 것을 알고도 참았다. 그런데 이제 갈등을 둘러싸고도 상호의존적 관계가 만들어졌다. 갈등과 관련해 두 사람은 상대의 판단, 대응, 소통 방식에 의존해야 하는 상황이 된 것이다. 하지만 두 사람은 자신들의 상호의존적인 관계를 인정하지 않고, 상대에게 힘을 과시해 문제를 해결하려고 했다. 시누이는 자신의 편인 어머니를 통해 희정에게 압력을 넣었고 희정은 아이를 맡기지 않겠다고 하면서 시누이의 항복을 받아내려고 했다. 그러나 그런 힘의 사용은 오히려 상대의 분노만 불렀고 갈등은 더 악화됐다.

힘으로 갈등을 해결하려는 것은 논리적이지 않고, 실제로 가능하지도 않다. 갈등은 한쪽이 다른 쪽을 완전히 제압할 수 있을 정도의 힘을 가지지 못하기 때문에 발생한다. 적어도 상대가 맘대로 할 수 없도록 제재할 수 있는 힘을 서로가 가지고 있다는 얘기다. 그 힘은 온전히 자신의 힘일 수도 있고 내부 또는 외부의 지지나 영향일 수도 있다. 어쨌든 이렇게 한쪽의 힘이 절대적 우위에 있지 않은 관계에서는 어느 쪽도 상대를 무시하고 자신이 원하는 것을 얻을 수가 없다.

힘으로 갈등을 해결할 수 없는 또 다른 이유는 힘을 이용한 해결이 사실 해결이 아니라 문제의 강제 종료이기 때문이다. 문제는 여전히 존재하고 갈등은 일시 중단되거나 잠복기에 접어들 뿐이다. 힘을 이용한 방식은 잠시 문제를 덮어두는 것에 지나지 않는다. 상대의 압도적인 힘 때문에 갈등을 해결할 기회를 놓친 쪽은 호시탐탐 갈등을 재연시킬 기회를 찾게 된다.

인간관계에서 갈등은 피하는 것이 거의 불가능하다. 저절로 해결되는 갈등도 없다. 갈등 때문에 한 번 어긋난 관계는 갈등이 지속되는 한 회복되지 않기에 최선은 갈등에 현명하게 대응하는 것이다. 그러기 위해서는 갈등을 자연스런 삶의 문제로 이해하고 받아들여야 하고, 긍정적 변화를 위한 기회로 삼아야 하며, 상대와 같이 해결해야 하는 공동의 문제로 봐야 한다.

갈등을 자연스런 삶의 문제로 이해하고 받아들이기 위해서는 갈등에 대응하는 능력을 키워야 한다. 무엇보다 갈등에 직면했을 때 당황하지 않을 줄 알아야 한다. 사실 갈등은 누구나 겪는 평범한 일이다. 주변에서 매일 듣는 얘기가 사람들 사이의 갈등이다. 다만 그것이 내 얘기가 된 것뿐이다. 그 다음엔 갈등을 피하지 말고 적극적으로 대응하는 자세를 가져야 한다. 피하면 오히려 상대의 화를 돋우거나 잘못된 정보가 퍼지는 결과를 만들 수 있다. 적극적으로 상대에게 자신이 갈등의 발생을 인지하고 있음을 알리고, 함께 갈등을 해결하기 위해 노력할 의지가 있음도 알려야 한다. 상대가 긍정적으로 답하지 않더라도 이런 적극적 대응은 최소한 상대와의 관계와 소통을 유지할 수 있게 해준다. 갈등이 삶을 흔들거나 때로 삶 전체를 파괴하도록 내버려 두는 것은 현명한 대응이 아니다.

갈등에 대응하는 능력은 갈등을 객관적으로 분석할 때 가장 잘 길러질 수 있다. 이것은 자신의 갈등과 거리를 두고 최대한 객관적인 시각으로 바라보는 것을 말한다. 자신이 아닌 상대의 입장에서 생각해보면 갈등을 더 잘 이해할 수 있다. 갈등의 원인이나 상황, 상대와 충돌한 이유, 갈등이 폭발하게 된 계기 등을 시간대별로 정리하면 자신과 상대가 그렇게 행동한 이유와 그런 대응 방식에 어떤 문제가 있었는지도 알 수 있다. 객관적 분석을 돕는 다양한 분석 도구는 4장에서 소개한다. 나아가 갈등해결에 도움이 되는 방법을 알고 있으면 그것을 이용해 갈등에 대응할 수 있다. 이것은 5장과 6장에서 다룬다.

갈등을 분석하고 잘 대응하는 법을 안다면 갈등의 악화를 막을 수 있다. 적어도 자기 삶을 전부 갈등에 내주는 일은 막을 수 있다. 개인뿐만 아니라 크고 작은 사회 갈등도 마찬가지다. 다양한 사람들이 어울려 사는 사회에서 갈등이 생기는 것은 자연스런 일이다. 수시로 갈등을 겪는데도 불구하고 사회가 여전히 갈등에 취약하다는 것은 갈등 자체가 아니라 대응 능력이 문제라는 의미다. 사회의 대응 능력도 갈등에 직면했을 때 당황하거나 당사자들을 탓하지 않고 갈등이 사회 변화와 발전 과정에서 자연스럽게 발생하는 일이라는 인식을 가질 때 키워진다. 이와는 별도로 사회 차원에서 갈등을 분석하고 이해하는 능력도 키워야 한다.

갈등은 '기회'다. 그렇지만 이 말에 동의하는 사람은 많지 않다. 대부분의 사람들은 갈등이라는 말 자체를 부정적으로 이해한다. 그렇지만 갈등 자체는 부정적인 것이 아니며 오히려 개인과 집단에 중요한 변화의 기회를 제공한다. 갈등은 개인과 집단의 관계, 태도, 행동 등에 문제가 있음을 알리는 신호 역할을 한다. 그 신호를 제대로 감지해 갈등에 적극적으로 대응하고 갈등을 잘 해결하면 개인과 집단에 좋은 변화가 생기고 삶의 질이 높아진다. 물론 갈등이 말싸움을 넘어 격한 몸싸움과 심지어 무력 충돌로 악화되는 경우도 있다. 그러나 이 경우는 갈등 자체가 아니라 갈등에 대응하는 사람들의 방식이 문제인 것이다. 갈등이 보내는 신호를 제대로 해석하지 못하고 갈등에 잘 대응하지 못한 탓이다.

개인 갈등은 사람들에게 관계의 역사, 수준, 질을 말해준다. 겉으로 문제가 없어 보였던 관계에 어떤 문제가 숨어 있었는지를 알려준다. 부모와 자식, 부부, 친구, 동료 사이 관계의 질을 진단하고 문제를 바로 잡아 바람직한 관계를 만드는 계기가 될 수 있다. 사회 갈등은 모순적 구조와 체계, 구성원의 필요, 지도부와 구성원의 관계, 참여의 수준, 민주적 의사결정 등의 문제들을 드러나게 하고 필요한 변화가 무엇인지를 지적해준다. 집단에 속한 사람들은 갈등을 통해 현재의 상황을 분석하고, 모두가 원하는 바람직한 변화를 공유하며, 변화에 필요한 구체적인 대응책을 모색하게 된다. 물론 이 모든 긍정적인 효과는 갈등에 잘 대응하는 개인과 집단에게만 주어지는 보상이다.

갈등을 자신만의 문제, 또는 상대가 저지른 문제로만 보지 않고 공동의 문제로 보는 것이 갈등에 건설적으로 대응하는 첫걸음이다. 이런 접근을 하려면 먼저 생각의 전환이 필요하다. 흔히 갈등을 겪는 사람들이 제일 먼저 하는 일은 상대를 비난하는 것이다. 갈등의 원인이 상대에게 있으며 자신은 피해자라고 얘기한다. 그렇게 함으로써 자신의 행동이 정당했다는 것을 알린다. 동시에 갈등을 온전히 자신의 문제로만 여기고 혼자서 갈등을 해결해야 한다고 생각한다. 그러나 앞에서 설명한 것처럼 갈등은 상호의존적인 관계에 있는 사람들 사이에서 생기는 것이며, 당사자들이 공동으로 직면하는 문제다. 내게 해결 의지가 있어도 상대가 응하지 않으면 갈등을 해결할 수 있는 가능성은 적거나 아예 없고, 상대와 접촉하거나 대화하지 않으면 갈등을 해결할 수가 없다. 그러니 상대를 경쟁자나 적이 아니라 대화와 협상의 파트너로 생각해야 한다. 쉬운 일은 아니지만 다른 방법은 없다. 그러기 위해서는 상대보다는 갈등을 야기한 문제와 갈등 때문에 새롭게 생긴 문제들에 초점을 맞춰야 한다. 다른 한편 상대도 자신처럼 갈등 때문에 어려움을 겪고 있고 해결을 원한다는 것을 인정해야 한다.

갈등은 결국 사람의 문제고 관계의 문제다. 갈등의 정의를 설명하면서 지적했듯이 상대의 방해 여부, 자원의 불충분 여부 등에 대한 판단은 주관적이다. 이런 이유로 똑같은 문제가 어떤 사람들 사이에서는 갈등이 되고, 다른 사람들 사이에서는 사소한 의견의 충돌 또는 이견의 확인 정도로 머문다. 이런 기본적인 이해가 없으면 갈등은 정말 풀기 힘든 숙제가 된다. 반대로 사람과 관계에 대해 깊이 이해하면 갈등을 더 잘 이해할 수 있고 갈등에 유연하게 대응할 수 있다. 갈등을 해결할 나은 방법도 찾을 수 있다. 갈등을 초기에 해결하거나 아예 생기지 않도록 예방하는 것도 가능하다.

2장

한국문화와 갈등

1. 한국인과 관계

삶에서 가장 중요한 것 중 하나는 사람들과의 관계다. 관계는 삶을 유지하기 위해 절대적으로 필요하고 사회 안에서 개인의 위치를 확보해주는 역할을 한다. 주변과의 관계가 안정적이면 삶의 안전이 보장되고 삶의 질도 높아진다. 혼자 다룰 수 없는 문제를 해결하는 데 실질적인 도움이 되기도 한다. 하지만 관계는 사람을 피곤하게 만들기도 한다. 그래서 공부나 업무 때문에 한동안 해외에 머무는 사람들은 사람들과의 관계에서 벗어날 수 있다는 점에 홀가분함을 느끼기도 한다. 한국인이라면 이런 해방감을 아주 잘 이해할 것이다. 이것은 한국인들에게 관계가 아주 중요하고 살면서 관계의 문제를 피할 수 없다는 것을 잘 말해준다.

한국문화에서는 관계가 생활에 미치는 영향이 특별히 크다. 한국인들은 관계를 만들고 유지하는 데 많은 시간과 에너지를 투자한다. 자신이 맺은 관계가 원만하게 유지돼야 심리적으로 안정감과 편안함을 느끼고 관계에 문제가 없어야 먹고사는 일도 쉬워지기 때문이다. 직장인들의 관계 맺기는 이런 점을 가장 잘 드러낸다.

2015년 1월 한 취업포털 회사가 회식에 대한 직장인들의 생각을 물었다. 결과에 따르면 10명 중 8명이 회식 때문에 스트레스를 받는다고 답했다.* 이 결과를 단순 적용하면 삼겹살집 식탁에 둘러앉은 같은 회사 사람들 열 명 중에 두 명만 즐겁고 나머지 여덟 명은 싫은 티를 내지 않으려 안간힘을 쓰고 있다는 얘기다. 직장인들이 싫은데도 회식에 참석하는 이유는 거의 모든 한국인들이 알고 있다. 싫은 내색을 숨기고 관계를 잘 유지해야 별 탈 없이 직장생활을 할 수 있기 때문이다.

한국인들에게 직장은 아주 중요하다. 먹고사는 문제를 해결하기 위해서기도 하지만 무엇보다 자신의 정체성을 확인해주는 핵심 집단이기 때문이다. 사회적으로 인정받지 못하는 회사에 다니는 걸 숨기는 것도 같은 맥락에서 이해할 수 있다. 소속 집단이 자신의 존재 가치를 객관적으로 평가하는 기준이 된다고 생각하는 것이다. 이것은 한국인들이 '나는 누구인가'라는 질문에 대한 답을, 어떤 환경이나 관계에서도 변하지 않는 독립적인 '자기(自己/self)'가 아니라 사회적으로 부여되고 규정된 '이상적 자기(ideal self)'에서 찾기 때문이다. 이것은

• 《이데일리》 2015년 1월 21일 기사. http://www.edaily.co.kr/news/NewsRead.edy?SCD=JG31&newsid=01689206609240016&DCD=A00703&OutLnkChk=Y 참고.

사회지향적인 자기관으로, 한국인들은 다른 사람들과 별 문제없이 생활하고 사회의 조화에 기여하는 협동적인 인간이나 인격을 가장 이상적인 자기로 여긴다.[*] 직장 회식에서 잘 어울리는 것은 이런 이상적 자기를 실현하는 중요한 일 중 하나다. 게다가 먹고사는 현실적 문제와도 관련됐으니 절대 허투루 생각할 수 없는 것이다.

직장인들이 관계를 중요하게 생각한다는 것은 다른 설문조사에서도 확인할 수 있다. 2015년 5월에 또 다른 취업포털 회사는 직장인들에게 회사에서 다른 사람들과 관계를 잘 맺지 않고 자발적으로 아웃사이더가 된 사람들에 대해 어떻게 생각하는지를 물었다. 절반은 개인의 선택이라고 답했지만 나머지 절반은 "대인관계를 등한시한 어리석은 선택"이라고 답했다. 그렇게 답한 이유에 대해 60%가 넘는 사람들이 "사회성이 결여될 수 있기 때문"이라고 말했다. 이런 답을 보면 많은 사람들이 직장이 일만 잘하면 되는 곳이 아니라 동료들과 좋은 관계도 유지해야 하는 공간이라고 생각하고 있음을 알 수 있다.[**]

한국인들이 생계 문제와는 별개로 직장에서의 관계를 중요하게 생각하는 또 다른 이유는 직장이 일상생활의 3분의 1에서 절반 정도를 차지하는 곳이고, 가정 다음으로 중요한 물리적·정신적 공간이기 때문이다. 그런 곳에서 관계를 맺지 못하면 소외와 고립을 겪을 수밖에 없고 그것은 곧 사회적 죽음과도 같다. 소외와 고립은 관계를 중요하게 생각하고 관계를 유지하기 위해 싫은 것도 마다하지 않는 한국

- 최상진(2000), 『한국인 심리학』, 중앙대학교 출판부, pp. 128~131.
- 《뉴스토마토》 2015년 5월 18일 기사, http://www.newstomato.com/ReadNews. aspx?no=556295 참고.

인들에게는 치명적인 일이다. 실제 많은 한국인들이 관계에서 벗어나 고립되는 것을 자신에게 일어날 수 있는 최악의 일로 여긴다.●

관계를 유지하고 고립되지 않기 위한 피나는 노력이 이뤄지는 곳은 직장만이 아니다. 많은 사람들에게 가장 도전적인 관계는 가족과의 관계다. 편하고 자연스러워야 하는 가족과의 관계가 도전이 된다는 것은 어떻게 보면 씁쓸한 일이다. 그런데 한국문화에서는 가족의 범위가 넓고 관계가 가족 내에서 그물망처럼 얽혀 있기 때문에 이를 잘 유지해가는 게 쉽지 않다. 사람들은 가족이란 울타리 안에서 원만하게 지내기 위해 가족 행사를 챙기고, 윗사람의 비위를 맞추며, 명절마다 예의를 차리는 선물을 보낸다. 이렇게 좋은 관계를 유지하려고 노력하는 이유는 사회적으로 부여되고 규정된 '이상적 자기'를 실현하기 위해서다. 그렇지 않으면 가족들로부터 제 역할을 하지 못한다고 비난을 받고 골치 아픈 갈등에 휘말릴 수 있다.

과할 정도로 관계를 중요하게 생각하고, 관계를 위해 자신을 해치는 스트레스도 감수하는 한국인은 지나치게 관계의존적이고 독립성이 부족하다고 봐야 할까? 혹은 자존감이 낮은 것은 아닐까? 그렇지는 않다. 한국인들은 스스로 관계의 중요성을 판단한 뒤 그에 근거해 자기 욕구를 억누르고 스트레스를 감수하는 선택을 하는 것이다. 물론 환경과 힘의 관계가 그런 선택을 강요하는 경우도 있지만 일상의 관계에서 대부분의 한국인들은 자신이 상호의존적 관계에 있음을 알기 때문에 그런 선택을 한다. 결국 자기 이익을 위한 선택인 것이다.

시어머니에게 복종하는 며느리는 자존감이 없는 것 같지만 사실은

● C. 프레드 앨퍼드, 남경태 옮김(2000), 『한국인의 심리에 관한 보고서』, 그린비, p. 103.

남편과의 관계를 위해, 그리고 자기 가족의 편안한 일상을 위해 알면서도 자기 욕구를 억누른다. 직장 상사가 주도하는 회식이 달갑지 않으면서도 꼬박꼬박 참석하고 흥거운 자리를 만들려고 노력하는 이유는 회사가 자신에게 중요한 곳이기 때문이고 동료들과의 관계가 자신의 회사생활을 좌우하기 때문이다. 나아가 회사의 분위기가 좋아야 자신의 업무환경도 좋아질 수 있기 때문이다. 결국 이 모든 선택과 행동이 자신을 위한 일이다. 그래서 관계가 자신에게 미치는 영향을 주관적으로 해석하고 그 관계를 유지하기 위해 적극적으로 노력하는 한국인들이 오히려 자의식이 강하다는 의견도 있다.[*]

관계는 크게 사적인 관계와 공적인 관계로 나눌 수 있다. 사적인 관계는 계약에 의한 의무가 없는 환경에서 개인이 가족·친구·이웃 등과 자연스럽게 맺은 친분 관계다. 이런 관계는 전적으로 개인이 통제할 수 있고 공식적인 책임이나 이권이 개입되지 않기 때문에 특별한 절차 없이 맺고 끊을 수 있다. 공적인 관계는 계약이나 약속 아래 특정 임무가 주어진 환경에서 개인 및 집단과 맺는 관계다. 이런 관계를 깨기 위해서는 문서나 그와 비슷한 근거를 통해 공식적인 절차를 밟아야 한다. 물론 애매한 관계도 있다. 종교집단·동호회·동창회 등에서 맺어진 관계에는 사적·공적 관계가 혼합돼 있다. 친분 유지, 영적 생활, 취미 활동 등 개인의 목적을 위한 활동이지만 일단 발을 들여놓으면 회원 자격이 부여되기 때문에 관계를 깨려면 집단과 회원들이 동의하는 절차를 거쳐야 한다.

사적인 관계는 공적인 관계에 비해 맺고 끊는 것이 자유로워 보이

---

[*] C. 프레드 앨퍼드, 남경태 옮김(2000), 『한국인의 심리에 관한 보고서』, 그린비, p. 106.

지만 사실은 그렇지 않다. 가족·친구·이웃 등과 맺은 사적 관계가 삶에 더 깊이 관여하고 더 많은 영향을 준다. 가족처럼 끊임없이 이런저런 문제와 갈등이 일어나도 평생 끊기 힘든 관계도 있다. 다른 한편 사적인 관계는 만들고 유지하는 데 시간이 걸리기 때문에 쉽게 포기할 수 없다. 또한 하나의 관계에 문제가 생기면 주변으로 문제가 번지고 그로 인해 자신이 고립될 수도 있기 때문에 위험한 상황을 만들지 않으려고 노력한다.

공적인 관계는 계약이나 약속으로 맺어지기 때문에 사적인 관계보다 맺고 끊는 것이 자유롭지 못한 것으로 보인다. 그러나 그런 점 때문에 사적인 관계보다 관리가 쉬운 면도 있다. 관계의 형성, 유지, 파기 등과 관련해 사회적으로 통용되는 절차가 있기 때문이다. 이 관계 또한 포기하는 것은 쉽지 않다. 앞에서 얘기한 것처럼 공적인 관계는 한 사람의 사회적 정체성과 역할을 확인해준다. 한국인은 사회적 위치를 사람을 판단하는 기준으로 삼는 경향이 있다. 그래서 사적인 자리에서도 자신이 어떤 사람인지가 아니라 어디에서 일하는지, 어떤 사람들과 공적 관계를 맺고 있는지를 얘기하고 명함을 주는 것으로 인사를 대신하곤 한다. 이런 행동은 한국인들이 사회적 위치를 자기 정체성의 핵심으로 이해하고 있다는 것을 말해준다. 그래서 공적인 관계를 사적인 관계보다 더 중요하게 여기는 사람들도 많다. 더구나 공적인 관계는 한 번 잘못되면 절차에 따라 완전히 단절될 가능성이 높기 때문에 웬만한 문제나 갈등이 있어도 적극 대응하지 않으려는 경향을 보이기도 한다.

사적이냐 공적이냐 상관없이 한국인들은 관계를 위해 되도록 갈등을 만들지 않으려고 한다. 중요한 이유 중의 하나는 관계가 그물처럼 얽혀 있기 때문이다. 자기 관계만 생각해 갈등을 만들면 얽혀 있는 다른 사람들이 문제를 제기할 수도 있다. 그래서 한국인들은 누군가와 갈등이 생기면 본능적으로 주변 사람들의 대응을 살피고 때로는 그들의 개입 가능성까지 고려한다. 갈등을 지속시킬지 여부를 결정할 때도 주변 사람들을 고려한다. 1장에서 얘기한 희정과 시누이의 갈등에서 이런 문제를 잘 엿볼 수 있다. 희정과 시누이의 갈등은 희정과 시어머니, 그리고 남편과의 관계에까지 영향을 미친다. 갈등이 더 악화되면 시어머니와 남편이 직접 개입해 희정에게 갈등을 빨리 해결하라고 압력을 가할 수도 있다. 한국인들은 주변의 갈등이 자신에게 영향을 미칠 때는 갈등 당사자에게 비난이나 압력을 가할 수 있다고 생각하고 그것은 문화적으로도 정당한 행동으로 인정된다.

관계를 원만하게 유지하는 것만큼 한국인들에게 중요한 것은 관계 안에서 자신의 위치를 잘 설정하고 요구되는 역할을 잘 수행하는 것이다. 관계를 관리하는 것이 어려운 삶의 숙제가 되는 이유가 바로 여기에 있다. 개인의 위치 설정은 보통 서열에 따라 이뤄진다. 사적인 관계에서는 나이가, 그리고 공적인 관계에서는 직급이 가장 보편적이고 상식적인 서열 기준이 된다. 이런 서열은 한국인들에게 아주 중요하다. 두 사람 사이에 맺어지는 양자 관계는 물론 집단 안에서 다중으로 맺어지는 관계의 기초가 되기 때문이다.

서열은 반드시 명령과 복종의 상하 관계를 만들기 위해서라기보다 문화적, 사회적 규범에 맞는 역할을 요구하기 위해 강조되곤 한다. 또한 개인의 위치를 명확히 하고 집단 내에서 여러 관계들이 충돌 없이 공존하는 데 기여하기도 한다. 서열에 걸맞은 역할의 수행은 사적인 관계에서는 개인의 선택이 되지만 공적인 관계에서는 강제로 요구되기도 한다. 그러나 두 가지 경우 모두 자기에게 주어진 역할을 제대로 하지 못하는 사람은 비난을 듣는다.

한국인들이 관계를 원만히 유지하려고 노력하고, 동시에 관계를 잘 관리해야 한다는 압력을 느끼는 가장 큰 이유는 조화(harmony) 때문이다. 조화는 소속된 집단과 그 안에서의 관계를 중요하게 생각하는 한국인들이 결코 외면할 수 없는 가치다. 사람들은 자기가 소속된 집단 안에서 누군가와 관계를 맺게 되며 그렇게 관계를 맺은 사람들 각자는 다시 다른 사람들과 다양한 관계를 맺는다. 예를 들어 부부 사이의 관계는 둘 사이로 끝나는 것이 아니라 각자 시댁·처가·형제자매, 그들의 배우자들과 다시 관계를 맺는다. 회사 안에서 관계를 맺고 있는 상사와 부하 직원은 다른 상사·동료·후배, 다른 부서 직원들과 다양한 관계를 맺는다. 집단 전체의 조화는 이렇게 다중으로 형성된 관계에 의존한다. 또한 각각의 관계는 집단 환경의 영향을 받고 동시에 다른 많은 관계들에 영향을 미친다. 이렇게 한 집단 안에서 여러 개의 관계가 서로 영향을 주고받기 때문에 하나의 관계가 독립적으로 존재하는 것은 거의 불가능하다.

이런 상황은 앞에서 얘기한 것처럼 특정 관계에 주변 사람이 관여하는 것이 문화적으로 정당화되는 이유를 잘 설명해준다. 이는 개인의 권리를 침해하는 것으로도 보이지만, 크게 상식에 어긋나는 일로도 여겨지지 않는다. 두 사람의 관계가 자신에게 나쁜 영향을 미치기 때문에 관여하는 것이라고 얘기하면 그만이다. 그렇지만 주변의 관여가 정당성을 인정받는 보다 근본적인 이유는 집단의 조화 유지가 집단에 속한 모든 사람들에게 부과된 책임이자 권리라는 이해를 모두가 공유하기 때문이다. 그래서 주변 사람들이 두 사람이 싸워서 집단의 분위기가 안 좋을 때 싸움을 중단하라고 말할 수 있는 것이다.

한국인들이 맺는 관계의 또 다른 특징 중 하나는 사적인 관계와 공적인 관계가 뒤섞여 있다는 것이다. 사람들은 종교집단, 동호회, 동창회 등에 사적인 목적을 가지고 가입하고 그 안에서 사적인 관계를 맺는다. 그렇지만 집단에 정착한 후에는 공적인 책임을 맡곤 하기 때문에 시간이 흐를수록 다른 구성원들과의 사적·공적 관계가 뒤섞이게 된다. 집단을 중요하게 생각하는 문화적 특징 때문에 때로 공적인 책임이 사적인 목적보다 강조되기도 한다. 그 결과 두 관계 사이에 충돌이 생기고 다툼과 갈등으로 번지곤 한다. 많은 종교집단 내에서 갈등이 생기는 이유는 종교 지도자 및 신도들과의 사적 관계와 그에 따른 역할에 무게를 두는 사람들과 공적 관계와 역할을 강조하는 사람들 사이에 이견과 다툼이 생기기 때문이다.

더 풀기 어려운 숙제는 공적인 관계 안에 존재하는 사적인 관계다. 누군가 계약이나 약속을 통해 조직이나 집단과 공적인 관계를 맺으면 공적인 역할의 수행을 요구받는다. 그런데 조직이나 집단 안에서는 자연스럽게 사적인 관계가 맺어지고 그것이 공적 업무에 큰 영향을 미치기도 한다. 상사와의 관계는 분명 공적인 관계지만 상사와의 사적인 관계를 잘 관리하지 못하면 업무에 불이익을 받을 수 있다. 다른 조직이나 집단 사람들과도 공적인 관계를 맺지만 일에 도움을 받으려면 사적인 관계 또한 잘 맺고 유지해야 한다. 사적인 관계에 문제가 생기면 공적인 업무가 실패할 가능성이 커진다. 이렇게 관계가 뒤섞이기 때문에 사람들은 공적인 관계와 사적인 관계 사이에서 아슬아슬한 줄타기를 하곤 한다. 어떤 영역에서든 관계를 중요시하는 한국인들의 문화적 특성 때문이다.

사실 한국인들만 관계를 중요하게 생각하는 것은 아니지만 한국인들에게 관계는 특별히 더 중요하다. 그리고 한국문화의 특성상 관계가 그물망처럼 넓고 촘촘하게 얽혀 있어 관리가 쉽지 않다. 그 과정에서 다양한 문제들이 생기고 갈등으로 발전된다.

2. 한국인, 한국문화, 그리고 갈등

문화를 구분할 때 가장 흔히 쓰이는 분류 방식이 개인주의 문화와 집단주의 문화의 구분이다. 이 기준에 따라 한국문화는 보통 집단주의 문화로 분류된다. 그런데 세상에 완전한 집단주의 문화이거나 완전한 개인주의 문화라고 부를 수 있는 사회는 없다. 다만 어느 한쪽으로 조금 더, 또는 좀 많이 치우쳐 있을 뿐이고 대부분의 사회는 두 가지 문화가 혼재돼 있다. 물론 여전히 집단주의 성향이 강한 한국사회 안에도 개인주의 문화가 큰 자리를 차지하고 있다. 반면 젊은 세대일수록 개인주의 성향이 강하다고 말하지만 젊은 세대 내에서도 집단 활동과 소속감을 강조하는 것을 보면 그들 역시 강한 집단주의 성향을 가지고 있다고 할 수 있다. 개인주의 성향이 강한 다른 사회의 사람들도 가족과 집단에 대한 친밀감과 소속감을 중요하게 생각한다. 개인주의 성향이 강한 미국에서 9·11 테러 사건 이후 가족과

애국주의가 강조된 것이 그런 예의 하나다. 이렇듯 개인과 사회가 처한 상황에 따라 집단주의 또는 개인주의 문화의 특징 중 어느 한쪽이 특히 강조되거나 함께 나타나기도 한다.

집단주의 문화의 가장 큰 특징은 소속된 집단에 대한 개인의 의존도가 높다는 것이다. 집단주의 문화에서는 대부분의 사람들이 집단에 강한 소속감을 느끼며 개인의 목표와 집단의 목표가 충돌할 경우 집단의 목표를 우선적으로 선택한다.* 집단의 이익과 번영이 자신의 안전과 행복을 좌우한다고 생각하기 때문이다. 곧 자신의 이익을 위해 집단에 의존하는 것이다. 이런 생각과 태도는 집단주의 문화에서는 당연한 것으로 여겨진다. 가족을 위해 희생하는 부모나 자녀들, 회사를 위해 사생활을 포기하는 회사원들, 민족 집단이나 국가를 위해 가족을 버리는 사람들이 사회적으로 좋은 평가를 받곤 한다. 이런 일은 개인주의 문화권에서는 이해하기 힘들다.

집단주의 문화의 시각에서 보면 앞에서 얘기한 관계의 문제를 더 잘 이해할 수 있다. 한국인들이 관계를 중요하게 생각하는 이유는 자신의 이익을 위해서 집단에 의존해야 하고 그러기 위해서는 집단 내 사람들과 친밀한 관계를 만들어야 한다고 생각하기 때문이다. 또한 이미 집단에서 안정된 위치를 확보하고 있더라도 관계를 잘 관리해야 자신의 존재감을 유지하고 어려운 일이 생겼을 때 집단의 도움을 받을 수 있다고 생각한다. 이렇게 관계를 강조하는 집단주의 문화는 갈등에 취약한 특징이 있다. 특별히 앞에서 언급한 관계와 역할 수행의 문제는 갈등을 만드는 주요 요인이 된다. 다음 세 이야기는 관계

* H. C. Triandis(1994), *Culture and social behavior*, New York: MacGraw_Hill.

로 인해 발생하는 갈등을 잘 보여준다.

이야기 하나

혜정은 지방에 계신 시어머니의 전화를 받고 공황상태가 됐다. 이제 집안 제사를 모두 맡아서 하라는 전화였다. 혜정의 남편은 장남이고 둘은 서울에서 맞벌이를 하며 살고 있다. 혜정은 언젠가 시어머니의 일을 물려받게 되리라고 짐작하고 있었지만 그날이 이렇게 빨리 오리라곤 상상도 못했다. 시부모님은 아직 60대 초반이고 자신은 이제 갓 결혼한 30대 초반의 새댁이기 때문이다. 일 년에 다섯 번도 넘는 제사를 맡으라고 하니 혜정의 가슴은 철렁 내려앉았다. 시어머니처럼 집에서 다 준비해야 한다면 도저히 불가능한 일이고 혜정은 제사에 대해서도 잘 모른다. 부모님이 교회에 다녀 제사가 없는 집에서 성장했기 때문이다. 제사 준비도 문제지만 제사 때마다 시부모님과 시댁 식구들을 맞이하고 대접해야 하는 것도 문제다. 생각할수록 기가 막히고 화가 났다. 시어머니가 정정하신데 왜 제사를 벌써 자기한테 넘기려 하시는지, 힘드시면 다른 집처럼 제사 음식을 시켜도 되는데 왜 그렇게 안 하시는지, 시아버지는 왜 시어머니에게 동의를 했는지 등등 이해 못할 것이 한두 가지가 아니었다. 결국 모든 당황스러움, 억울함, 분노 등을 남편에게 쏟았다. 당장 내려가서 시부모님을 설득해 제사가 자기에게 오지 않게 하라고 했지만 효자 소리 듣는 남편이 오히려 넙죽 받아올까 걱정이다. 이번 일로 결혼할 때 생겼다가 잠복기에 들어간 혜정과 시어머니의 갈등이 폭발하기 일보직전 상태가 됐다.

이야기 둘

선영의 집은 요즘 우울하다. 남편은 지방으로 내려가 몇 주째 올라오지 않고 있다. 자식문제도 아니고 부부문제도 아니다. 교회 교우와 목사님과의 관계 때문이다. 선영과 남편은 교회의 핵심 멤버로, 친목회에서 만난 김 씨를 교회로 전도했다. 사회성이 좋은 김 씨는 교우들은 물론 목사님과도 금방 친해졌다. 그런데 선영 부부와의 관계는 멀어졌다. 선영 부부는 김 씨에게 사업 자금으로 돈을 빌려줬는데 그 돈을 김 씨가 다 날리고 갚지 않았다. 김 씨는 줄 수 없다 했고 차용증서를 쓰지 않았기 때문에 받을 도리도 없었다. 선영과 남편은 김 씨와의 문제를 목사님에게 얘기했다. 그렇지만 목사님은 개의치 않고 자신을 잘 보좌하는 김 씨를 비서처럼 이런저런 모임에 데리고 다녔다. 선영과 남편은 그런 목사님을 이해할 수 없었다. 목사님이 그동안 열심히 교회에서 활동한 자기 부부를 무시하는 것이라고 생각돼 배신감도 들었다. 선영의 남편은 생각할 시간이 필요하다며 결국 몇 주 전 지방으로 내려갔고 아직도 올라오지 않고 있다. 남편 얘기를 하자 목사님은 선영에게 김 씨와 직접 만나 문제를 해결하라고 했다. 목사님은 자신은 선영의 남편 일과 무관하다는 것처럼 얘기했고 선영은 상처를 받았다. 선영 부부와 김 씨와의 갈등은 이제 목사님과의 갈등이 됐고 선영과 남편은 20년 이상 다닌 교회를 떠나야 하는지 고민중이다.

이야기 셋

2001년 정부는 연이은 홍수를 막기 위해 한탄강에 댐을 세우기로 결정했다. 그로 인해 경기도 연천과 포천에 있는 4개 마을이 수몰당할

위기에 처했다. 처음엔 수몰 예정지의 모든 주민들이 댐 건설에 반대했다. 그렇지만 곧 대다수의 주민들은 정부의 계획을 되돌리기 힘들 것이란 판단을 했다. 그들은 차라리 빨리 보상금을 받고 새 삶을 시작하는 것이 피해를 줄이는 것이라 생각해 댐을 찬성했다. 그러나 소수의 주민들은 조상대대로 살아온 고향을 떠날 수 없다며 강하게 반대했다. 이로 인해 정부의 댐 건설 계획을 찬성하는 주민들과 반대하는 주민들 사이에 갈등이 생겼다. 댐 건설 계획이 구체화되면서 주민들 사이의 갈등은 더 심화됐다. 찬성하는 주민들은 정부·수자원공사 등과 밀접한 관계가 됐고, 반대하는 주민들은 지역과 중앙의 환경단체들과 연대했다. 댐 건설을 둘러싼 갈등은 수년 동안 이어졌고 양측 주민들의 관계는 완전히 단절됐다. 이 때문에 한 마을에 살던 사람들은 서로 비난하고 싸우며 결국 경조사도 서로 챙기지 않게 됐다.

한국인들에게 '관계를 맺고 있다'는 것은 곧 각자 '적절한 역할을 하는 것'을 의미한다. 친구 사이, 부모와 자식 사이, 배우자 사이, 동료 사이, 선배와 후배 사이 등 수많은 관계 속에서 사람들이 상대에게 기대하는 것은 적절한 역할의 수행이다. 의미가 모호할 수도 있는 '적절한' 역할이란 모두가 공유하는 한국문화의 상식을 벗어나지 않는 것을 말한다. 한쪽이 주어진 역할을 기대에 맞게 '적절히' 수행하지 못하면 다른 쪽은 그에 대해 문제를 제기할 수 있다. 이를 다른 쪽이 인정하지 않으면 결국 갈등이 생긴다. 물론 기대에 어긋난 역할 수행이 갈등을 만드느냐 아니냐는 관계의 질과 당사자들이 관계에 두는 의미 등에 따라 달라질 수 있다. 그러나 어긋난 기대가 갈등을 만드는 중요한 원인이 되는 것은 사실이다.*

한국인들은 각자의 역할 수행이 개인의 안전과 행복은 물론 집단의 안녕과 번영에도 영향을 미친다고 생각한다. 때문에 좋은 관계를 유지하기 위한 각자의 역할 수행이 때로 개인의 선택이 아니라 집단에 대한 의무와 책임이 되며, 집단은 개인에게 역할을 잘하도록 압력을 가하기도 한다. 특히 대가족이나 회사처럼 소속된 사람들이 자주 접촉하는 집단 내에서는 누군가 자기 역할을 하지 않는 것 자체가 갈등의 불씨가 되곤 한다.

한국인의 술 문화는 집단의 조화를 위해 개인의 역할을 강조하는 한국문화의 특징을 가장 잘 드러낸다. 한국문화 연구자들은 한국인의 술 문화가 '집단의례'의 성격을 가지고 있다고 말한다. 특히 회사나 모임에서 회식을 할 때 이런 점이 두드러진다. 회식은 여럿이 식사하는 모임이지만 목적은 단순히 음식을 먹는 것이 아니다. 회식의 진짜 목적은 '집단성 키우기'다.** 때문에 소속된 사람들을 거의 강제로 회식에 참여시키고 회식에는 항상 술이 동반된다. 모두 술잔을 채우고 건배사 정도는 같이 외쳐야 회식의 모양새가 갖춰진다. 그 자리에서 문제가 있는 사람들은 오해를 풀거나 화해를 하고, 서먹한 사람들은 마음을 열고 서로를 받아들이며, 집단 안에서 함께 관계를 다질 것을 약속한다. 결국 회식의 진짜 목적은 집단의 안녕과 번영을 위해 결속력을 강화하고 구성원들 사이의 관계와 역할을 강조하는 것이

---

* D. LeResche(1992) "Comparison of the American mediation process with a Korean-American harmony restoration process." *Mediation Quarterly*, 9(4), pp. 323~339.

•• 이기중(1998), "술 문화를 통해본 한국인의 일상과 일탈", 『한국문화와 한국인』, 사계절, pp. 79~106.

다. 좀 삐딱하게 보면 집단의 조화를 위해 각자 제 역할을 잘 하라는 압력의 자리인 것이다.

집단의 압력은 갈등이 생겼을 때 특별히 두드러진다. 갈등이 집단의 조화를 해친다고 여길 때 집단은 개인의 갈등에 관여하게 된다. 부부 사이의 불화는 대가족의 압력에 직면하고, 상사와 부하 직원 사이의 갈등은 부서 또는 회사 전체의 눈총을 받으며, 친구 사이의 다툼은 주변 친구들의 참견과 개입을 부른다. 집단의 압력에 대한 대응은 개인마다 차이가 있다. 적극 수용하는 사람이 있는가 하면 저항하는 사람도 있다. 흥미로운 것은 개인이 자기 결정권을 주장해도 집단의 개입이 쉽게 사라지지 않는다는 점이다. 그래서 집단의 참견에 저항하는 사람은 집단 전체와 새로운 갈등을 겪기도 한다.

혜정의 사례는 개인의 관계가 집단의 조화에 미치는 영향, 그리고 개인이 받는 압력을 잘 보여준다. 혜정이 집안 제사를 넘기려는 시어머니에게 직접 싫다는 얘기를 할 수 없었던 이유는 시어머니와 갈등을 만들고 싶지 않았기 때문이다. 그 갈등이 가족 전체에 어떤 영향을 미칠지 짐작하는 건 어렵지 않은 일이다. 또 그로 인해 자신이 비난받을 것 또한 쉽게 예상할 수 있다. 혜정은 자신의 이익을 생각했지만 가족의 압력을 무시할 수 없었다. 결국 혜정이 선택한 방법은 남편에게 시어머니와 담판을 벌이도록 압력을 가하는 간접적인 것이었다. 큰 기대는 할 수 없지만 가족의 압력 때문에 선택의 여지가 거의 없는 입장에서는 최선이었다.

집단주의 문화에서는 소속된 집단과 그 외의 집단을 구분하는 것이 중요하게 여겨진다. 사람들은 보통 자신이 소속된 내집단(ingroup)과 자신이 소속되지 않은 외집단(out-group)을 구분한다. 그리고 내집단에 속한 사람들과 외집단에 속한 사람들을 다르게 대한다. 내집단 사람들은 자신과 운명을 같이 하는 사람들이기 때문에 그들과 문제가 생기면 긍정적으로 대응하고 이해하려고 노력한다. 내집단 사람들이 외집단 사람들과 문제가 생기면 외집단 사람들의 공격으로부터 보호해줘야 한다고 생각한다. 진실 여부와 도덕적 기준에 상관없이 내집단을 옹호하기도 한다. 이런 경향은 내집단이 위기에 처했을 때 가장 잘 나타나는데 때로는 불의하고 부도덕한 일까지 감추려 해 사회문제가 되기도 한다. 개인주의 문화에 속한 사람들은 이런 일을 쉽게 이해하지 못한다. 그러나 집단주의 문화에 속한 사람들은 이런 일에 찬성하지 않는다 할지라도 그런 집단 정서와 태도를 쉽게 이해한다. 내집단과 외집단의 구분은 집단주의 문화에 속한 사람들에게는 합리적인 선택이다. 알지도 못하고 신뢰할 수도 없는 외집단 사람들을, 신뢰할 수 있고 어려울 때 도움도 받을 수 있는 내집단 사람들과 똑같이 대하는 것이 오히려 합리적이지 않다고 생각한다.[•]

내집단을 강조하는 문화가 갈등에 미치는 영향은 사회 갈등에서 가장 잘 엿볼 수 있다. 집단 간 갈등이 생기면 사람들은 자기 집단 편을 들도록 압력을 받는다. 그렇지 않으면 배신자로 낙인찍히거나 내집단으로부터 소외당하게 된다. 때문에 설사 자기 집단이 잘못했거나 실수를 저질렀어도 문제를 제기하는 사람을 찾기 힘들다. 갈등이 심해지고 대립이 격렬해질수록 내집단의 결속력은 강해지고 내부

[•] 정주진(2010), 『갈등해결과 한국사회―대화와 협력을 통한 갈등해결은 가능한가?』, 아르케, pp. 42~43.

를 향한 감시와 압력이 심해진다. 이렇게 내집단을 강조하는 문화는 사회 갈등을 악화시킨다. 집단 내부에서 중립적인 시각으로 갈등을 분석하고 상대 집단의 주장을 객관적으로 재해석하는 시도가 있어야 해결의 실마리를 찾을 수 있는데 그런 노력이 거의 이뤄지지 않는 것이다. 대립이 격렬해지면 갈등해결을 위해 상대 집단과 대화를 시도하거나 정보 교환의 자리를 마련하는 것조차 배신으로 취급된다. 이런 내집단의 정서를 잘 알고 있는 사람들은 그런 위험한 시도를 하지 않는다. 갈등은 계속 악화되고 돌파구를 찾지 못한 채 표류하게 된다.

앞의 사례 중 한탄강 댐 건설을 둘러싸고 생긴 수몰 예정지 마을 주민들의 갈등을 보면 두 개의 내집단과 그 안에서 만들어진 결속력이 갈등에 중대한 영향을 미친다는 것을 잘 알 수 있다. 댐 건설에 찬성하는 주민들과 반대하는 주민들은 한 마을에서 오래 관계를 맺고 산 사이였지만 편이 갈리면서 결국 각각의 내집단을 형성했다. 다른 입장을 가진 '외부의 적' 때문에 각 내집단의 결속력은 강화됐고 두 집단 사이의 관계는 단절됐다. 시골 마을에서 경조사도 챙기지 않을 정도면 완전히 등을 돌렸다는 얘기다. 당연히 문제를 해결하기 위해 대화를 시도하는 것은 상상도 할 수 없는 일이 됐다. 갈등이 길어지면서 내집단의 결속력이 강화되고 그 결과 갈등이 악화되는 악순환의 고리가 만들어진 것이다.

집단주의 문화가 갈등에 미치는 영향을 살펴볼 때 짚고 넘어가야 할 중요한 점 중 하나가 의사소통 방식이다. 에드워드 홀(Edward Hall)의 연구에 의하면 집단주의 문화에 속한 사람들은 자신의 생각을 타인에게 전달할 때 고맥락(high-context) 의사소통 방식에 의존한다. 이것은 개인주의 문화의 저맥락(low-context) 의사소통 방식과 대조된다.* 저맥락 의사소통 방식은 전달하는 메시지에 숨겨진 맥락이 거의 없이 모든 정보와 사실이 담겨지는 것을 말한다. 누군가 '좋다'라고 말하면 그것은 정말 '좋다'는 의미인 것이다. 상대는 그 정보와 사실을 그대로 이해하고 대응하면 된다. 이와는 대조적으로 고맥락 의사소통 방식에서는 전달하는 메시지에 모든 정보와 사실이 담기지는 않는다. 때로는 최소한의 정보와 사실만 담기고 메시지의 이면에 여러 가지 상황과 맥락이 숨어 있을 수 있다. 의사소통의 수단으로 사용되는 메시지는 이면의 상황과 맥락에 접근할 수 있게 해주는 매개 역할을 할 뿐이다. 때문에 어떤 사람이 '싫다'고 얘기할 때 거기에는 상대에 대한 배려, 무시, 존경, 두려움 등 여러 가지 의미가 숨겨져 있을 수 있다. 고개를 끄덕이거나 웃는 것이 '좋다'는 대답이 아니라 그냥 '당신의 생각을 이해했다'는 의미일 수도 있다. 때문에 고맥락 의사소통에 따라 메시지를 전달받는 사람은 숨겨진 맥락들을 유추해야 한다. 때로는 밖으로 표현된 것보다 뒤에 숨겨진 상황이나 맥락이 더 중요할 수 있기 때문이다.**

앞의 사례 중 선영 부부와 교회 목사님과의 갈등에서 고맥락 의사소통 방식이 잘 드러난다. 선영과 남편이 목사님에게 김 씨와의 문제를 얘기한 이유는 목사님이 자신들과 문제가 있는 김 씨와 적절한 거리를 유지해주길 바랐기 때문이다. 또한 자신들의 편을 들어 김 씨에

• E. T. Hall(1976), *Beyond culture*, New York: Anchor Books.
•• 정주진(2010), 『갈등해결과 한국사회』, 아르케, pp. 43~44.

게 잘못을 물어달라는 지원 요청이기도 했다. 그런데 목사님은 그 메시지를 제대로 해석하지 못했다. 사소한 개인 문제로 취급해 무시했는지도 모른다. 어쨌든 선영과 남편은 목사님이 오랫동안 교회에 충실했던 자신들을 버렸다고 생각했다. 그런데 선영과 남편은 목사님에게 자신들의 의도를 분명히 말한 적도 없고 목사님이 자신들의 생각을 제대로 이해했는지 확인한 적도 없다. 다만 익숙한 고맥락 의사소통을 통해 자신들의 의도가 잘 전달됐을 것이라 생각했다. 그리고 목사님의 행동과 말을 통해 목사님이 자신들의 요구를 거부했다고 생각했다. 직접적으로 확인하기보다 숨은 맥락을 통해 짐작한 것이다.

대부분의 한국인들은 고맥락 의사소통 방식에 익숙하다. 물론 개인의 성향에 따라 저맥락 의사소통을 선호할 수도 있고 관계의 성격과 질에 따라 노골적인 표현을 선택하기도 한다. 다만 많은 한국인들이 고맥락 의사소통 방식에 익숙하고 다른 한편으로 그것을 선호한다. 그래서 저맥락 의사소통 방식을 선호하는 사람들은 다소 특이한 사람들로 여겨지고 때로 무례하거나 배려가 없거나 이기적이라는 평가를 듣기도 한다. 이런 이유로 저맥락 의사소통을 선호하는 사람들조차 관계가 얕거나, 신뢰가 없거나, 상호 이해 수준이 낮은 사람을 대할 때는 고맥락 의사소통 방식을 선택한다.

강한 집단주의 문화, 집단에 대한 높은 의존도와 강한 소속감, 집단 내 개인의 역할 강조, 고맥락 의사소통 방식 등 한국문화의 특징들은 갈등을 만들거나 악화시키는 원인이 되곤 한다. 강한 집단주의는 개인의 선택과 자유를 억압하고, 집단에 대한 높은 의존도와 강한 소속감으로 인해 사람들은 자신은 물론 타인의 말과 행동을 검열하고 평가하곤 한다. 역할의 강조는 부담과 압력으로 작용해 사람들의 저항을 부른다. 고맥락 의사소통은 모호한 해석과 오해를 불러일으켜 갈등을 만들거나 해결하기 어렵게 한다.

가족 내에서 많은 갈등이 발생하는 이유는 이런 모든 문화적 특징들이 뒤섞여 작용하기 때문이다. 사람들은 운명공동체인 가족을 잘 유지하기 위해 모두가 서로를 잘 돌봐야 하고, 간섭을 해서라도 다른 사람의 잘못을 바로잡아야 하며, 가족의 이익이 개인의 권리보다 앞서야 한다고 생각한다. 한 사람의 일은 가족 전체의 일이 되고 사생활은 아주 좁은 범위로 한정된다. 마을·회사·단체 등의 집단들도 비슷한 사정을 가지고 있다. 그렇지만 구성원 중 누군가 순응하지 않고 그런 집단의 참견과 평가에 저항해 자신의 독립적 선택과 행동을 주장하면 갈등이 생긴다. 흥미로운 점은 자기 일에 참견하면 저항하는 사람들이 다른 사람의 일에는 자신도 참견힐 권리가 있다고 생각한다는 것이다. 자기 안에 뿌리박혀 있는 문화적 성향을 잘 인지하지도 버리지도 못하는 것이다.

집단주의 문화의 특징들이 자주 갈등을 만든다고 해서 한국문화가 특별히 갈등에 취약한 것은 아니다. 사실 개인주의 문화에서도 다른 이유로 많은 갈등이 생긴다. 세상에 '갈등 억제 문화', 또는 '갈등 유발 문화' 같은 건 없다. 문화가 가진 특징 중에 갈등에 취약한 부분이 있을 수 있지만 그 부분도 개인과 집단의 갈등 대응 능력에 따라 극복될 수 있다. 문제는 문화는 익숙한 것이라서 갈등 당사자들이 자신의 갈등에 영향을 미치는 문화적 특징을 잘 찾아내지 못한다는 점이다.

매일 같은 문화를 가진 사람들만 접촉하면 자기 문화를 이해하기가 힘들다. 그래서 매일 자기 문화를 경험하고 자기와 같은 문화를 가진 사람들을 만나면서도 자신과 그들의 태도나 행동을 분석하지 못한다. 갈등에 취약한 한국문화의 특징들도 제대로 인지하지 못한다. 그래서 사람들은 그저 다른 사람들과 관계를 맺고 어울려 살면 으레 가끔씩 어려운 문제나 갈등에 직면할 수밖에 없다고 생각한다. 틀린 말은 아니지만 갈등을 이해하고 해결하는 데는 별 도움이 안 된다. 갈등에 잘 대응하고 해결하려면 오히려 한국문화의 모든 면을 당연하게 받아들이지 말고 다른 시각으로 분석해보는 시도가 필요하다. 또한 한국문화의 특징이 특정 갈등에 어떻게 영향을 미치고 있는지 이해하고 구체적인 대응 방법을 찾는 노력이 필요하다.

3. 문화와 갈등해결

"갈등은 보편적이지만 문화마다 독특하다"•는 말은 갈등과 문화의 관계를 압축적으로 설명해준다. 갈등은 두 명 이상의 사람이 모이면 발생하는 인간관계의 자연스런 한 부분이고 문화적 특성에 관계없이 거의 모든 인간 사회에 존재한다고 단정할 수 있다. 그렇지만 사람들이 갈등에 대응하는 방식은 사회마다 다르다. 단적으로 개인주의 성향이 강한 사회에서는 개인의 권리와 선택이 존중되지 않을 때, 또는 누군가 집단의 선택을 우선시하거나 강요할 때 갈등이 생긴다. 반면

• D. W. Augsburger(1992). *Conflict mediation across cultures*, Louisville: John Knox Press.

집단주의 성향이 강한 사회에서는 한 명의 선택이 집단의 선택과 대립될 때 자신의 선택을 고집하면 갈등이 생긴다. 자신의 선택과 집단의 압력 사이에서 고민하는 개인은 집단의 문제제기를 받아들이든지 아니면 극단적인 경우 집단을 떠나든지 둘 중 하나를 선택해야 한다. 이처럼 개인주의 문화와 집단주의 문화에서는 개인의 선택과 권리 주장이라는 같은 상황에서 다른 이유로 갈등이 생긴다.

혜정의 사례를 개인의 선택이란 시각에서 생각해보자. 시어머니는 자신이 그랬던 것처럼 혜정도 가족을 위해 큰며느리 역할을 해야 한다고 생각한다. 시어머니에게는 너무 당연한 일이다. 그런 시어머니에게 만일 혜정이 자신의 선택권을 주장했다면 시어머니로부터 크게 혼나고, 나아가 다른 가족들의 입에도 오르내리는 일을 피할 수 없었을 것이다. 설사 혜정의 난감함을 이해하더라도 가족들은 시어머니에게 정면으로 도전하고 집안을 시끄럽게 만든 것과, 집안의 화목을 생각해야 할 큰며느리로서의 역할을 제대로 하지 못한 점을 비난했을 것이다. 그래서 혜정은 자신의 생각을 숨길 수밖에 없었던 것이다.

갈등에 대응하는 방식도 문화에 따라 다르다. 이것은 마치 사람 사는 곳 어디에나 집이 있고 집에는 통풍을 위한 창문이 있지만 창문의 위치, 크기, 모양 등은 문화와 환경에 따라 서로 다른 것과 같다. 개인주의 성향이 강한 사회의 사람들은 갈등에 대응할 때 무엇보다 자신의 이익과 미래에 초점을 맞춘다. 심각한 갈등 상황에 직면한 사람이 자기가 속한 조직이나 공동체 등 집단의 이익까지 고려하는 경우는 거의 없다. 갈등 당사자는 자기 이익을 위해 상대에게 직접적이고 노골적인 방식으로 문제를 제기한다. 때로는 공격적인 방식을 선택하기도 한다. 또한 직접 대면이나 대결을 통해 문제 해결을 모색하고 협상을 시도한다. 이런 대응이 이뤄지는 이유는 자신의 선택은 자신이 책임질 일이며 설사 배우자·부모·자식 등 아주 친밀한 사람에게 영향을 미치더라도 자기 이익을 우선적으로 선택할 권리가 있다고 생각하기 때문이다.

집단주의 성향이 강한 한국인들은 자신의 갈등을 주변과 독립시켜 생각하지 않는다. 오히려 주변 사람들, 특별히 자신과 친밀한 사람들을 고려하면서 갈등에 대응한다. 때문에 직접적이고 노골적인 방식보다 간접적이고 조심스런 대응 방식을 선호한다. 자신의 권리와 이익에 관련된 문제고 결과도 자신이 책임질 것이지만 자신의 대응 방식이 주변에 부정적 영향을 미칠까 우려한다. 동시에 자신의 대응이 어떤 평가를 받을 것인지에 대해서도 민감해서, 되도록 주변의 지지를 받을 수 있는 방식을 선택한다. '지나가는 사람 잡고 물어봐라'는 말은 자신의 갈등조차 아무 관계도 없는 사람들의 시각을 통해 해석하고 그들이 지지하는 방식으로 문제를 해결하려는, 다시 말해 상식에서 벗어나지 않는 방식을 선택하려는 욕구를 잘 설명해준다. 대부분의 한국인들은 주변까지 생각하는 대응 방식이 때로 자신에게 만족스럽지 않은 결과를 가져오더라도 그것이 집단으로부터 소외되는 것보다는 낫다고 생각한다. 이런 갈등 대응 방식은 개인주의 문화 사람들의 방식과는 크게 다르다. 일반적으로 집단주의 문화의 개인은 갈등을 만들고 전개하는 과정에서 자신의 결정보다는 문화적, 사회적 통제의 영향을 더 많이 받는다.*

• D. W. Augsburger(1992), *Conflict mediation across cultures*, Louisville: John Knox Press.

집단주의 문화 성향이 강해서 갈등에 간접적이고 때로는 매우 소극적으로 대응하는 한국인들이 사회 갈등에 직면했을 때는 왜 그렇게 적극적이고 때로는 공격적인 방식으로 대응하는 것일까? 사회 갈등에는 집단주의 문화의 해석이 적용되지 않는 것일까? 이에 대한 답을 찾기 위해선 먼저 사회 갈등이 보통 어떤 식으로 전개되는지 알아봐야 한다.

대부분의 사회 갈등은 집단 사이에서 발생한다. 어떤 일이 집단의 안녕과 이익에 문제가 된다고 생각하면 그 문제를 둘러싸고 다른 입장이 등장한다. 각각의 입장을 둘러싸고 찬성, 반대, 조건부 찬성 등을 표명하는 집단이 만들어지면 갈등이 본격적으로 시작됐다고 봐야 한다. 각 집단은 자기주장의 논리적, 상식적 정당성을 주장한다. 그리고 다른 집단의 주장을 폄하하거나 비난한다. 그 결과 서로 다른 주장을 하는 집단 사이의 관계와 소통이 단절된다. 이제 각 집단은 자기주장이 정당하고 절대적 진리라는 것을 알리기 위해 활용할 수 있는 모든 수단을 사용한다. 또한 외부 집단, 여론, 언론, 국회, 정부 등의 지지를 얻는 데도 주력한다. 이 상황이 되면 대립은 격렬해지고 갈등은 악화일로로 치닫게 된다. 각 집단은 자신이 옳다는 것을 증명하고 자기 이익을 지키기 위해 모든 수단과 방법을 동원하고 위기 상황을 만드는 것도 불사하게 된다.

사회 갈등이 만들어지고 전개되는 과정을 보면 대응 방식이 개인 갈등의 경우와 많이 다르다는 점을 알 수 있다. 가장 큰 차이는 개인은 갈등을 되도록 억제하려고 하고 집단은 갈등을 알리고 확대시키려 한다는 것이다. 방식은 언뜻 보면 앞에서 얘기한 한국인의 갈등 대응 방식과는 잘 맞지 않고 이해하기도 힘들다. 삶에 즉시, 그리고 직접 영향을 미치는 개인 갈등보다 오히려 사회 갈등에 더 적극적으로 나서니 말이다. 물론 사회 갈등에도 개인의 이익이 관련돼 있다. 그렇지만 사회 갈등의 당사자 집단은 구성원 각자의 필요를 모두 반영하지 않고 집단 전체의 이익에 더 초점을 맞춘다. 예를 들어 빚을 갚기 위해 즉시 외부의 보상금이 필요한 개인의 사정보다는 상대에게 힘을 보여주기 위해 보상금을 거부하고 갈등을 확산시켜야 하는 집단의 필요를 먼저 고려하는 것이다.

적극적인 사회 갈등 대응 방식이 한국문화와 모순되는 것은 아니다. 이런 방식은 오히려 한국의 강한 집단주의 문화와 통하는 면이 많다. 한국인들의 강한 집단주의 문화 성향은 집단이 갈등에 직면했을 때 그 모습이 제대로 드러난다. 송전탑 건설, 골프장 건설, 군부대 소음, 공장 매연과 악취 등의 공공 문제와 맞닥뜨린 사람들은 자신과 가족의 행복이 집단의 안녕과 직결돼 있다고 생각한다. 이들은 이제 갈등도 감수해야 한다고 생각하고 집단의 이익을 위해 개인의 사소한 이익 정도는 희생할 각오도 한다. 물론 그런 결정을 하는 이유는 개인의 안전과 미래에 대한 불안이 있기 때문이지만 어쨌든 명분은 사사로운 이익이 아니라 집단, 다시 말해 공동의 이익을 위한다는 것이다.

이런 명분은 소속된 사람들로 하여금 적극적으로 집단의 이익을 위해 목소리를 높일 수 있게 해준다. 대표로 나서서 집단의 이익을 대변하고 다른 편과 대결하며 협상을 하는 사람에게도 명분이 생긴다. 그는 개인이 아닌 집단의 이익을 위해 역할을 다해야 한다. 때문에 몸을 사리거나 내부와 외부 사람들의 눈치를 살필 필요 없이 당당하게 주장할 수 있다. 집단주의 문화에서 중요하게 생각하는 집단의 이익, 운명공동체, 적절한 역할 수행 등이 갈등에 적극적으로 대응하게 하는 근거와 정당성을 제공해주는 것이다.

앞의 사례 중 한탄강 댐 건설을 둘러싸고 생긴 주민들의 갈등을 보자. 주민들 사이의 갈등이 개인의 땅이나 부채 관계를 둘러싸고 생긴 것이었다면 갈등은 노골적으로 표출되지 않았을 가능성이 높다. 당사자들은 동네 사람들의 눈치를 봤을 것이고, 마을 사람들이 동네 시끄럽지 않게 되도록 빨리, 좋게 해결하라고 했을 것이니 말이다. 둘이 싸우더라도 갈등이 동네 전체로 번지지 않게 조심하라고 무언의 압력을 가했을 수도 있다. 그런데 갈등 현안이 마을의 존폐를 결정짓는 댐 건설이었기 때문에 마을 사람들은 당당하게 자신의 입장을 밝히고 과감히 반대와 찬성으로 편 가르기를 할 수 있었다. 적극적으로 의견을 표명하지 않은 사람들조차 결국은 소외되지 않기 위해 어느 편이든 선택해야 했을 것이다. 마을 내 집단 사이의 갈등, 다시 말해 일종의 사회 갈등이었기 때문에 주민들은 적극적으로 자기편의 입장을 알리고 상대편에게 강력히 대응하는 선택을 할 수 있었다. 심지어 반대편 사람의 경조사도 무시해버렸는데, 개인 갈등이었다면 마을 사람들로부터 비난을 받고 자칫 마을에서 고립될까봐 쉽게 할 수 없는 일이다.

지금까지 얘기한 개인주의 문화와 집단주의 문화에 속한 사람들의 차이는 일반적인 비교에 불과하다. 개인주의 문화권에 살아도 집단주의 성향이 강한 사람들이 있고, 그 반대의 경우도 있다. 이것은 개인의 성향 차이기도 하지만 개인이 다양한 하위문화(sub-culture) 집단의 영향을 받기 때문이기도 하다. 한국문화라는 큰 문화 안에는 지역, 직업, 종교, 취미, 학교, 경제 및 교육 수준 등에 따라 무수히 많은 집단들이 형성돼 있다. 그런 집단들은 고유한 자기만의 문화를 가지고 있다. 하위문화는 한국문화와 완전히 분리돼 있지는 않지만 나름대로의 특징을 가지고 있다. 사업을 하는 사람들과 시민단체에서 일하는 사람들, 종교가 있는 사람들과 없는 사람들, 부를 축적한 사람들과 매일 생계를 걱정하는 사람들, 학문을 연구하는 사람들과 노동현장에서 일하는 사람들 등은 각각 다른 자기 집단만의 문화를 가지고 있다. 어떤 집단은 개인의 주장과 권리를 중요시하고 어떤 집단은 집단의 이익과 번영을 우선시한다. 이렇게 다른 집단 문화에 속한 사람들이 접촉하면 같은 일을 두고도 다른 해석을 하고 논쟁을 벌인다. 이런 사람들 사이에서 심각한 문제가 생기면 당연히 갈등이 생기고 갈등은 그들 각자가 속한 하위문화의 영향을 받는다.

많은 하위문화의 존재는 한국문화 안에서도 교차문화적(cross-cultural) 상황이 존재할 수 있음을 보여준다. 교차문화적 상황에서는 서로에 대한 이해와 인정이 무엇보다 중요한데 어느 한쪽이 그렇지 않으면 문제가 생긴다. 그런데 대부분의 한국인들은 강한 집단주의 성향 때문에 교차문화적 상황, 다시 말해 서로 다른 하위문화 때문에 생각과 태도가 다를 수 있다는 것을 인정하지 않으려 한다.

혜정이 시어머니와 겪는 문제를 보자. 혜정이 시어머니의 결정을 이해할 수 없는 이유 중 하나는 그녀가 전혀 다른 가족문화 안에서 성장했기 때문이다. 기독교 문화에서 자란 혜정은 제사를 지내본 적이 없고 제사의 중요성을 체감하지 못한다. 시어머니가 제사 때마다 손수 모든 준비를 하는 것도 시대에 뒤떨어진 일이라 생각한다. 아들이 아니라 며느리가 제사와 관련된 힘든 일을 모두 담당하는 것도 풍속이라지만 마땅치 않다. 그래서 시어머니의 결정을 더욱 수용하기 힘들다. 혜정은 시어머니가 전통 방식의 제사를 유지하면서 동시에 시아버지와 친척들의 비난을 피하기 위해 결국 며느리인 자신을 희생양으로 삼는 것이라고 생각한다. 시어머니가 그렇게 중요한 제사를 왜 자신에게 넘기려고 하는지 이유를 알아보기보다는 그냥 시어머니가 고루한 생각으로 '시어머니 노릇'을 하고 자신에게 '며느리 노릇'을 강요하는 것이라고만 생각하는 것이다. 혜정과 시어머니의 갈등에는 교차문화적 상황이 영향을 미치고 있지만 혜정은 그 점을 따져볼 생각조차 하지 않는다.

　교차문화적 상황 때문에 생기는 갈등에 잘 대응하기 위해서는 한국문화를 더 잘 이해해야 한다. 한국문화가 많은 하위문화의 토대가 되고 다른 한편으로 주류 문화로서 하위문화 사이의 연결 고리 역할을 하기 때문이다. 특정 하위문화의 영향을 받는 사람이 다른 하위문화에 속한 사람과 관계를 맺고 소통할 때 한국문화는 두 사람이 거부감 없이 인정하고 공유할 수 있는 문화적 이해와 소통의 방식을 제공한다. 월드컵이나 올림픽 경기 때 각자의 하위문화에 상관없이 모두가 한국 선수를 응원하는 것은 한국문화의 특징인 강한 집단주의 문화를 공유하기 때문이다. 한국문화는 또한 다른 하위문화를 가진 갈등 당사자들이 신뢰하고 의존할 수 있는 해결 방식과 상식적 기준을 제공하며, 단절된 소통과 관계를 복구하는 역할도 한다.

한국문화를 고려해서 갈등에 대응할 때 특별히 눈여겨봐야 하는 점은 한국인이라면 모두가 이해하는 체면과 명분이다. 이것은 갈등의 발생·대응·해결 등 모든 과정에서 중요한 역할을 한다. 한국문화에서는 한쪽의 '부적절한' 태도와 행동 때문에 다른 쪽의 체면이 손상됐을 때 쉽게 갈등이 생긴다. 갈등을 만들 명분이 주어지기 때문이다. 반대로 갈등을 야기할 만한 문제가 생겼어도 한쪽이 다른 쪽의 체면을 잘 세워주면 갈등으로 번지지 않기도 한다. 이렇게 체면이 중요하기 때문에 때로는 '체면이 구겨질까봐' 강한 어조로 입장을 내세우고 그 결과 피할 수 있었던 갈등이 생기기도 한다.

체면과 명분은 갈등해결에서도 중요한 역할을 한다. 심하게 대립한 뒤 마주 앉아 해결 방법을 얘기한다는 것은 그동안 자신의 태도와 행동이 옳지 않았음을 인정하는 것 같아 체면이 서지 않는다고 느낄 수 있다. 이런 상황에서 개인의 이익을 넘어 집단의 이익, 관계의 개선, 모든 당사자들의 안녕 등의 명분이 주어지면 최소한의 체면을 세울 수 있다. 자기가 아닌 주변 사람들을 위해 갈등을 해결해야 한다고 주장할 수 있는 것이다. 이렇게 되면 상대와 마주앉아 해결 방법을 찾을 가능성이 높아진다. 체면과 명분은 갈등을 만들고 악화시키는 작용도 하지만 다른 한편으로 갈등을 완화시키고 해결의 실마리를 제공해주는 긍정적인 작용도 하는 한국문화의 중요한 특징이다.

2부

갈등, 아는 만큼 잘 대응한다

3장

갈등의 전개

1. 갈등, 약자의 전략적 선택

두 사람 사이에서 생기든, 여러 사람 사이에서 생기든 갈등은 그 자체로 기존의 관계에 문제가 있음을 드러낸다. 관계를 넘어 당사자들이 속한 집단의 구조와 문화의 문제까지 드러내기도 한다. 이것은 곧 관계·구조·문화 등이 변해야 하는 상황임을 의미한다. 갈등이 변화의 필요를 알리는 역할을 하는 것이다. 그러므로 갈등이 당장은 삶을 불안하게 만들고 이전보다 삶의 질을 후퇴시키지만 긴 안목에서 보면 분명 개인·집단·사회에 변화와 발전의 기회를 제공한다. 이는 갈등을 잘 극복하고 해결한 경험이 있는 사람이라면 이미 잘 알고 있는 삶의 진실이다.

그런데 물리적 폭력과 파괴, 인명 살상을 동반하는 갈등도 변화와 발전의 기회가 될 수 있는 것일까? 그런 갈등도 긍정적인 면이 있을까? 사실 '갈등(conflict)'은 개인 사이의 대립부터 집단 사이의 증오와 충돌, 그리고 전쟁까지를 의미하는 아주 포괄적인 용어다. 갈등이 악화되면 개인 사이에서도 물리적 폭력을 동반하는 충돌이 일어날 수 있고 집단 사이의 갈등이 물리적 폭력을 동반하면 큰 인명 피해가 생기기도 한다. 민족이나 종교집단 사이에 발생한 갈등이 결국 전쟁이 돼 많은 사람의 생명을 앗아간 사례는 아주 많다. 이런 악몽 같은 갈등이 어떻게 변화의 기회가 될 수 있단 말인가? 변화의 기회를 강조하는 것은 결국 개인과 사회의 발전을 위해 파괴적 충돌과 희생이 불가피하다는 논리를 정당화하고 갈등에 대한 개인과 집단의 폭력적 대응을 정당화하는 것 아닌가? 당연히 이런 질문을 할 수 있다.

갈등이 변화의 기회가 된다는 표현에 숨어 있는 의미를 찾아보자. 먼저 '변화'가 대체 무엇을 의미하는지 생각해보자. 여기에서 말하는 변화는 간단히 말하면 갈등 전의 상황과 비교했을 때 관계, 구조, 문화 등이 좋은 방향으로 개선되는 것을 의미한다. 그렇다면 갈등은 피해야 하는 것이 아니라 오히려 열심히 만들어야 하는 것이 된다.

갈등은 사람들이 무언가가 잘못됐음을, 또는 잘못돼가고 있음을 인식할 때 슬슬 모습을 드러낸다. 사람들은 그런 인식을 계속 가지고 있거나 주변 사람들과 시시때때로 공유하다가 상대의 태도와 행동에 영향을 받아 밖으로 표현한다. 그러고는 상대와 대립하게 된다. 문제의 인식은 보통 자신의 이익과 필요에 초점을 맞춘 지극히 자기중심적인 접근에서 시작된다. 그렇지만 자신의 이익과 필요가 정당함을 주장하기 위해 자신과 상대와의 관계, 속한 집단이나 사회의 구조와 체계, 그리고 상대의 태도와 행동에 문제가 있다고 지적하게 된다. 그런 문제들을 변화시켜야 한다는 주관적인 인식과 의지가 이런 문제제기에 포함돼 있다. 그런데 막상 변해야 하는 개인이나 집단은 그런 문제제기에 쉽게 응답하지 않는다. 그러면 사람들은 좀 더 다양하고 조직적인 방법으로 문제를 제기하기 시작한다. 지속적으로 변화를 요구해도 상대가 긍정적으로 대응하지 않으면 실망감과 절망감이 누적된다. 이런 상황을 계속해서 참는 사람은 세상에 거의 없다. 설사 절대적으로 힘이 약하다 해도 언제든 힘의 균형을 깨고 자기가 원하는 변화를 모색할 기회를 찾는다. 그러다 폭발하면 결국 표면적 대립이 만들어진다. 이것이 바로 갈등을 만드는 사건(episode)이 된다.

물론 한 번의 표면적 대립으로 갈등이 본격화되는 것은 아니다. 대부분의 갈등은 대립과 상호 대응이 반복된 후 본격적으로 전개된다. 비슷한 대립이 반복되는데도 문제가 제대로 다뤄지지 않고 별 변화가 없으면 이제 갈등은 되돌릴 수 없는 일이 되고 만다. 표면적 대립 안에는 오랜 시간을 거치면서 누적된 실망과 절망, 문제에 대한 깊은 성찰이 담겨 있다. 변화에 대한 강한 욕구와 절실한 소망도 포함돼 있다. 물론 한쪽만 일방적으로 그렇게 생각할 수 있다. 그렇지만 어쨌든 그런 변화의 욕구에 상대가 제대로 답하지 않았기 때문에 갈등이 생기는 것이다.

개인이나 집단이 불편과 위험을 감수하고 갈등을 일으키는 이유는 변화를 간절히 원하기 때문이다. 그들은 표면적인 변화가 아니라 내용이 완전히 달라지는 변화, 즉 삶의 방식이 달라지고 질이 향상되는 변화를 원한다. 그러므로 누군가 문제를 제기하고 그로 인해 갈등이 생기는 것 자체를 부정적으로 볼 이유가 없다. 오히려 고맙게 생각해야 한다. 다만 갈등이 그야말로 '문제'가 되고 부정적 결과를 가져오는 경우가 있다. 이는 변화의 요구를 받는 쪽이 상대의 절실한 변화의 욕구를 가늠하지 못하고 건설적으로 대응하지 못할 때 생긴다. 결국 갈등 자체가 아니라 갈등에 대응하는 사람들의 역량 부족이 문제인 것이다.

이혼 절차를 진행 중인 부부가 자녀 양육 문제를 두고 갈등을 겪고 있는 상황을 생각해보자. 이 경우 갈등의 발생 자체가 나쁜 것은 아니다. 갈등은 오히려 부부에게 자녀 양육을 위한 서로의 역할을 진지하게 생각해보고, 이혼 이후에도 자녀에게 보다 나은 미래를 만들어줄 방법을 함께 찾을 기회가 된다. 그러나 부부가 자기의 이익과 필요에만 집중한다면 갈등은 악화되고 자녀의 현재와 미래를 희생시키는 결과를 낳을 수밖에 없다. 흔히 볼 수 있는 지역 개발을 둘러싼 갈등도 마찬가지다. 개발 찬성과 환경보전 입장을 가진 주민들 사이의 대립은 바람직한 생활환경에 대해 성찰하고 토론할 수 있는 기회를 제공한다. 주민들이 다른 입장으로 생긴 갈등을 자연스런 현상으로 이해하고 오히려 지역공동체를 위해 바람직한 생활환경을 만드는 기회로 활용한다면, 처음 계획과는 다른 제3의 안을 만들어낼 수 있을 것이다. 그러나 갈등을 기회로 활용할 수 있는 주민들의 역량이 부족하다면 갈등은 공존할 수 없는 가치를 둘러싼 극단적 대립으로 악화되고 결국 공동체 파괴라는 결과를 낳을 것이다.

이렇게 갈등은 본질적으로 기회를 내포하고 있지만 그 기회를 잘 활용할 수 있느냐의 여부는 당사자들의 역량에 달려 있다. 극단적인 예로 갈등이 무력 충돌로 치닫고 인명 살상을 야기하는 이유도 해당 사회와 구성원들의 문제 해결 역량이 부족하기 때문이다. 물론 외부의 중대한 영향이 있는 경우도 있지만 근본적으로는 갈등에 대응하는 당사자들의 태도와 행동이 결과를 좌우한다. 사회와 구성원들의 문제 해결 역량이 높고 갈등에 건설적으로 대응할 수 있는 환경이 갖춰진 사회에서는 같은 문제가 생겨도 물리적 폭력 없이 갈등이 완화되거나 해결된다.

갈등은 특별히 약자에게 중요한 의미가 있는 도전이다. 상대에 비해 자신의 힘이 아주 약하다는 것을 알면서도 갈등을 만들고 감수하는 이유는 그만큼 변화의 욕구가 크기 때문이다. 갈등이 변화의 기회가 되리라 확신하기 때문이기도 하다. 갈등의 정의를 해체해 해석해보면 갈등이 왜 약자에게 중요한 의미가 있는 일인지 알 수 있다.

앞에서 '갈등은 둘 이상의 당사자가 한정적이라고 여기는 자원을 얻는 데 상대가 방해가 된다고 생각할 때 발생한다'고 설명했다. 한정적 자원에 대해서는 이미 이야기했다. 자원이 충분하지 않다는 것은 당사자들이 그렇게 생각한다는 것이지 반드시 그렇다는 얘기는 아니다. 빵 한 개, 또는 일정한 면적의 토지를 나누는 것을 두고 갈등이 생겼다면 한정된 자원이 원인이었다고 말할 수 있지만, 그 경우에도 빵이나 토지만이 원인이 아니라 두 사람의 관계나 주변 환경이 더 큰 원인일 수 있다. 또한 애정·안전·행복·자존감·체면처럼 한정적이지 않은 것을 두고 벌어지는 갈등도 있다.

그렇지만 한 가지 분명한 것이 있다. 자원이 정말 한정적이든 그렇지 않든 상대적 약자는 자신이 원하는 것을 원하는 만큼 가지기 힘들다는 것이다. 그래서 이런 상황을 개선하기 위해 갈등을 만든다. 현재의 상황을 유지할 수 있고 앞으로도 원하는 만큼 가질 수 있는 상대적 강자는 힘으로 문제를 해결하면 되기 때문에 굳이 골치 아픈 갈등을 만들 이유가 없다.

다음으로 '상대가 방해가 된다고 생각할 때'를 보자. 이것은 한쪽이 일방적으로 결정을 내릴 수 없도록 다른 쪽이 견제를 하거나 최소한 결정을 유보하도록 저항할 때 갈등이 생긴다는 얘기다. 즉 힘이 센 쪽이 마음대로 할 수 없도록 약한 쪽이 방해하기 때문에 갈등이 생기는 것이다. 한쪽이 다른 쪽보다 월등하게 강한 힘을 가지고 있어도, 일단 갈등이 생겼다는 것은 최소한 이제는 상대의 눈치를 보지 않고 맘대로 할 수 없게 됐음을 의미한다. 이런 갈등 상황이 만들어지려면 상대적 약자의 역량과 결단이 필요하다. 약자 쪽은 그 역량을 키우고 결단에 이르기 위해 상당히 오랫동안 노력했을 것이다. 또한 문제를 제기하고 '아니오'라고 말할 수 있는 용기를 내기 위해 많은 고민을 했을 것이다. 변화를 위한 욕구가 크지 않으면 절대 할 수 없는 일이다. 때로는 손해를 보고 억압당하더라도 문제를 제기하지 않고 사는 것이 더 편하고 안전할 수 있다. 갈등이 생겼다는 것은 상대적으로 약한 쪽이 현재의 상황에 안주하려는 생각보다 변화의 기회를 만들어야 한다는 생각을 더 강하게 가지고 있다는 것을 말해준다.

위의 얘기는 곧 절대적 강자와 절대적 약자 사이에서는 갈등이 생기기 힘들다는 것을 말해준다. 한쪽이 절대적으로 강하다면 갈등이 생기기 전에 힘을 이용해 문제를 제기하지 못하게 하거나 갈등 초기에 더 이상 진행되지 않도록 봉합할 것이다. 한쪽이 절대적으로 약하다면 문제를 제기하거나 저항하는 것이 불가능하기 때문에 이 경우 역시 갈등이 만들어지지 않는다. 강한 가부장 문화를 가지고 있는 가족 내에서 아들이 아버지에게 문제를 제기할 수 없는 경우, 징계와 처벌이 강한 학교에서 학생이 교사에게 불만을 얘기할 수 없는 경우를 보면 극심한 힘의 불균형과 갈등의 부재가 밀접하게 연결돼 있다는 것을 잘 알 수 있다. 이런 힘의 관계를 염두에 두고 보면 갈등이 상대적 강자에게는 약자가 저항을 하는 '나쁜 상황'이고, 상대적 약자에게는 기존의 힘의 관계에 균열이 생기고 있음을 말해주는 '고무적인 상황'이라는 것을 알 수 있다. 특히 약자가 힘의 관계에 균열을 만들기 위해 의도적으로 문제를 제기하고 갈등을 만드는 경우라면, 갈등은 약자의 중요한 전략적 선택인 것이다.

약자가 전략적으로 갈등을 선택했어도 갈등이 무조건 변화의 기회가 되는 것은 아니다. 약자가 문제를 구체적으로 인식하고 갈등을 통해 변화돼야 하는 힘의 관계를 잘 설명할 수 있을 때 기회가 된다. 그렇지 않으면 약자의 문제제기는 단순한 불평과 일탈로 취급될 것이다. 거기에 더해 갈등에 적극적으로 대응하고 대화로 문제를 해결할 수 있는 역량도 요구된다. 이런 역량은 각성, 자기 성찰, 꾸준한 자기 교육을 통해 오랜 시간에 걸쳐 점진적으로 키워진다. 이런 준비를 통해, 자기 안에만 머물던 불만을 비로소 강자를 상대로 표출시킬 수 있게 된다.

우리 사회의 예를 보면 힘과 갈등의 관계를 쉽게 이해할 수 있다. 민주화 이전에는 평범한 시민이 정부나 공공기관에 문제를 제기하는 것은 매우 힘든 일이었다. 더군다나 국가와 대립하고 갈등 관계를 만든다는 것은 거의 불가능한 일이었다. 시민들이 공공정책에 문제를 제기하고 그로 인해 갈등이 생기는 현재의 상황은 시민의 역량이 그만큼 향상됐기 때문이다. 이는 과거의 시각으로 보면 혼란스러울 수 있지만 나은 관계와 구조를 만들기 위해 불가피하게 견뎌야 하는 진통이다. 그런데 문제를 제기할 수 있는 역량은 향상됐는데 갈등을 해결할 수 있는 역량은 아직 충분히 만들어지지 않았다. 시민은 물론 정부와 공공기관도 마찬가지다. 약자의 역량이 문제제기에 그치지 않고 갈등해결까지 하는 수준으로 향상돼야 비로소 갈등이 변화의 기회가 될 수 있다.

힘의 관계가 약자에게 주는 부정적 영향을 생각한다면 갈등이 생기는 것이 그렇지 않은 것보다 낫다. 갈등이 생겼다는 것은 기존의 힘의 관계를 깨보려는 약자의 1차적 목표가 달성됐음을 의미한다. 그렇지만 앞에서 얘기했듯이 갈등이 생겼다고 필요한 것을 얻을 수 있는 것은 아니다. 갈등이 생겨도 강자는 여전히 힘을 이용해 갈등을 봉합할 수 있다고 생각할 것이다. 그러므로 원하는 것을 얻기 위해서는 갈등이 어느 정도 진행돼야 하고 그 과정에서 첨예한 대립과 긴장이 만들어져야 한다. 갈등을 강제로 봉합할 수 없는 상황이 돼야 비로소 강자가 약자와 마주 앉아 대화와 협상을 하고 해결을 모색할 것이다. 이렇게 되면 약자의 2차 목표가 달성됐다고 볼 수 있다.

대화와 협상이 계속되고 그것을 통해 갈등이 해결되려면 강자와 약자 사이에 비교적 균형적인 힘의 관계가 유지돼야 한다. 그렇지 않으면 강한 쪽이 일방적으로 대화와 협상을 중단하거나 문제를 강제로 끝내버릴 수 있다. 균형적인 힘의 관계는 당사자들의 태도·행동

·전략뿐만 아니라 주변의 반응·여론·언론·사회적 압력과 감시 등 여러 외부 요인의 영향을 받는다. 당사자들의 역량과 외부의 지원으로 대화와 협상이 잘 진행돼 모두가 원하는 방향으로 합의가 이뤄지면 약자의 3차 목표가 달성된다. 그러나 비교적 균형적인 힘의 관계가 계속 유지되지 않으면 합의가 제대로 실행되지 않는다. 나아가 구체적으로 관계가 개선되고 그렇게 만들어진 새로운 관계가 지속되지 않으면 비슷한 갈등이 다시 생기게 된다. 결국 갈등이 힘의 관계에 균열을 일으켜 새로운 관계를 만드는 데 기여할 수 있으려면 오랜 시간이 필요하다는 얘기다. 그리고 그 오랜 적응시간 동안 크고 작은 새로운 갈등이 생긴다.

약자와 강자 사이의 힘의 관계, 그리고 약자의 전략적 선택은 사회 갈등이나 규모가 큰 갈등에만 적용될 것 같지만 앞에서 잠깐 예로 든 것처럼 개인 갈등에도 그대로 적용된다. 개인 간에도 비슷한 힘의 관계가 만들어져 있기 때문이다. 부부·고부·친구·동료 사이의 갈등도 근본적으로는 힘의 관계에서 비롯되는 경우가 다반사다. 개인 갈등에서도 상대적으로 약한 쪽이 원하는 것은 결국 갈등을 통해 기존 힘의 관계를 깨는 것이다. 그것이 상대적으로 강한 쪽에게는 편안하고 안정적인 기존 힘의 질서를 깨는 비상식적인 일로 보일 수 있다. 그러나 약자에게 그것은 더 이상 견딜 수 없는 상황에서 용기를 짜낸 전략적 선택이다. 약자에 초점을 맞춰서 갈등의 의미를 얘기하는 것이 공정하지 않다고 생각할 수도 있다. 그러나 근본적으로 힘에 의해 유지되는 관계는 정상적이지도 바람직하지도 않다. 비록 강자에게는 불리한 상황이 되더라도 갈등이 생겨야 하고 그 과정을 통해 변화가 일어나야 한다. 강자의 입장에서도 그래야만 약자의 문제제기와 저항을 더 이상 걱정하지 않아도 되는 안정적 관계가 형성된다.

2. 관계를 파괴하는 갈등 전개

갈등의 신호를 잘 감지하고 갈등을 풀면 갈등 전보다 나은 상황을 만들 수 있다. 그렇지 않으면 상황은 갈등 전보다 악화된다. 이것은 갈등이 기회가 아니라 위험한 일이 될 수 있음을 의미한다. 갈등을 좋은 기회로 만들려면 갈등의 순기능을 최대한 확대시키고 갈등의 진원지(epicenter)까지 다뤄야 한다. 진원지에는 보통 힘에 의존하는 인간관계, 비뚤어진 사회구조와 환경, 상호 이해를 방해하는 소통방식, 자유와 선택을 억압하는 문화 등 여러 가지 문제가 자리 잡고 있다. 갈등 후에 이런 진원지의 문제가 해결되기는커녕 오히려 더 악화됐다면 그것은 곧 갈등이 파괴적으로 진개됐다는 의미다.

갈등이 파괴적으로 전개되면 변화의 기회가 사라진다. 모든 갈등은 애초에 파괴적으로 전개될 가능성을 가지고 있다. 갈등이 생기기 전의 관계와 상황은 매우 불안하고 긴장이 높아져 있는 상태다. 신뢰의 부족과 원만하지 않은 소통 때문에 어떤 관계는 아주 불안하고 시시때때로 삐걱거린다. 사실 건강하고 깊은 관계에서는 문제가 생기더라도 쉽게 갈등으로 변하지 않는다. 그런 관계에서는 서로 문제를 지적하는 것이 '솔직한 평가'와 '애정 어린 충고'로 받아들여진다. 반면 그렇지 못한 관계에서는 작은 문제도 갈등으로 변한다. 같은 문제의 지적이 '직설적인 비난'과 '악의적인 비꼬기'로 받아들여지는 것이다. 이렇게 허약하고 삐걱거리는 관계에서 생긴 갈등은 단시간에 상호 비방과 격한 대립으로 변할 가능성이 높다. 그러므로 갈등이 생긴 상황 자체를 심각하게 받아들이고 튼튼하지 않았던 관계를 돌아봐야 한다. 그러나 안타깝게도 사람들은 일단 갈등이 폭발하면 그동안의 인내심을 팽개치고 공격 태세를 취하거나 반대로 적극적으로 대응하지 않고 관계와 소통을 포기해버리는 선택을 한다. 마치 기다렸다는 듯이 말이다. 이런 대응 때문에 갈등이 파괴적으로 전개된다.

갈등이 파괴적으로 전개되는 이유를 따져보면 몇 가지 주요한 원인을 찾을 수 있다. 그중 첫번째 원인은 뿌리 깊은 구조의 문제다. 갈등이 생기면 먼저 행동이 나타난다. 여기에는 물론 갖가지 말도 포함된다. 그런데 행동의 저변에는 태도가 깔려 있다. 상대에 대한 저항·적개심·두려움·편견·무시·차별 등의 태도가 적당한 기회가 만들어지면 행동을 통해 드러나는 것이다. 그렇지만 태도가 항상 행동으로 표출되고 갈등을 야기하는 것은 아니다. 성차별적 태도를 가지고 있는 사람들이 사회적 규범과 압력 때문에 자신의 태도를 감히 행동으로 드러내지 않는 것과 같다. 그런 태도의 형성과 행동의 표출 여부를 좌우하는 것은 사회구조다.* 성차별적 태도와 행동을 규제하는 법이나 체계가 없는 사회에서는 여성에 대한 차별과 폭행이 횡행한다. 그리고 여성들은 물론 그런 행동에 반대하는 사람들이 문제를 제기하면서 갈등이 만들어진다. 허술하거나 비뚤어진 구조가 개인과 집단 사이의 충돌과 갈등을 만드는 것이다.

• J. Galtung(1978), *Conflict as a way of life*, In: C. Ejlers(ed.), *Essays in peace research*, Vol.3. Copenhagen: International Peace Research Institute, pp. 484~507.

업무와 관련해 잦은 충돌과 갈등을 빚는 직장 동료들의 문제를 추적해보면 흔히 성과를 강조하고 경쟁을 부추기는 회사 구조의 문제를 찾을 수 있다. 마을 지원금 때문에 다투는 한동네 사람들의 문제를 분석해보면 지원금만 주고 관리는 하지 않거나 사소한 부정과 부패에는 관심조차 없는 공공기관이나 제도의 문제가 드러난다. 특정 집단에 대한 편견과 차별로 인해 갈등이 생기는 사회의 경우 소수 집단에 속한 사람들의 인권을 보호하지 않는 법과 제도의 문제를 찾을 수 있다.

이렇게 잘못을 방치하거나 조장하는 구조의 영향으로 사람들은 갈등에 직면한다. 이들은 자신의 힘으로는 쉽게 구조를 바꿀 수 없다는 것을 안다. 그래서 대신 다루기 쉬운 상대를 골라 공격하고 자신의 이익을 챙기기 위해 갈등을 만드는 선택을 한다. 근본원인인 구조를 건드릴 수 없기 때문에 개인적인 공격에 집중하고 그로 인해 갈등이 파괴적으로 전개된다. 물론 구조를 개인의 모든 부정적 관계, 소통, 선택을 정당화하는 변명으로 삼을 수는 없다. 그러나 구조를 살펴보면 왜 흔히 갈등이 파괴적으로 전개되는지 이해할 수 있다.

두번째 원인은 원만치 않고 불신이 팽배한 관계다. 앞에서 얘기한 것처럼 문제가 갈등으로 이어지는지 아닌지에 직접 영향을 미치는 것은 사람들 사이의 관계다. 그리고 관계의 질을 좌우하는 것은 신뢰의 수준이다. 사적인 관계는 물론 공적인 관계에서도 마찬가지다. 굳이 '신뢰'라는 말을 사용하지 않더라도 사람들은 누군가와 관계를 맺을 때면 상대가 믿을 만한지 근거를 찾으려고 한다. 특별히 한국인들은 본능적으로 새로운 사람들을 만나면 일종의 '심사'를 한다. 친구 관계, 출신 학교와 지역, 종교, 정치적 성향, 취미 등을 물어서 믿을 만한 사람인지를 따져보는 것이다. 공동의 지인이나 친구, 공유하는 생각이나 취미가 있다면 신뢰도는 급상승한다.

신뢰는 관계를 유지하게 만들고 신뢰가 깨지면 관계도 깨지는 경우가 다반사다. 억지로 관계를 유지하더라도 신뢰 수준이 낮고 그래서 관계가 원만하지 못한 사람들 사이에서는 사소한 문제를 둘러싸고도 오해가 생긴다. 또 쉽게 부정적 인식과 감정이 만들어지기 때문에 비교적 빠른 시간 안에 갈등이 생기고, 비방과 적대적 행동이 이어지면서 갈등이 파괴적으로 전개된다. 이런 경우에는 관계가 후퇴하는 것을 넘어 완전히 단절될 가능성이 훨씬 높다. 때문에 신뢰가 없고 그래서 자주 삐걱거리는 관계를 가진 사람들은 갈등에 직면하면 우선 관계의 질을 평가한 후 대응의 수준과 방식을 결정해야 한다. 그러나 일상을 뒤흔드는 갈등에 직면했을 때 그렇게 할 수 있는 사람들은 많지 않다.

세번째로 생각할 수 있는 원인은 의사소통 방식이다. 요즘엔 그냥 '소통'이라고 더 많이 얘기한다. 소통을 지나치게 강조하면 사회·공동체·조직 등이 가지고 있는 구조나 문화 같은 갈등의 근본원인을 간과하고 갈등의 책임을 개인에게만 돌리는 실수를 범할 수 있다. 그렇지만 소통을 사소한 개인의 문제로 치부해버리면 갈등의 전개 방식과 전체 그림을 파악할 수 없다. 식상한 얘기 같지만 소통의 문제를 무시하지도 지나치게 과장하지도 않는 적절한 수준의 접근이 필요하다.

사람들 사이에 작은 일로도 자주 다툼이 생긴다면 소통 방식에 문제가 있을 가능성이 크다. 서로를 거슬리게 만드는 소통 방식 때문에 말과 생각이 통하지 않고 서로 상처를 주고받는 일을 반복하고, 그 결과 서로 상대의 말이나 행동을 '적절치 못하다'거나 '공격적'이라고 얘기할 수 있다. 이렇게 소통이 오히려 부정적 영향만 끼치는 관계에서는 작은 대립도 순식간에 갈등이 될 수 있다. 이런 소통은 갈등의 파괴적 전개에도 중대한 영향을 미친다. 부정적 소통에 익숙해진 사람들은 갈등에 직면하면 가장 효과적으로 상대를 공격할 언어와 행동을 선택하고, 상대에게 되도록 큰 상처를 주는 것을 소통의 목표로 삼는다. 그로 인한 관계의 단절은 전혀 두려워하지 않는다. 오히려 상대와의 관계를 빨리 단절함으로써 자신 때문에 상대가 겪는 정신적·심리적 상처를 책임지지 않으려고 한다. 이렇게 관계를 끊고 갈등을 해결하기 위해 상대와 마주할 가능성도 차단한 채 파괴적 전개 방식에만 의존한다.

그런데 소통이 단절됐다고 관계가 아예 끝나는 것이 아니다. 갈등이 지속되는 동안에는 당사자들의 관계도 유지된다. 다만 그 관계는 소통이 되지 않고, 상호 배려가 아닌 불신과 비방으로 채워진 관계, 서로 존재를 부인하는 관계일 뿐이다. 예컨대 자연개발과 자연보전을 지지하는 사람들 사이의 갈등은 비교적 짧은 시간에 극한 대립을 만들고 파괴적 전개로 이어지곤 한다. 그들은 상대와 자신 사이에 어떤 식으로든 관계가 있다는 것을 부인하려고 한다. 그렇지만 그들 사이에는 여전히 갈등이 있고 구체적 현안을 둘러싼 대립 관계가 만들어져 있다. 그들의 관계는 대화를 하든, 협상을 하든, 포기를 하든 어떤 식으로든 갈등이 정리돼야 끝이 난다.

갈등과 마주할 때 지금까지 얘기한 모순적 구조, 불신의 관계, 소통의 문제 등을 신중하게 성찰하면 최소한 갈등의 파괴적 전개 속도를 늦출 수 있다. 파괴적 전개를 피하는 것이 최선이지만 차선책으로 그 속도라도 늦출 수 있으면 해결의 가능성이 높아진다. 그렇지 않으면 갈등은 곧 위기 단계에 도달하고 결국 해결이 아니라 제3자의 판결이나 힘 있는 쪽의 일방적인 결정으로 일단락될 공산이 커진다. 이런 결말에서는 뿌리 깊은 불신과 단절된 소통을 정상화시킬 가능성이 아예 사라져버린다. 구조적 문제를 공유하고 성찰할 기회도 사라진다. 그보다 더 치명적인 것은 갈등이 제대로 해결되지 않은 채 현재와 미래에 중대한 영향을 미치는 돌이킬 수 없는 상황이 만들어진다는 것이다.

갈등이 파괴적으로 전개되면 크게 세 가지 결과가 나타나고 그 영향은 치명적이다. 첫번째 결과는 관계의 파괴이고 두번째 결과는 공동체(또는 조직이나 사회)의 파괴인데 이 두 가지는 갈등이 야기하는 가장 심각한 문제다. 세번째 결과는 갈등의 근본원인인 모순되고 비뚤어진 구조의 강화다. 이렇게 되면 상황의 변화를 위해 갈등을 감수한 의미가 없어진다.

먼저 관계의 파괴를 생각해보자. 앞에서 얘기한 것처럼 사람들은 불안정하고 부당한 관계를 변화시킬 기회가 생길 것이라는 희망을 가지고 갈등을 만든다. 그런데 관계의 변화는커녕 힘들게 유지했던 관계마저 무너지는 결과가 초래되는 경우가 있다. 갈등을 겪는 사람들 사이에는 좋든 싫든 관계가 형성돼 있다. 그리고 갈등을 제대로 해결하려면 마주 앉아 문제를 논의해야 하고 그러려면 좋지 않은 관계라도 있어야 한다. 갈등 때문에 새로 생긴 관계라 해도 마찬가지다. 그런데 갈등이 파괴적으로 전개되면 간신히 유지되던 관계 역시 파괴돼 거의 작동하지 않게 된다. 사실 갈등이 오랫동안 지속되면 당사자들이 관계 유지를 포기하기도 한다. 때문에 당사자들이 관계 파괴에 별 의미를 두지 않는 것처럼 보인다. 그러나 당사자들이 진짜 원하는 것은 관계의 파괴가 아니라 문제의 해결이다. 이성적으로는 그것을 위해 최소한의 관계라도 유지해야 한다는 것을 알지만 말과 행동이 이성적 판단과는 반대로 표출되고 그 결과 관계가 파괴된다.

관계가 파괴되면 갈등을 대화로 해결할 수 있는 여지는 거의 사라진다고 봐야 한다. 그러면 갈등은 상대적으로 강한 쪽의 일방적 결정이나 제3자의 판단으로 종결될 가능성이 높고, 약한 쪽이 원하는 것은 거의 반영되지 않을 가능성이 크다. 결국 약자는 최소한의 것도 얻지 못하고 오히려 갈등 전보다 안 좋아진 상황에 처하게 된다. 사실 개인 갈등이나 많은 사회 갈등이 이런 식으로 끝을 맺곤 한다. '내 갈등은 안 그럴 것'이란 생각은 착각인 경우가 태반이다.

두번째로 공동체의 파괴를 생각해보자. 이것은 갈등이 만드는 최악의 상황이라 할 수 있다. 개인 사이의 관계가 파괴되더라도 둘러싸고 있는 가족, 마을, 조직 같은 공동체가 굳건하다면 여전히 관계를 회복시킬 희망이 있다고 볼 수 있다. 그렇지만 공동체가 파괴되면 거기 속한 개인들이 관계를 회복하기가 아주 힘들어진다. 공동체의 파괴는 집단 사이에 생기는 사회 갈등에서 생각보다 자주 나타난다. 그런데 막상 해당 공동체는 그런 가능성을 잘 감지하지 못한다. 돌이킬수 없는 길로 가고 있는데 누구도 그것을 막을 생각을 하지 않는다.

사회 갈등의 경우 내부의 분열과 대립은 주로 외부의 영향과 압력 때문에 생긴다. 공동체 파괴가 일어났다면 외부에 일부분 또는 중대한 책임을 물을 수도 있다. 그렇지만 최종적으로 공동체의 파괴 여부는 공동체 내부의 사람들이 외부의 영향에 맞서 어떻게 내부의 체계와 관계를 만드느냐에 달려 있고, 그 결과는 공동체가 감수할 수밖에 없다. 한탄강 댐 건설을 둘러싸고 발생한 수몰예정지 주민들의 찬성과 반대 형성과 그에 따른 관계와 공동체의 파괴, 제주 해군기지 건설을 둘러싼 강정마을 내 찬성과 반대 주민들의 대립과 공동체의 파괴, 밀양 송전탑 공사와 보상을 둘러싼 주민들의 대립과 마을 내 관계 및 공동체의 파괴 등이 대표적인 예다. 개인 갈등이 공동체의 갈등으로 번져 결국 공동체가 파괴되는 경우도 있다. 가족 내 두 사람의 다툼으로 시작된 갈등이 모든 가족들을 두 편으로 가르고 최종적으로 가족 공동체가 파괴되는 경우가 그렇다. 공동체의 파괴는 소속된 사람들 각자에게 치명적인 영향을 미친다. 삶의 기반인 공동체와 그 안의 관계들을 동시에 잃어버리게 된다. 무엇보다 공동체가 제 기능을 하지 못하면 개인의 정체성까지 흔들린다.

세번째로 생각해볼 것은 모순적 구조의 강화다. 구조의 문제는 갈등의 진원지에 뿌리 깊게 자리 잡고 있어서 가장 다루기 어렵다. 비뚤어지거나 작동하지 않는 구조 때문에 갈등을 겪는 사람들은 구조의 문제를 알고 있어도 언급하거나 다루려고 하지 않는다. 구조적 문제는 쉽게 해결되지 않기 때문이다. 섣불리 건드렸다가 역풍을 맞거나 자괴감만 맛볼 수도 있다. 그렇지만 외면한다고 구조의 영향에서 벗어날 수 있는 것은 아니다. 구조는 갈등에 근본원인을 제공하는 동시에 어떤 식으로든 갈등의 영향을 받고 그것이 다시 당사자들에게 영향을 미친다.

갈등이 긍정적으로 작용하면 비뚤어진 구조는 조금이나마 개선될 것이다. 그렇지만 부정적 영향을 미친다면 모순되고 비뚤어진 구조가 더욱 강화될 것이다. 지금까지 얘기한 갈등의 파괴적 전개는 잘못된 구조를 더 강화시키는 데 기여한다. 특별히 당사자들이 힘에 부친다는 이유로, 또는 관심이 거기에까지 미치지 않아서 구조의 문제에 공동으로 대응하지 않고 갈등을 개인의 문제로만 취급한다면, 그리고 서로 증오와 비방을 통한 파괴적 전개에만 몰두한다면 더욱 그런 결과가 생길 수밖에 없다. 구조는, 좀 더 정확히 말하면 구조를 장악하고 움직이는 사람들은 구조를 굳이 바꿀 이유가 없다. 그런데 그들은 여기서 한발 더 나가서 향후 구조에 도전할 수 있는 갈등의 싹까지 아예 없애기 위해 구조에 대한 통제를 오히려 강화한다. 즉 갈등이 전혀 생기지 않도록 더 경직되고 엄격한 구조를 만드는 것이다. 결국 파괴적으로 전개된 갈등이 구조적 문제를 개선하는 기회가 되지 않고 구조적 문제를 덮고 오히려 더욱 강화시키게 되는 것이다.

성과를 강조하고 수시로 사원들의 실적을 점검하는 회사의 구조 때문에 사원들 사이에 경쟁이 치열해지고 그로 인해 갈등이 생겼다고 치자. 그런데 갈등 당사자들이 구조의 문제는 언급조차 하지 않고 자기들끼리 비방하며 상대를 이기는 일에만 몰두한다고 치자. 그런 갈등을 보는 회사는 구조를 바꾸기보다 오히려 사원들을 더 통제하는 선택을 할 가능성이 크다. 결국 잘못된 구조가 더 강화되는 것이다. 반대로 갈등 당사자들이 구조적 문제를 공유하고, 스스로 잘못된 구조의 피해자가 되지 않도록 경쟁 대신 정보 공유와 공정한 경쟁의 방법을 선택했다고 하자. 그렇게 되면 최소한 갈등으로 인해 비뚤어진 구조가 더 강화되는 일은 생기지 않는다.

3. 갈등의 봉합

　사소하게 시작됐던 이견과 말다툼이 노골적인 대립과 갈등으로 바뀌면 사람들은 당황한다. 이럴 때 가장 흔한 대응 방식이 외면이다. 어떻게 대응해야 할지도 모르고 잘못 대응했다가 오히려 갈등을 악화시킬까봐 두렵기 때문에 복잡하고 머리 아픈 갈등을 존재하지 않는 것으로 취급하고 싶어 한다. 이렇게 사람들이 피하려고 하는 갈등은 크게 두 종류다. 하나는 관계가 깊은 사람과의 갈등이고 다른 하나는 월등히 힘이 강한 사람과의 갈등이다. 관계가 깊은 사람과의 갈등을 피하는 이유는 관계에 금이 가거나 최악의 경우 관계가 끊기는 것이 두렵기 때문이다. 힘센 사람과의 갈등을 피하는 이유는 괜히 섣불리 대응했다가 불이익을 당할까 두렵기 때문이다. 특히 한국문화에서는 나이나 직급이 자신보다 위인 사람과의 갈등을 대놓고 드러내면 사회성이나 버르장머리가 없다는 손가락질까지 받을 수 있다. 그렇지만 이미 생긴 갈등은 아무리 존재를 부인해도 사라지지 않는다. 또한 시시때때로 삶에 영향을 미치기 때문에 시간이 지나면서 사람들은 어떤 식으로든 종지부를 찍을 필요를 느끼게 된다. 이런 이유로 많은 사람들이 선택하는 것이 바로 갈등의 봉합이다.

　갈등의 봉합은 문제를 해결하지 않고 더 이상 번지지만 않게 하는 것을 말한다. 속으로는 곪아 터져도 겉은 멀쩡해 보이도록 하는 것이다. 친구, 부부, 부모와 자녀, 직장 동료, 선배와 후배 등 깊은 관계의 사람들은 이런 봉합을 선택해 위기를 넘겨보려고 한다. 그러나 갈등의 봉합은 어쨌거나 해결이 아니다. 갈등을 일으킨 문제는 여전히 존재하고 언제든지 같은 갈등이 재연되거나 새로운 갈등이 만들어질 수 있다. 그럼에도 사람들은 그것이 관계를 유지하는 삶의 지혜라고 생각하며 봉합을 선택한다. 아예 망가진 관계보다는 불안한 관계가 낫다고 여기기 때문이다.

갈등은 기본적으로 당사자들의 문제고 당사자들이 봉합을 선택한다면 비난할 수는 없다. 그러나 갈등의 속을 들여다보면 당사자들만의 문제라고 볼 수 없는 경우도 있고, 갈등이 주변에 미치는 영향의 수준 또한 속단할 수 없다. 당사자들의 선택이라 할지라도 그것이 바람직한 일인지는 따져봐야 한다. 더군다나 그것이 당사자들의 자발적인 선택이 아니라 압력과 강요로 이뤄진 선택이라면 진후사정을 다 들여다봐야 한다.

봉합이 이뤄지는 한 가지 경우는 상대적으로 강한 쪽이 일방적으로 결정하는 경우다. 갈등은 특히 상대적 약자에게 힘든 일이다. 설사 용기를 내 갈등을 빚었다 해도 상대의 월등한 힘을 파악한 후에는 계속 맞설 용기를 내기 힘들다. 그래서 머뭇거리거나, 소극적 태도로 바뀌거나, 또는 대응을 아예 포기하기도 한다. 이런 상황이 되면 강한 쪽의 선택의 폭은 넓어진다. 강한 쪽은 갈등을 외면할 수도, 적극 대응할 수도, 그리고 강제적으로 중단시킨 후 해결됐다고 주장할 수도 있다. 물론 약한 쪽에게 손을 내밀어 대화의 기회를 만들고 성실하게 대화에 임할 수도 있다. 그러나 상대를 제압할 수 있는 힘을 가진 강한 쪽의 입장에서는 단연 갈등의 강제적 중단, 즉 봉합이 가장 좋은 선택이 될 것이다. 강한 쪽의 입장에서 보면 무조건 갈등을 외면하는 것은 좋은 선택이 아니다. 외면해도 갈등은 계속 존재하므로 상황이 불안해지기 때문이다. 적극 대응하는 것은 더 찜찜하다. 번거롭기도 한데다 약한 쪽에게 유리한 선례를 만들어줄 것이기 때문이다. 이런 점에서 본다면 강한 쪽에게는 봉합이 최상의 선택이다. 강제적으로 갈등을 중단시키고 봉합하면 갈등이 더 이상 표출되지 않을 것이고 동시에 약한 쪽이 향후 섣불리 비슷한 상황을 만들지 않도록 제대로 교훈을 줄 수도 있다.

강한 쪽의 주도로 이뤄지는 갈등 봉합은 주변에서 쉽게 찾을 수 있다. 부모는 자녀의 저항을 조기 진압하기 위해 문제의 종결과 일상으로의 복귀를 선언한다. 시어머니는 며느리에게 가정의 평화를 위해 더 이상 문제를 제기하지 말고 갈등을 중단하라고 엄하게 명령한다. 직장 상사는 부하 직원을 술자리에 불러 자신의 갈등 봉합에 동의할 것을 요구하고 갈등 종결을 약속받는다. 이런 식의 봉합에는 모두 약한 쪽의 문제제기를 중단시키고 예전 상황으로의 복귀를 원하는 강한 쪽의 욕구가 반영돼 있다. 봉합 시도는 때로 공동체의 조화를 위해 필요한 일로 포장되고 소속된 다른 사람들은 그것을 지지한다. 이런 지지를 이용해 강한 쪽은 약한 쪽이 대책 없이 문제만 지적하는 무책임한 사람이며 모두를 위해 갈등을 봉합하는 것이 가장 현실적인 대안이라고 주장한다.

갈등을 해결하지 않고 봉합하는 것은 바람직하지 않다. 불편과 불안을 감수하고 변화를 위해 갈등을 만든 약한 쪽의 편에서 보면 더욱 그렇다. 그런데 봉합은 강한 쪽에게도 바람직한 대응 방식은 아니다. 약한 쪽의 목소리를 억압한 후 갈등을 봉합해도 애초 갈등을 만든 근본적인 문제는 그대로 존재하기 때문이다. 절실한 필요를 충족시키지 못하고 자존감에 상처를 입은 약한 쪽은 당장은 후퇴해도 부당한 상황을 바꾸기 위해 새로운 방식으로 문제를 제기할 것이다. 그리고 강한 쪽에 타격을 주기 위해 이전보다 더 강하고 치명적인 방법을 찾을 것이다. 큰 사회 갈등이나 집단 사이의 갈등에만 이런 일이 생기는 것이 아니다. 부모와 자식, 부부, 친구, 회사 상사와 부하 등 개인 사이에서도 이런 일은 흔히 일어난다. 다만 조금 가볍고 유연한 언어와 행동으로 표현될 뿐이다.

갈등이 봉합되는 또 다른 경우는 사회의 구조적 선택인 경우다. 주로 공공정책을 둘러싸고 공공기관이나 공기업, 그리고 시민 집단 사이에 발생하는 갈등에서 많이 볼 수 있다. 크게 보면 똑같은 강한 쪽의 봉합이지만 사회의 법과 제도 등의 구조 내에서 정당성을 확보한 봉합이라는 점이 다르다. 그렇지만 어쨌든 그런 선택을 하는 것은 결국 사람들이다. 정부·공공기관·공기업을 운영하고 관리하는 사람들이 갈등을 봉합하는 결정을 내린다. 그들은 흔히 일반 시민보다 더 많은 힘을 가지고 있고 일반인은 접근할 수 없는 정보와 기술도 가지고 있다. 물론 그들이 시민과 어떻게 관계를 만들고 소통하느냐에 따라 협력의 관계가 만들질 수도 있다. 그렇지만 우리 사회에서는 여전히 일반 시민이 상대적으로 약한 위치에 있는 것이 사실이다.

구조적 선택에 의한 봉합에는 보통 공공의 이익을 위한다는 명분이 붙는다. 갈등이 더 이상 확산되지 않도록 억누르거나 강제로 중단시키는 방식이 주로 이용된다. 이런 식의 봉합은 약한 쪽에게 치명적 영향을 미치고 사회의 비난을 불러올 수도 있지만 공식적으로 문제될 것은 없다. 법과 제도에 의해 권한을 위임받은 기관이나 실무자들이 내리는 결정이기 때문에 정당성이 확보된다. 몇몇 개인이나 특정 집단의 이익이 아닌 공공의 이익이 우선돼야 한다는 논리, 그리고 공공정책과 그것을 집행하는 기관과 실무자가 개인의 이익이 아니라 공공의 이익을 위해 일한다는 논리도 정당성을 확보하는 데 도움을 준다. 그러나 이렇게 구조적으로, 다시 말해 공적으로 이뤄지는 갈등 봉합은 개인의 선택일 경우보다 파급력이 더 크다는 점에서 논란이 된다.

먼저 공공의 이익이 반드시 개인이나 특정 집단의 이익에 우선해야 하는지, 그리고 정말 개인의 이익과 대립되는지는 여전히 논란이다. 민주주의 사회라면 개인 및 특정 집단의 이익도 공공의 이익과 마찬가지로 보호돼야 한다. 또 두 가지가 서로 대립되지 않도록 조율하는 것이 정부, 공공기관, 공기업의 역할이다. 더군다나 개인의 이익이 기본권과 관련된 것이라면 공공의 이익만 주장할 수는 없다. 그러므로 법과 제도, 사회적 지지를 이용해 개인 및 특정 집단의 이익을 묵살하고 갈등을 봉합하는 것은 안이한 대응으로 볼 수밖에 없다.

공공갈등의 봉합이 미치는 영향이 크고 범위가 넓다는 것, 그리고 장기적이라는 점도 중요하다. 공공정책이나 공공사업은 한번 실행되면 번복하기가 힘들고 일반 시민이 그 진행을 막을 수 있는 여지가 많지 않다. 시민들이나 특정 집단이 실행 직전 또는 초기에 문제를 제기하고 갈등을 만드는 이유가 바로 여기에 있다. 그런데 갈등이 봉합된다는 것은 정책이나 사업이 문제를 지닌 채로 진행되고 그에 따라 관련된 시민들이 불이익을 받을 수 있다는 얘기다. 이뿐만이 아니다. 공공정책의 특성상 다수의 시민이 간접적으로 영향을 받게 되고 심지어 그 영향은 미래 세대로까지 이어진다. 그러니 사회 구조의 운영 원칙과 공공의 이익을 이유로 갈등을 봉합하는 것은 절대 바람직하지 않은 일이다.

4대강사업, 밀양 송전탑 건설, 제주 해군기지 건설 등의 국책 사업에서 국가는 공공의 이익을 위해 특정 지역과 그곳 주민들에게 이해와 희생을 요구했다. 그러나 주민들은 그런 요구를 거절하고 저항했다. 장기간 갈등이 지속됐으나 국가는 주민들의 반대가 공공의 이익과 대립된다는 이유로 무시해버렸다. 맞설 힘이 턱없이 부족했던 주민들은 결국 굴복했다.

이렇게 구조의 힘을 빌린 갈등의 봉합은 민주주의 사회에서 개인의 권리와 이익이 무시되거나 부당하게 취급된다는 점에서 심각한 문제다. 갈등 자체에 초점을 맞춰도 당연히 바람직한 선택이 아니다. 근본적인 문제를 해결하거나 당사자들과 합의하지 않고 일방적으로 갈등을 종료시키기 때문에 언제든지 사업과 관련된 문제로, 또는 사업이 끝난 뒤에도 비슷한 갈등이 재발될 수 있다. 이런 사회적 경험 때문에 비슷한 문제를 겪는 다른 개인과 집단은 애초 대화의 가능성을 배제하고 힘을 이용한 강력한 수단에 기댈 가능성이 크다. 결국 구조적 선택으로서의 봉합은 사회를 갈수록 갈등에 취약하게 만든다.

4. 갈등관리

갈등을 관리한다는 말을 심심찮게 들을 수 있다. 관리(management)는 봉합보다는 나은 대응처럼 들린다. 적어도 갈등을 외면하고 재빨리 끝내려고 하지는 않기 때문이다. 나아가 갈등이 최악으로 치닫지 않도록 적절히 관리하는 것이니 봉합보다는 한결 적극적인 대응이다. 그러나 관리라는 말은 감독, 통제의 의미를 가지고 있고 갈등관리라는 말 안에는 갈등을 갈 감독하고 통제해 부정적인 결과가 생기지 않게 한다는 의미도 포함돼 있다. 그런데 갈등은 반드시 부정적인 것이 아니고 비뚤어진 관계와 상황의 변화를 위해 반드시 필요한 것이기도 하다. 갈등은 적당히 감독하고 통제해서 관리만 할 것이 아니라 제대로 해결해야 한다. 물론 갈등을 관리한다는 말에 부정적인 의미만 있는 것은 아니다. 정부는 공공갈등의 예방·대응·해결 접근을 통틀어 '갈등관리'로 부르고 있다. 그러나 이 책에서는 감독과 통제의 의미로 한정해 갈등관리를 이야기하려 한다.

누군가 갈등을 관리할 수 있다는 것은 그만큼 상대적으로 힘이 있다는 얘기다. 약한 사람이 자기보다 강한 누군가를 감독, 통제할 수는 없기 때문이다. 이것은 곧 약한 쪽은 관리의 대상이 된다는 것을 의미한다. 갈등이 관리되면 힘 있는 쪽에 유리하도록 갈등의 방향이 바뀌거나 근본적인 문제가 희석될 가능성이 커진다. 갈등을 관리할 힘이 있는 쪽이 원하는 것은 문제를 일으킨 약한 쪽의 욕구를 충족시켜주는 것이 아니라 자신에게 이익이 되는 예전의 상태로 돌아가거나 적어도 자신이 힘을 발휘할 수 있는 현 상태로 갈등을 유지하는 것이다. 때문에 갈등의 전개를 저지하고 대립을 완화시키는 쪽으로 관리를 한다. 이런 관리는 상대적 강자에 유리한 결과를 낳을 수밖에 없다.

우리가 쉽게 접할 수 있는 관리의 사례는 회사의 노사갈등 대응이나 공공기관·공기업의 공공갈등 대응에서 찾을 수 있다. 많은 경우 이들의 목표는 불만이나 문제제기가 갈등으로 변하지 않도록 최대한 막는 것이다. 이것은 갈등을 만든 근본적인 문제는 다루지 않고 자신의 이익에 위협이 되지 않는 수준으로 갈등을 통제하는 것을 말한다. 관리 노력에도 불구하고 대립이 격화되고 갈등이 위기로 치달아 금전적 손해, 이미지 손상, 여론의 비난 등이 생기면 해결 노력을 기울이기도 한다. 그렇지만 이것도 근본원인의 해결보다는 표면적으로 드러난 문제만 다루고 갈등을 완화하는 데 집중한다. 관리 접근으로 얻는 최선의 결과는 기껏해야 대립의 완화와 위기 국면에서의 탈출이고 최악의 결과는 갈등 이전 상황으로의 후퇴다.

갈등의 관리는 개인 갈등에서도 나타난다. 역시 상대적으로 힘 있는 쪽이 시도한다. 힘 있는 쪽은 근본적인 문제인 불평등한 관계는 건드리지 않고 갈등이 생기거나 확산되는 것을 막기 위해 일시적인 비위 맞추기나 타협을 시도한다. 이런 관리 태도는 흔히 서로간의 조화와 안녕을 위한 명분으로 포장되지만 사실은 힘 있는 쪽이 힘의 관계를 유지하려는 의도에서 나온 것이다.

관리라는 말은 때로는 긍정적으로 사용되기도 하고, 때로는 특별한 의미가 없이 언급되기도 한다. 그러나 관리라는 말 자체에는 갈등을 적극적으로 해결하려는 의지가 포함돼 있지 않다.

관리의 가장 큰 문제는 최선을 다해 갈등에 대응하는 것처럼 보이지만 사실은 해결을 모색하지 않는다는 점이다. 갈등을 해결한다는 것은 근본적인 문제, 즉 앞에서 얘기한 갈등의 진원지를 다루는 것을 말한다. 물론 부정, 불평등, 구조적 문제, 뒤틀린 관계, 부정적 문화 등 근본원인을 다루는 것은 쉽지 않고 장기적인 노력을 필요로 한다. 그럼에도 해결을 염두에 두고 갈등에 대응하면 당장은 아닐지라도 장기적으로는 근본원인의 해결에 도움이 될 수 있다. 그러나 관리적 접근은 근본원인에는 관심이 없고 눈앞의 문제만 처리해 갈등을 큰 해가 되지 않는 수준에서 관리하는 것에 초점을 맞춘다. 결국 눈앞의 문제는 어찌어찌 해결되지만 점진적이고 장기적인 변화는 이뤄지지 않는다. 갈등을 잠재우기 위해 시어머니가 며느리의 의견을 하나 들어주거나, 직장 상사가 불합리한 업무 환경을 문제 삼는 부하 직원에게 회식으로 답하는 것이 관리적 접근에 해당한다. 회사가 노조의 임금 인상 요구에 명절 상여금 지급을 제안하거나 공공기관이 시민의 정책 참여 요구에 상투적인 공청회나 설명회로 답하는 것도 마찬가지다. 이렇게 관리를 하면 비슷한 갈등이 계속 재연되고 그때마다 저항의 강도는 더 커진다.

봉합과 관리의 공통점은 힘의 문제와 직접 관련된다는 것이다. 봉합과 관리를 적극적으로 시도하는 것은 상대적으로 힘 있는 쪽이다. 그들은 자신이 가진 힘과 영향력을 잘 알고 있고 그것을 봉합과 관리를 위해 적절히 이용한다. 대부분의 사람들은 자신이 다른 쪽을 완전히 제압할 정도로 월등한 힘을 가지고 있다면 갈등을 빨리 진정시키고 해결할 수 있다고 생각한다. 봉합과 관리의 시도도 이런 인식에 근거해 있다. 그렇지만 그건 착각이다. 힘의 차이가 절대 극복할 수 없는 수준이어서 강한 쪽이 약한 쪽을 완전히 제압할 수 있다면 갈등이 아예 생기지도 않았을 것이다. 갈등이 일어났다는 사실 자체가 이미 어느 쪽도 그런 힘을 가지고 있지 않다는 것을 말해준다. 비록 봉합과 관리를 할 수는 있을지 몰라도 말이다.

갈등은 상대적으로 약한 쪽이 강한 쪽에 문제를 제기할 수준 정도의 힘은 있어야 생긴다. 세상에는 물리적인 힘만 있는 게 아니라 문제의식, 변화 욕구와 의지, 자존감, 주변의 지지 등 다양한 종류의 힘이 존재한다. 그런 힘은 물리적으로 완전히 통제 또는 억압할 수 없다. 거대 공기업과 작은 마을 또는 지역이 수년 동안 갈등을 겪는 것은 상대적 약자인 주민들의 문제의식, 변화의 의지, 주변의 지지 등이 계속 축적돼 갈등에 에너지를 공급하기 때문이다. 상대적 약자인 노조가 강한 회사를 상대로 싸움을 계속하는 것도 축적된 비물리적 힘이 있기 때문이다. 지위도 말주변도 없는 사람이 돈과 명예를 가진 사람과 대립하는 것도 자기 안에 축적된 힘이 있기 때문이다.

인간의 자존감·존재감·정체성을 좌우하는 비물리적 힘은 물리적 힘보다 더 강하며 대립을 유지하고 갈등을 지속시키는 원동력이 된다. 일단 갈등이 생기고 진행된다는 것은 당사자들 사이에 적어도 대립을 유지할 만큼의 힘의 관계가 만들어졌음을 의미한다. 때문에 봉합과 관리로 갈등의 확산을 막거나 갈등을 중단시키는 것은 가능하지만 갈등을 완전히 끝낼 수는 없다. 근본원인이 제거되지 않는 한 갈등은 그대로 존재하며, 다른 형태로 다른 시간에 재등장할 것이다. 갈등은 저절로 사라지지 않는다.

5. 갈등의 건설적 전개

정확히 통계를 낼 수는 없지만 일상에서 보는 개인 또는 집단 사이 갈등의 대부분은 제대로 해결되지 않고 그냥 중단되거나 잠재적 갈등으로 바뀐다. 사람들은 싫어도 이런 상황을 불가피한 일이라 생각하고 그냥 견디며 산다. 그렇지만 가장 바람직한 것은 당연히 갈등을 잘 해결하고 관계를 복원시킨 후 조금이라도 갈등 전보다 나은 상황을 만드는 것이다.

갈등은 아무런 노력 없이 해결되지 않는다. 설사 한쪽이 갑자기 공격과 대립을 중단한다 해도 다른 쪽이 그것에 응하지 않으면 갈등은 중단되지도 해결되지도 않는다. 더욱이 그런 시도가 그냥 문제를 덮으려는 것이면 오히려 상대의 반발만 부르게 된다. 어느 한쪽이 모든 것을 포기하고 다른 쪽의 요구를 모두 받아들인다면 갑자기 갈등이 해결될 수도 있다. 그렇지만 엄격히 따지면 이것 또한 해결은 아니다. 모든 것을 포기한 쪽은 얻은 것이 없고 그런 선택이 관계·구조·문화의 개선으로 이어지기는 힘들기 때문이다. 결국 갈등은 관련된 모든 당사자들의 노력과 합의가 있어야 해결될 수 있으며 좋은 의도를 가진 쪽의 일방적인 결정이나 포기로 해결되는 것이 아니다. 갈등은 제대로 거칠 것을 모두 거쳐야 해결된다. 어느 정도 전개 시간을 지나면서 문제가 드러나고 당사자들이 서로의 요구를 공유한 다음 대화와 합의를 해야만 해결되는 것이다. 그러므로 갈등을 어떻게 전개시키느냐가 갈등을 해결하는 데 결정적인 역할을 한다.

갈등을 겪는 사람들은 당연히 갈등해결을 원하지만 그렇다고 항상 해결을 염두에 두고 행동하지는 않는다. 모순적이지만 사실이다. 상대에 대한 적대적인 감정과 태도를 숨기지 못하고 그대로 표현하는 경우가 그렇다. 이런 일 때문에 갈등이 예상치 못한 수준으로 악화되기도 한다. 갈등은 저절로 해결되지도 않고 다른 사람이 대신 해결해줄 수도 없다. 그러니 해결을 원한다면 매순간 해결에 도움이 되는 행동과 접근 방식을 선택해야 한다. 이것이 바로 갈등의 건설적 전개다.

건설적 전개는 적극적 방식과 소극적 방식으로 분류해볼 수 있다. 적극적 방식은 갈등의 전개 과정이 해결에 도움이 될 수 있도록 상대와의 관계·대화·소통을 적극 활용하고 정보의 공유와 해결책 모색을 위해 끊임없이 노력하는 것을 말한다. 소극적 방식은 대립을 하면서 다른 한편으로 최소한의 관계·대화·소통을 유지하는 것을 말한다. 적극적 방식은 증오와 대립이 비교적 심각하지 않고 하나의 문제를 둘러싼 이건 때문에 갈등이 생겼을 때, 다시 말해 갈등이 비교적 단순할 때 취할 수 있는 접근이다. 소극적 방식은 그 반대로 서로에 대한 신뢰가 없어서 당장은 대화의 가능성을 생각할 수 없을 때 취할 수 있는 접근이다. 갈등을 해결하기 위해서는 결국 상대를 만나야하기에 소극적 방식으로라도 관계를 유지해나가야 한다.

갈등의 전개 방식을 가장 잘 보여주는 것이 당사자들 사이의 관계와 소통이다. 갈등이 생기면 당사자들 사이에는 자연스럽게 불신이 형성되고 그에 따라 관계가 삐걱거리기 시작한다. 더할 나위 없이 좋았던 관계도 언제 그랬냐는 듯 하루아침에 냉랭해진다. 더군다나 신뢰가 충분치 않았던 관계라면 갈등이 벌어지고 곧장 관계가 단절될 수 있다. 상당한 수준의 신뢰가 있었다 하더라도 한쪽이 다른 쪽 때문에 심하게 체면이 상했거나 공격을 받았다고 생각하면 관계는 단시간에 악화된다. 격앙된 감정싸움이 생기고 말은 점차 노골적인 비난으로 변한다. 다른 한편 각자 적극적으로 자기주장을 정당화하고 자기 방어에 집중한다. 이런 상호 대응으로 관계 악화가 가속되면 소통의 단절로 이어진다. 당사자들은 더 이상 직접 접촉을 하지 않고 간접적으로 전달되는 다른 쪽의 주장이나 의견에도 귀를 기울이지 않는다. 대신 자신의 정당성을 홍보하기 위해 주변 사람들을 설득하고, 다른 쪽의 문제점을 알리는 데 주력한다. 이때 주변 사람들을 설득하기 위해 자신에게 유리한 이야기만 공개하고 특정 사실이나 통계를 축소하거나 과장하는 일이 흔히 생긴다. 때문에 근거 없는 소문이 만들어지기도 한다. 이런 소통의 단절과 상호 비난의 격화는 관계를 더욱 악화시키고 결국 단절을 고착시키는 결과를 만든다.

당사자들 사이의 관계와 소통은 상황의 심각성을 가늠하는 척도가 돼준다. 당사자들이 둘만 만나는 것은 꺼리더라도 다른 사람들과 함께 어울리는 자리에서 마주치는 것을 굳이 피하지 않는다면 상황은 그리 나쁘지 않다. 최소한 관계가 단절되지 않고 비록 간접적이지만 소통도 유지되고 있기 때문이다. 이런 상황에서는 해결의 가능성이 여전히 높다. 그러나 당사자들이 어떤 식으로든 상대와 마주치는 것을 피한다면 상황은 심각하다. 이런 상태가 일정 기간 지속되면 갈등이 곧 최고점에 도달하고 폭발하는 위기 상황이 연출될 가능성이 커진다.

관계와 소통의 단절이 위험한 이유는 이 상황이 되면 당사자들이 다른 쪽을 전혀 의식하지 않고 상대를 비난하고 증오를 표출하기 때문이다. 또 대화로 문제를 해결할 수 있다고 생각하지 않고 힘을 이용한 대결에 에너지를 집중시키게 된다. 이런 상황에서는 관계와 소통이 단절된 책임이 자신이 아니라 온전히 상대에게 있다고 생각한다. 그래서 자신도 노력하지 않으면서 상대가 관계와 소통을 개선하기 위해 노력하지 않는다고 비난한다. 상대가 접촉해오지 않는 것을 자신에 대한 무시로 해석하고 상황 개선을 위해서는 상대가 먼저 머리를 숙여야 한다고 공공연하게 말한다. 모두 같은 주장과 기대를 하고 있기 때문에 상황은 눈곱만큼도 개선되지 않는다.

갈등에 대응하는 가장 바람직한 방법은 관계와 소통을 유지하는 데 관심을 쏟는 것이다. 그러려면 갈등과 관계의 연관성을 항상 되새겨야 한다. 공적이든 사적이든 갈등은 중요한 관계를 맺고 있는 사람들 사이에서 발생하고, 갈등에 직면한 이들의 관계는 상호의존적이라는 사실을 말이다. 서로 대회와 합의를 해야 결국 갈등이 해결될 수 있다는 것을 알아야 한다. 신뢰나 깊이가 없는 관계와 소통이라도 유지하는 것이 백번 낫다.

관계와 소통을 유지하기 위해 가장 먼저 해야 할 일은 단순히 상대를 흠집 내기 위해 갈등과 상관없는 상대의 약점이나 과거의 문제를 들춰내지 않는 것이다. 다음으로는 상대가 비난과 공격을 할 때마다 일일이 대응하기보다 선별적으로 중요한 문제에만 논리적으로 대응하는 것이다. 이렇게 하면 상대를 자극하지 않으면서 자신의 생각과 주장을 표현할 수 있다. 어떤 경우라도 관계와 소통을 단절시킬 수 있는 비난과 공격적 대응, 그리고 분노의 표출은 자제하는 것이 좋다.

또 하나의 중요한 방법은 주변인 또는 전문적 지식을 갖춘 제3자를 통해 관계와 소통을 유지하는 것이다. 모두가 신뢰할 수 있는 사람이 간접적 소통을 유지해줄 수 있다면 감정싸움이나 상호 비난, 근거 없는 소문의 확산, 관계의 악화 등을 막을 수 있다. 이렇게 관계와 소통의 유지를 위한 섬세하고 구체적인 노력이 당사자 중 한쪽에 의해서라도 이뤄진다면 갈등의 해결 가능성은 한층 높아진다.

6. 갈등해결의 가능성 높이기

갈등에는 봉합과 관리라는 소극적인 방법보다는 적극적인 대응이 필요하다. 봉합과 관리는 어떻게 보면 제풀에 꺾이기를 바라면서 의도적으로 갈등을 방치하는 방식인데 이것보다는 조기에 적극적으로 대응하는 것이 훨씬 효과적이다. 그래야 갈등이 복잡해지고 악화되는 것을 피할 수 있고 관계와 소통의 단절을 예방할 수 있다.

갈등에 적극적으로 대응하기 위해서는 제일 먼저 갈등에 대한 부정적 인식을 떨쳐버려야 한다. 누차 얘기한 것처럼 갈등은 문제가 있음을 알려주는 신호다. 인간관계와 사회에는 자연스럽게 문제가 발생한다. 현재의 상황을 개선하려는 욕구 역시 자연스럽게 생긴다. 그런데 가만히 있으면 저절로 상황이 개선되지 않기 때문에 사람들의 관심을 불러일으키기 위해 문제를 제기한다. 반복적으로 문제를 제기해도 다른 쪽의 응답이 없으면 결국 갈등이 생긴다. 사람들은 갈등을 인간관계와 사회의 조화를 깨는 부정적인 것으로 보지만, 한 걸음 더 들어가 생각하면 갈등은 더 나은 미래를 만들 수 있는 중요한 기회일 수 있다. 급진적으로 말하면 갈등이 없는 관계와 사회는 더 나은 방향으로 발전하기 힘들다. 다시 강조하지만, 갈등은 자연스러운 것인데 갈등에 대응하는 사람들과 사회의 방식이 자연스럽지 않아 문제인 것이다.

다음으로 필요한 것은 갈등과 관련된 문제를 세밀히 분석하는 것이다. 자신과 직접 관련된 갈등이라면 일정한 거리두기와 최대한 객관적인 분석이 필요하다. 이렇게 하면 갈등의 전체 그림을 보고 다른 쪽의 입장과 원하는 것을 파악할 수 있다. 나아가 갈등에 직간접으로 관련된 모든 사람들이 어려움을 겪고 있다는 것을 알 수 있고, 갈등이 공동으로 해결해야 할 문제라는 사실을 이해할 수 있다. 갈등을 분석할 때는 갈등을 야기한 근본원인, 갈등의 발단이 된 사건, 갈등이 가져온 영향 등을 파악하고 각각의 당사자가 직면한 어려움, 불안, 필요한 것 등을 조목조목 정리해봐야 한다. 다음 장에서 소개할 갈등 분석 도구가 여기에 도움이 될 것이다.

주변에 있는 사람이나 단체 등의 도움을 받는 것도 갈등에 적극적으로 대응하는 한 가지 방법이다. 특별히 갈등 초기에 도움을 받을 수 있다면 갈등의 악화를 막고 건설적으로 갈등을 전개할 수 있다. 먼저 갈등에 처한 사람 모두를 잘 알고 모두로부터 신뢰를 받는 사람의 도움을 받을 수 있다. 당사자들에게 힘을 행사하고 결정을 강요할 수 있는 사람은 도움을 준다고 해도 피해야 한다. 한 가지 조심할 것은 그런 사람에게는 처음부터 누구의 편도 들지 않고 충실하게 '중간자(intermediary)' 역할만 할 것을 부탁해야 한다는 것이다. 당사자들 간에도 그런 역할에 대한 동의가 이뤄져야 한다. 그렇지 않으면 도움을 주는 사람이 자신의 가치관과 지식에 의존해 옳고 그름을 판단할 수 있다. 자칫 한쪽 편을 들거나 주관적 판단에 따라 조언하고 해결 방안을 제시해 오히려 갈등을 더 복잡하게 만들 수도 있다.

갈등해결에 대해 연구하고 훈련받은 사람의 도움을 받을 수 있으면 가장 좋다. 이런 사람은 중간자로서 자신이 해야 할 역할, 도움을 줄 부분, 당사자들에게 대응하는 방법 등을 잘 알고 있다. 때문에 최소한 관계와 소통을 단절시키지 않으면서 갈등을 전개하는 방식을 조언해줄 수 있다. 또한 당사자들이 마음의 준비가 돼 직접 접촉과 대화를 시도할 때 실질적인 도움을 줄 수 있다.

앞에서 얘기한 것처럼 갈등은 문제를 제기하고 그것을 계기로 삼아 상황을 개선하기 원하는 약자의 전략적 선택이 될 수 있다. 그렇지만 이 전략이 반드시 성공한다는 보장은 없다. 약자는 어쨌거나 여러 방면에서 열세이기 때문이다. 그러므로 현재의 상황을 개선하고 현재보다 훨씬 나은 미래를 만든다는 목표를 달성하려면 치밀한 준비를 한 뒤 갈등을 만들고 해결을 모색해야 한다. 자신도 통제할 수 없는 한계 상황에 도달해 예상치 못하게 갈등이 폭발했다 하더라도 그 후에는 해결을 염두에 두고 건설적으로 갈등을 전개시켜야 한다. 그런데 깊은 불신과 적개심 때문에 약자는 보통 첨예한 대립 상황을 만들고 해결보다는 대결 그 자체에 집중하는 경향을 보이곤 한다. 갈등을 일으키게 된 부당한 상황과 자신의 억울함에 집중하다보니 갈등을 통해 정말 바꾸고 얻어야 하는 것을 놓치는 것이다. 이렇게 갈등이 전개되면 상대적으로 강한 다른 쪽은 방어와 역공에 집중하게 된다. 그 결과 갈등은 강자의 승리로 강제 종료될 위기에 처하기 쉽다. 전략이 부족해 갈등이 가져온 중요한 기회를 잃게 되는 것이다.

약자가 부당한 상황을 개선하고 변화를 꾀하는 과정에서 생긴 갈등의 경우에는 당사자들 사이에 상호의존성이 높다. 그런데 의존도의 수준은 같지 않다. 약자에 대한 강자의 의존도는 낮지만 약자의 강자에 대한 의존도는 상대적으로 높다. 부부, 시어머니와 며느리, 상사와 부하, 공기기관과 지역 주민 등 다양한 당사자들 사이의 갈등에서 상대적 강자의 결정은 상대적 약자의 삶에 무시할 수 없는 큰 영향을 미친다. 강자의 판단과 결정이 약자의 생활과 삶의 질, 때로 사회적 생존까지 좌우하는 경우가 많다. 때문에 약자가 갈등을 통해 얻으려는 변화는 강자의 합의, 또는 승인이 없으면 달성될 수 없다. 강자의 시선에서 볼 때 이는 아무리 목소리를 높여도 약자의 치명적 한계이자 약점일 수밖에 없다. 강자에 대한 이런 높은 의존도를 극복하는 것이 약자에게는 가장 큰 도전이다.

약지가 갈등을 변화를 위한 전략적 선택으로 만들려면 목표를 향한 단계적 구상을 가지고 있어야 한다. 인간관계와 세상일은 복잡해서 한 번의 시도로 완전한 변화가 이뤄지는 경우는 거의 없다. 더군다나 변화에 다른 쪽도 동의해야 하기 때문에 한 번의 갈등을 통해 완벽한 변화를 이뤄내는 것은 거의 불가능하다. 그러므로 약자는 한 번의 갈등을 통해 얻고자 하는 변화의 수준을 정해놓아야 한다. 이런 접근이 소극적이고 비논리적으로 보일 수도 있다. 그렇지만 이것이 자기보다 월등히 강한 상대, 무엇보다 변화를 원하지 않는 상대와 맞서기 위한 가장 현실적인 전략이 될 수 있다. 또한 갈등 후 똑같은 상황으로 복귀하지 않고 한 발이라도 앞으로 나가는 데 도움이 되는 전략이다. 최종 목표는 잊지 않고서, 단계적인 성취를 추구하는 이런 방법을 선택하면 갈등의 해결을 염두에 둔 건설적 전개가 가능하다.

약자가 단계적으로 목표에 다가가는 전략을 선택한다면 갈등의 반복은 불가피하다. 약자가 포기하거나 강자가 약자를 완전히 억누를 수 있는 상황이 아니라면 말이다. 그러나 전략적 선택 덕분에 갈등이 건설적으로 전개되고 그 결과 갈등이 잘 해결되는 선례가 생기면 그 다음 갈등은 덜 대립적이고 더 협력적으로 진행될 수 있다. 또한 대화를 통해 갈등을 해결하는 경험이 쌓이면 갈등이 생겼을 때 느끼는 두려움과 스트레스가 적어지고 이전보다 더 효율적으로 갈등에 대응할 수 있게 된다. 앞에서 얘기한 부부, 시어머니와 며느리, 상사와 부하, 공공기관과 주민 사이에서 반복적으로 갈등이 생겨도 건설적으로 전개되고 해결될 수 있다.

물론 단계적 목표를 세울 수 없는 갈등도 있다. 위험시설의 건설, 개발 계획과 환경 파괴 등 한 번의 결정이 많은 사람들의 현재는 물론 미래까지 좌우하는 경우는 단계적 구상이 불가능하다. 이런 경우에는 '최고의 차선'이라는 목표를 세우는 것이 중요하다. 힘 있는 상대가 끝까지 대화와 합의를 거부해 원하는 변화나 목표를 달성할 수 없을 때 차선으로 선택할 수 있는 것을 염두에 두고 있어야 한다. 그래야 모든 것을 포기하지 않고 조금의 변화라도 있는 대안을 제시할 수 있다.

강한 쪽과 약한 쪽의 힘의 차이가 너무 커서 갈등이 생기기는 했지만 제대로 전개되지 않는다면 약자의 힘을 키우는 것이 우선이다. 그래야만 갈등이 봉합되지 않고 충분히 전개될 수 있다. 약자는 힘을 키우기 위해 흔히 주변 사람이나 집단의 지지, 여론이나 언론의 관심 등을 얻는 데 초점을 맞춘다. 그런데 이 과정에서 상대에 대한 비난에만 에너지를 쏟는다면 오히려 문제의 본질이 명확하게 드러나지 않고 힘 싸움만 두드러질 수 있다. 상대는 약자가 공격만 일삼는다고 생각해 관계와 소통을 단절할 수도 있다. 지켜야 하는 체면과 명예가 있는 상대적 강자에게 갈등을 억압하고 봉합을 시도하도록 빌미를 제공할 수도 있다. 그러므로 힘을 키우는 것은 갈등을 건설적으로 전개시키고 강자가 대화를 받아들이도록 압력을 가하는 수준에서 이뤄져야 한다. 또한 강자를 대화와 협상의 장으로 끌어낼 수 있을 만큼 힘을 키운 다음에도 대립이 아닌 해결 모색에 초점을 맞춰야 한다. 이런 접근이 주변과 여론의 관심도 지지도 더 잘 얻을 수 있는 방법이다. 무엇보다 갈등의 해결 가능성을 높이는 길이다.

4장

갈등의 분석

1. 갈등분석, 해결의 시작

분석은 전문가만 하는 일이 아니다. 평범한 사람도 분석이 필요할 때가 있다. 갈등이 삶에 영향을 미치고 미래까지 좌우한다면 정말 꼼꼼히 분석해서 세세한 것까지 알아야 한다. 흥미로운 것은 대부분의 사람들이 자주 갈등을 겪으면서도 정작 갈등에 대해서 잘 알지 못한다는 것이다. 갈등을 그냥 흔히 일어나는 일일 뿐 분석해야 하는 일이라고는 생각하지 않기 때문이다. 또 분석 방법을 알지도 못하기 때문이다. 그래서 갈등을 그냥 불편하고 피하고 싶은 일 정도로만 이해하고 있다. 그러나 갈등을, 특히 자신이 겪고 있는 갈등을 속속들이 잘 안다면 여러 가지 대응 방법과 창의적인 해결 방법을 찾을 수 있다. 사실 갈등이 일상적으로 접하는 흔한 일이기 때문에 더 잘 알아야 하고 세밀한 분석도 필요하다.

'갈등분석'은 대부분의 사람들에게 생소한 단어다. 그러나 꼭 알아 둬야 할 중요한 단어이기도 하다. 갈등분석이야말로 갈등해결의 토대이기 때문이다. 가장 바람직하고 효율적인 갈등 대응 방법을 찾기 위해 반드시 거쳐야 하는 과정이기도 하다. 전문가들만 갈등을 분석할 수 있는 것은 아니다. 누구나 자신의 갈등을 분석할 수 있고 주변 사람들이 겪는 갈등도 분석할 수 있다.

갈등을 분석하는 가장 큰 이유는 갈등의 원인, 내용, 영향 등을 파악해 갈등을 체계적이고 포괄적으로 이해하기 위해서다. 갈등은 모두 나름대로의 특징이 있어서 특정 공식이나 틀을 일괄적으로 적용할 수가 없다. 사람들의 관계, 생각, 감정에 따라 여러 가지 모습으로 나타나고 일반적인 발생이나 전개 방식에서 벗어나는 경우도 있다. 주변 사람이나 환경의 영향을 받아 당사자들의 상호작용이 달라지고 갈등이 예상치 못한 방향으로 변화되기도 한다. 때문에 분석을 통해 특징을 찾아내고 갈등을 겪는 사람들의 숨겨진 의도, 생각, 필요, 당면한 문제를 찾아내야 갈등을 제대로 알 수 있다. 그렇지 않으면 갈등의 진짜 원인과 갈등을 통해 얻으려는 것을 파악할 수 없다.

갈등을 꼼꼼히 분석하면 무엇보다 갈등의 진원지를 파악할 수 있다. 흔히 갈등은 표출된 사건을 통해 드러나고 그것이 전부인 것처럼 보이지만 모든 갈등엔 보이지 않는 진원지가 있기 마련이다.*

겉으로 드러난 사건만 보면 갈등의 근본원인을 알 수 없다. 설사

---

* J. P. Lederach(2003), *The Little Book of Conflict Transformation*, Intercourse: Good Books, pp. 28~32.

자기 갈등이라 해도 눈앞의 문제, 그러니까 자신과 상대의 대립된 입장과 대결 상황에만 집중하면 근본원인이 무엇인지 찾아낼 수 없다.

사무실에서 일어날 수 있는 갈등을 예로 들어보자. 한 사무실에 업무능력이 좋은 직원이 있는데 그 직원은 노골적으로 표현하진 않지만 팀장의 독선적인 업무진행 방식에 불만을 가지고 있다. 그 직원의 유일한 단점은 자주 지각을 한다는 것이다. 팀장은 그런 직원을 아주 못마땅하게 생각한다. 어느 날 중요한 프로젝트가 팀에 전달됐는데 팀장은 자주 지각하는 그 직원을 일에서 배제시켰다. 직원은 팀장이 유능한 자신을 배제한 것에 항의했고 결국 팀장과 직원 사이에 갈등이 생겼다. 이들의 대립을 만든 사건은 해당 직원의 프로젝트 포함 여부였다. 그러나 갈등의 진원지에는 자주 지각하는 직원에 대한 팀장의 불신과 독선적인 팀장에 대한 직원의 불만이 있었다. 두 사람모두 숨겨진 생각을 밖으로 얘기하지 않았다. 갈등을 분석하면 이런 진원지의 문제가 자연스럽게 드러난다.

갈등을 분석하는 가장 일반적인 이유는 갈등을 원만하게 해결하기 위해서다. 전문가가 하든, 주변 사람이 하든, 또는 갈등의 당사자가 하든 마찬가지다. 그냥 갈등을 이해하고 큰 그림을 파악하는 것만으로 만족할 수도 있다. 그러나 갈등이 당사자들의 관계를 계속 악화시키고 주변에까지 무시할 수 없는 영향을 미친다면 당사자들뿐만 아니라 주변 사람들도 갈등을 이해하고 해결에 도움이 될 방안을 찾아보는 것이 바람직하다. 갈등분석은 일반적으로 그런 노력의 준비과정이다.

갈등을 분석하면 갈등 당사자들조차 인식하지 못했거나 자신도 모르게 숨기려 했던 것이 무엇인지, 왜 그런 일이 생겼는지 알 수 있다. 그러면 갈등이 누군가의 단순한 불만이나 이해하기 힘든 어깃장이 아니라 원인이 있는 문제임이 드러난다. 갈등을 분석하는 일반적인 이유는 해결을 위한 것이지만 그 결과를 가지고 어떻게 할지는 분석하는 사람이 정해야 한다. 자신의 갈등을 분석했다면 상대와 함께 어떤 문제부터 다룰 것인지, 자신과 상대의 상황과 체면을 고려해 어떤 문제를 다루지 않을 것인지, 또는 갈등을 해결하기 위해 노력할 것인지 등을 결정할 수 있다. 전문가가 제3자로서 갈등을 분석했다면 보통 당사자들에게 갈등해결을 위해 시도할 수 있는 과정을 제안하게 된다.

갈등을 분석한다고 반드시 갈등이 해결된다는 보장은 없다. 오히려 진원지에 자신과 상대의 능력으로는 어쩔 수 없는 문제가 있음을 알게 될 수도 있다. 그렇지만 이런 경우에라도 상호 이해는 깊어질 수 있다. 근본원인은 다루지 못해도 최소한 자신들 사이의 싸움은 중단하기로 합의할 수도 있다. 또는 적어도 갈등에 대한 포괄적 이해는 넓힐 수 있다. 때문에 결과를 어떻게 활용하든 갈등을 분석하는 것이 안 하는 것보다는 낫다.

갈등분석에서 가장 중요한 점은 갈등에 관계된 당사자들이 원하는 바를 아는 것이다. 자신의 갈등이라면 자신과 상대가 정말 원하는 게 뭔지 파악해야 한다. 자기 일인데 당연히 알지 않겠냐고 생각할 수 있지만 절대 그렇지 않고, 알아내는 것도 쉽지 않다. 갈등에 직면한 당사자들이 원하는 것을 잘 얘기하지 않으며, 또한 본인들조차 진짜 원하는 것과 그것을 얻기 위해 필요한 것을 구분하지 못하는 경우가 흔하기 때문이다. 당사자들이 입 밖으로 내는 말은 다른 사람들의 판단, 그리고 자신의 체면이나 명분까지 고려한 것이다. 상대를 자극하고 자신의 힘을 과시하기 위한 계산까지 들어가 있다. 그러니 자신이 진짜 원하는 것이 아니라 상대를 누르기 위해, 체면을 지키고 명분을 얻기 위해, 또는 본심을 숨기기 위해 엉뚱한 것을 이야기할 수 있다. 진짜 원하는 것을 찾아내기 위해서는 당사자들의 말을 해체하고 재해석해야 한다. 그러면 당사자들이 상대 또는 주변 사람들 앞에서 왜 그것을 원한다고 얘기하는지, 그리고 진짜 무엇을 얻으려고 갈등까지 감수하는지 알 수 있다.

갈등에 대해 상세히 파악하고 당사자들이 원하는 것을 알기 위해서는 몇 가지 기본적인 것들을 놓치지 않고 분석해야 한다. 자신의 갈등을 분석할 때도 마찬가지다. 갈등의 전체 그림을 파악하기 위해서건, 자신과 상대를 더 잘 이해하기 위해서건, 갈등을 해결하기 위해서건 어떤 경우에도 마찬가지다. '아는 것이 힘이다'라는 말이 있듯이 어떤 목적을 가지고 분석하든 많이 알수록 갈등을 다루기 위해 선택할 수 있는 방법은 많아진다. 지금부터 언급하는 것들은 분석할 때 빠뜨려서는 안 되는 기본적인 것들이다. 이 모두를 아우르면 갈등을 포괄적으로 이해할 수 있다.

2. 무엇을 분석할 것인가

입장

입장(position)은 당사자들이 공식적으로 '원하는 것'이라고 공언한 것을 말한다. 따라서 입장은 상대는 물론 해당 갈등에 관심을 가지고 있는 주변 사람들도 모두 알고 있다. 때문에 손바닥 뒤집듯 쉽게 바꿀 수가 없다. 갈등 당사자들이 대립하는 표면적인 이유는 바로 이 입장이 다르기 때문이다. 갈등에 처한 사람들은 흔히 특정 사안을 두고 찬성과 반대 입장을 가지거나, 어떤 것을 반드시 자신이 가져야 한다는 입장을 가지고 있다. 서로 다른 입장은 상대편이 원하는 것을 막을 수밖에 없는 이유가 된다. 상대편이 원하는 것을 얻으면 자신이 원하는 것을 얻지 못하기 때문이다. 입장은 또한 갈등을 정당화하는 합리적 이유가 된다. 상대가 공식적으로 원하는 것, 다시 말해 상대의 입장 때문에 자신이 원하는 것을 얻을 수 없게 됐고 그렇기 때문에 대립하고 갈등을 만들 수밖에 없다고 온 세상에 당당하게 말할 수 있는 것이다. 이런 점에서 본다면 자신과 대립하는 상대의 입장은 결국 나를 정당화시키는 근거가 된다. 아이러니한 일이다.

갈등에 처한 사람들은 갈등이 해결될 때까지 입장을 포기할 수 없다고 말한다. 입장이 갈등을 만든 자신의 행동을 설명하는 근거이기 때문이다. 입장이 없다면 이유도 없이 갈등을 만든 이상한 사람이 되고 만다. 많은 경우 당사자들은 자신의 정체성을 지키기 위해서도 입장을 고수한다.

산악 케이블카 설치를 둘러싸고 최근 심심찮게 생기는 환경단체와 지방자치단체, 기업과의 갈등을 보자. 환경단체는 자연을 훼손한다는 이유로 산에 케이블카를 설치하는 것에 반대하고 지방자치단체나 기업은 인간의 이익을 위해 자연을 개발하는 것은 문제가 되지 않는다고 말한다. 자연을 보는 다른 시각 때문에 케이블카 설치에 대한 상반된 입장이 생긴 것이다. 환경단체는 설사 케이블카가 지역에 막대한 이익을 가져올 것이 확실하더라도 결코 찬성할 수가 없다. 그것은 곧 자신의 정체성을 포기하는 것이기 때문이다. 지방자치단체는 공공의 이익이 우선이고 기업은 물질적 이익이 우선이다. 그러므로 지역 경제에 이득이 된다면, 그리고 이익을 낸다는 보장이 있다면 케이블카를 설치할 수 있다는 입장이다. 자연이 훼손되더라도 재앙 수준이 아니라면 환경단체의 주장을 받아들여 개발을 포기할 수가 없다. 그것은 곧 자신의 정체성을 포기하는 것이다. 때문에 자신의 정체성을 지키기 위해서도 입장을 포기하지 않는다.

대부분의 한국인들에게 입장은 정체성뿐만 아니라 자존심과 체면의 문제기도 하다. 자존심과 체면 때문에라도 갈등을 만들면서 자기 입으로 내뱉은 말을 철회하기 힘들다. 즉 상황의 근본적인 변화나 해결책이 찾아지지 않는 한, 또는 입장을 철회해야 하는 명분이 주어지지 않는 한 자기 입장을 포기하기 힘들다는 이야기다. 어제는 반대했는데 오늘은 입장을 철회한다면, 또는 어제 요구했던 것을 오늘 없던 것으로 하려면 그렇게 할 수밖에 없는 명분이 분명히 있어야 한다. 그래야 입장을 바꿔도 최소한의 자존심과 체면이 유지될 수 있다. 이런 자존심과 체면 때문에 당사자들이 손해를 보더라도 입장을 고수하고, 그에 따라 갈등이 지속되는 경우가 생기곤 한다.

이익

이해관계나 이권으로도 해석되는 이익(interest)은 갈등을 통해 당사자들이 얻으려는 것을 말한다. 입장이 표면적으로 언급된 것이라면 이익은 겉으로 잘 드러나지 않지만 정말로 원하는 것을 말한다. 사람들이 갈등을 만들고 불편하고 불안한 상황을 감수하는 이유가 바로 이익을 얻기 위해서다. 때문에 원하는 이익을 얻을 때까지 갈등을 멈추지 않는다. 입장이 찬성이나 반대, 또는 특정한 것의 요구 등 간결하고 단호하게 표현되는 것이라면 이익은 그런 입장을 가지게 된 이유로 당사자들의 생활과 밀접하게 관련된 구체적인 것이다. 그렇지만 당사자들은 명석이 깔리기 전까지는 이익을 잘 언급하지 않는다. 특별히 한국인들은 이익을 언급하는 것이 자칫 이기적이거나 체면이 깎이는 것으로 비춰질까 염려한다. 때문에 깊은 얘기를 해본 후 신뢰가 쌓였을 때 비로소 이익을 언급하는 경우가 많다.

형제가 셋인 집에서 30년 이상 제사를 챙겨왔던 큰며느리가 어느 날 더 이상 제사를 맡지 않겠다고 폭탄선언을 했다. 자기만 며느리냐는 것이었다. 자기는 수십 년 동안 할 만큼 했으니 이젠 다른 사람들이 할 수도 있는 것 아니냐고도 했다. 큰아들을 포함한 아들들은 난감해했고 다른 며느리들은 자기한테 짐이 넘어올까봐 전전긍긍했다. 큰며느리가 단호한 입장을 고수하면서 형제들과 며느리들 사이에는 한동안 갈등이 진행됐다. 결국 며느리들이 사태 수습에 나섰다. 큰며느리를 만나 그동안의 수고를 치하하고 자신들이 잘못한 것이 있으면 얘기해달라고 했다. 몇 번을 찾아가서 달래고 자신들의 무관심을 사죄한 후에야 큰며느리는 그 동안 서운했던 것들을 얘기했다. 자신한테 모든 것을 맡기고 아들들조차 제사에 무관심한 것, 모두들 제사 직전에 와서 밥만 먹고 금세 사라지는 것, 물가는 계속 오르는데 제사 비용을 전혀 보태지 않는 것, 수고했다는 인사 한마디 제대로 하지 않는 것 등등 여러 가지였다. 마지막으로 '치사해서 얘기하지 않으려고 했지만 이젠 더 이상 참을 수 없다'는 말도 잊지 않았다. 큰며느리가 제사 보이콧을 선언하면서 정말 얻고자 한 것은 바로 이런 것들이었다. 그런 일이 고쳐지기 전에는 아무리 애원해도 제사를 계속 맡을 수 없다는 것이 큰며느리의 입장이었다. 이렇게 이익은 보통 입장 뒤에 숨겨져 있다. 때문에 대화와 분석을 하기 전에는 쉽게 찾아낼 수 없다.

이미 얘기한 것처럼 이익은 꼭 물질적인 것에만 국한되지 않는다. 신뢰·명성·애정·협력관계 등 인간관계와 일에 절대적 영향을 미치는 무형의 자원도 이익에 포함된다. 그러나 한국인들은 이 역시 체면 때문에 공식적으로 언급하기를 꺼려한다. 앞의 큰며느리도 마찬가지다. 그녀는 가족들의 관심·인정·지지 등을 절실히 원했지만 그것을 원한다고 말하지 않았다. 대신 제사를 더 이상 맡지 않겠다는 입장을 표했다. 자기 입으로 원하는 것을 말한다면 마치 구걸하는 것 같아 체면과 자존심이 상하고, 자칫 이기적이라는 얘기를 들을 수도 있기 때문이다.

이익은 쉽게 드러나지 않지만 갈등을 해결하는 열쇠 역할을 한다. 때문에 갈등을 해결하기 위해서는 반드시 파악해야 하는 것이다. 서로의 이익을 정확히 알고 인정하면 입장에서 벗어나 해결의 실마리를 찾을 수 있다. 사실 입장은 바꾸기도 포기하기도 힘들다. 그러므로 서로 입장을 바꾸라고 요구하는 것은 부질없는 짓이다. 그것보다 입장은 있는 그대로 인정하고 대신 서로 솔직하게 속에 있는 얘기를 해 실질적으로 원하는 것, 즉 이익을 파악해야 한다. 그런 후 서로의 이익을 해치지 않으면서 문제를 해결할 수 있는지 논의해야 한다. 이익이 결국 갈등을 만든 이유이기 때문이다. 이익을 충족시키면 입장의 문제는 저절로 해결된다.

필요

필요(need)는 갈등에 처한 당사자의 삶에서 없어서는 안 되는 것을 말한다. 갈등을 통해 이익을 얻어야 하는 근본적인 이유는 바로 이 필요를 충족시켜야 하기 때문이다. 갈등에 처한 사람들은 필요를 자기 존재의 이유로 생각하기도 한다. 직업, 토지, 정체성의 인정, 신념, 안전, 자존감의 확보, 정치적 자유 등 유무형의 것 모두가 필요가 될 수 있다. 이런 필요는 인간답게 살기 위한 기본 욕구를 충족시킨다. 삶에 꼭 있어야 되는 것이기 때문에 필요는 강요나 억압으로도 제거되지 않고 땜질식 처방이나 일회성 조치로 충족되지도 않는다.

댐을 건설하게 되면 수몰 마을이 생긴다. 때문에 수몰예정 마을 사람들은 보통 댐 건설에 반대하지만 시간이 지나면 빨리 보상금을 받기 위해 찬성하는 사람들이 생기곤 한다. 앞에서 예로 든 한탄강 댐 건설과 관련해서도 같은 일이 생겼다. 찬성하는 주민들은 빨리 보상을 받고 다른 곳에 토지와 주택을 마련해 정착하는 것이 좋은 선택이라고 생각했다. 반대하는 주민들은 몇백 년 동안 살아온 고향을 떠나는 것은 삶의 기반과 정체성을 잃는 것이라고 생각했다. 결국 찬성과 반대 주민들 사이에 갈등이 생겼다. 그런데 주민들의 필요, 다시 말해 삶을 위해 반드시 충족돼야 하는 것은 찬성과 반대에 상관없이 같다. 그것은 주택, 토지, 농부로서의 정체성 등이다. 다만 그 필요를 충족시키기 위한 방식이 다를 뿐이다. 찬성 쪽은 보상금을 가지고 필요를 충족시킬 새로운 방법을 찾는 것을 택했고 반대 쪽은 기존의 삶을 보존하는 것을 택했을 뿐이다.

이 사례를 보면 당사자들의 필요가 반드시 대립적이지는 않음을 알 수 있다. 이것이 필요와 이익의 또 다른 점이다. 이익은 한쪽의 이익이 커지면 다른 쪽의 이익이 적어지는, 즉 빵을 나누는 것과 같은 경우가 많다.(물론 애정이나 명예 등 무형의 자원은 그렇지 않다.) 그런데 필요는 본질적으로 그렇지 않다. 한쪽의 필요가 충족된다고 다른 쪽이 손해를 보는 것이 아니다. 이것은 인간 필요(human needs)* 이론에서 나온 것인데 인간이 절대적으로 필요로 하는 정체성 확인, 인정, 안전 같은 것들은 분배되는 것이 아니다. 오히려 한쪽의 인간 필요가 충족되면, 다시 말해 한 사람의 정체성·안전·인정 등이 보장되면 갈등이 생기지 않고 그 결과 다른 쪽의 인간 필요도 충족되기 때문에 모두에게 좋은 결과를 낳는다.

삶의 기본적 욕구를 충족시키는 필요는 갈등의 진원지에 자리 잡고 있다. 때문에 갈등의 해결 가능성 여부에 중대한 영향을 끼친다. 입장은 필요를 충족시키는 과정에서 생긴 문제를 해결하기 위해 나온 공식적 구호나 캠페인과도 같다. 이익은 그 문제를 해결함으로써 얻을 수 있는 것, 그리고 필요의 충족에 도움이 되는 것을 말한다. 필요를 완전히 충족시킬 수는 없다 하더라도 현재 수준에서 어느 정도 충족시킬 수 있는지, 나아가 미래의 필요 충족에는 어느 수준까지 도

---

* 존 버튼(John Burton)의 이론으로 그에 의하면 인간 필요는 타협할 수도 협상의 대상이 될 수도 없는 것이다. 인간 필요가 충족되지 않아 생긴 갈등은 필요가 충족되기 전에는 해결되지 않기 때문에 장기화되는 경향이 있다.

움이 되는지가 이익을 평가하는 기준이 된다. 예를 들어 계약직 노동자들이 낮은 임금 때문에 회사와 갈등을 빚을 때 그들이 얻으려는 이익은 임금인상이다. 그렇지만 삶의 유지를 위해 그들이 궁극적으로 필요로 하는 것은 노동자로서의 정체성과 자존감 확보다. 그러므로 임금인상 방식이 노동자로서의 정체성 확보와 자존감 향상에 전혀 도움이 되지 않거나 오히려 그것을 해친다면 이익을 위한 협상에 임하지 않을 가능성이 크다. 예컨대 임금인상을 해주는 조건으로 앞으로 고용안정 문제는 언급하지 않을 것을 요구한다면 협상이 깨질 수 있다는 얘기다. 그러므로 갈등을 해결하기 위한 돌파구를 이익에서 찾더라도 이익의 추구와 필요가 대립하지 않는 방법을 모색해야 한다.

관계

아무런 관계기 없는 사람들 사이에서는 갈등이 생기지 않는다. 만난 지 얼마 안 된 사람들 사이에 갈등이 생겼다면 그들 사이에 새로운 관계가 만들어졌고 그 관계가 상당 시간 지속될 것으로 예상된다는 얘기다. 특히 한국인들은 관계가 없는 사람들 사이에 생기는 문제는 갈등으로 여기지 않는 경향이 있다.* 개인 갈등에서는 이런 경향이 특별히 강하게 나타난다. 관계가 없는 사이에서는 설사 심각한 문제가 생겨도 되도록 빨리 생각을 정리하고 잊어버리거나 외면한다.

갈등이 관계가 있는 사람들 사이에서 생긴다는 것은 곧 두 가지

---

* D. LeResche(1992), "Comparison of the American mediation process with a Korean-American harmony restoration process." *Mediation Quarterly*, 9(4), pp. 323~339.

를 의미한다. 하나는 갈등이 주로 내집단 사람들과 생긴다는 것이다. 한국인들은 내집단을 중요하게 여기고 때로는 운명공동체로 생각하기 때문에 이런 갈등은 아주 난감한 상황을 만든다. 내집단 사람들을 상대로 자신의 입장을 관철시키고 이익을 챙기는 것이 힘들기 때문이다. 그랬다가는 자칫 이기적이라거나, 매정하다거나, 속물이라거나, 공동체 의식이 없다는 식의 비난을 받을 수 있다. 이런 이유 때문에 때로 갈등을 외면하거나 갈등에 소극적으로 대응한다. 갈등을 야기한 문제보다 관계에 초점을 맞추기 때문에 갈등도 잘 해결되지 않는다.

다른 하나는 관계의 중요도에 따라 갈등에 대한 대응이 달라진다는 것이다. 한국인들에게는 내집단 사람들과의 관계가 중요하고 외집단 사람들과의 관계는 별 의미가 없다. 때문에 관리도 잘하지 않는다. 그런데 사회 갈등은 주로 외집단 사람들과 생긴다. 얕고 중요하지 않은 관계의 사람들과 생기는 갈등이란 얘기다. 이런 사회 갈등은 공공정책이나 사업, 사회의 구조적 문제, 집단 사이 이익이나 가치의 충돌로 발생하기 때문에 관계와는 상관없는 것처럼 보인다. 그렇다고 사회 갈등이 관계에서 아예 자유로운 것은 아니다. 공공기관이나 집단을 움직이는 것은 결국 사람들이고 갈등의 발생에 가장 큰 영향을 미치는 상호 불신이나 대립은 결국 문제를 둘러싸고 새롭게 형성된 관계 안에서 생긴다. 그러나 대부분의 한국인들은 그런 외집단 사람들과의 관계를 중요하게 여기지 않기 때문에 사회 갈등에서는 관계보다 문제에 초점을 맞추고 개인 갈등에서와는 다르게 적극적이고 강한 태도로 대응한다. 관계에 신경을 쓸 필요가 없고, 또한 강경 대응을 해도 내집단의 비난을 받지 않기 때문이다.

갈등을 분석할 때는 당연히 관계를 세밀히 살펴봐야 한다. 관계가 깊든 얕든 간에 말이다. 갈등에 처한 자신 또는 다른 당사자들이 관계에 더 신경을 쓰는지, 아니면 문제에 집중하는지를 분석해봐야 한다. 그래야 사람들의 갈등 대응 방식을 이해할 단서를 찾을 수 있다. 특별히 주목해야 할 것은 관계의 질이다. 소통과 상호 신뢰의 수준으로 질의 높고 낮음을 판단할 수 있다. 관계의 질은 갈등의 전개 방식과 해결 노력 여부에 가장 큰 영향을 미친다. 관계의 질이 낮으면 갈등은 그야말로 상호 비난과 불신이 팽배한 진흙탕 싸움이 될 수 있고, 관계의 질이 높으면 갈등은 최소한의 상호 존중과 배려를 하는 조심스런 방식으로 다뤄질 수 있다. 관계의 질이 높으면 갈등의 해결 가능성은 높아진다. 관계를 중요하게 생각하는 당사자들이 관계를 깨지 않기 위해 최선을 다할 가능성이 높기 때문이다. 반대로 관계의 질이 낮으면 갈등의 해결이 불가능한 것은 아니지만 쉽지 않다. 당사자들이 갈등을 해결하는 것보다 상대에게 상처를 주고 어떻게든 패배시키는 것에 더 관심을 두기 때문이다.

구조

원인 없이 생기는 갈등은 없다. 그런데 그 원인이 있는 진원지에 가장 굳건하게 자리 잡고 있는 것이 바로 구조다. 대부분의 사람들은 구조가 국가나 사회에만 존재한다고 생각하지만 사실 가족, 마을, 회사 같은 작은 집단에도 구조는 존재한다. 이런 구조는 잘 드러나지 않는 방식으로 개인이나 집단의 행동, 태도, 관계 등을 지배한다.

때문에 갈등이 생기면 반드시 구조가 어떤 영향을 미쳤는지 분석해 봐야 한다. 집단 사이의 갈등은 물론이고 개인 사이의 갈등이라 해도 뿌리를 추적해가면 구조가 원인인 경우가 흔하다. 특별히 집단주의 문화 성향이 강한 한국사회에서 구조는 개인 사이의 갈등을 만드는 데 크게 기여한다. 가부장적이고 위계적인 가족 구조, 개인보다 집단을 중요시하는 회사 구조, 개인의 이익보다 국가 이익을 우선시하는 사회 구조 등의 압력을 받는 개인들이 충돌하면 결국 갈등이 만들어진다.

개인은 구조의 통제를 쉽게 벗어날 수 없고 구조를 바꿀 수도 없다. 그러니 문제가 생기면 구조를 지적하기보다 자신의 능력으로 감당할 수 있는 주변 사람이나 집단을 대결 상대로 삼는다. 갈등의 진원지에 있는 구조의 문제는 드러나지 않고 갈등은 그저 개인의 성품, 소통, 태도, 관계 등에서 비롯된 것처럼 보이게 된다. 그렇지만 구조로부터 자유로운 개인 갈등은 거의 없다.

개인 갈등과는 다르게 사회 갈등의 경우에는 구조의 문제가 좀 더 잘 드러난다. 사회 갈등이 생기면 구조가 문제의 발생에 어떤 영향을 줬는지 살피고 구조를 어떻게 다뤄야 할지 고민하는 접근이 이뤄지곤 한다. 그렇지만 구조가 갈등의 근본원인이라 해도 갈등을 해결하기 위해 구조를 바꿔야 한다고 생각하거나 그런 접근을 하는 경우는 많지 않다. 사실 알아도 실행하기는 힘들다. 사회의 구조는 갈등 당사자뿐만 아니라 전체 구성원들이 공유하는 것이고, 구조 때문에 갈등을 겪지 않는 사람들은 구조를 바꿔야 한다고 생각하지 않는다. 설사 구조의 문제를 인정한다 하더라도 이를 바꾸면 사회의 기반이 흔들릴 것으로 생각해 변화를 꺼려한다. 나아가 문제가 있는 구조 덕분에 이익을 얻는 사람들은 구조를 바꾸자는 주장에 강하게 반발한다. 이런 연유로 구조 변화를 위한 사회적 동의를 얻기가 힘들다.

그럼에도 불구하고 갈등을 분석할 때는 반드시 구조를 분석해야 한다. 갈등의 원인을 찾는 것은 갈등을 겪고 있는 사람들에게 무엇보다 중요한 일이다. 비록 갈등 진원지에 있는 문제를 해결할 수 없다 할지라도 자신이 갈등의 근본원인이 아니며 상대 또한 그렇다는 것을 인정할 수 있게 해주기 때문이다. 무엇보다 갈등을 상대 또는 자신이 홀로 해결해야 하는 문제가 아니라 같이 대응하고 해결방법을 찾아야 하는 문제로 보게 해준다. 이런 생각의 전환은 당사자들 사이의 신뢰와 관계 회복에 도움을 주고 그 결과 갈등의 해결 가능성이 높아진다. 구조를 분석하면 또한 갈등을 개인화하는, 다시 말해 온전히 개인 사이의 문제로 여기고 당사자의 책임으로 돌리는 실수를 저지르지 않을 수 있다. 그렇게 되면 내집단이나 사회도 갈등 당사자들을 관계 맺기와 소통 능력이 없는 문제적 인간으로 여기지 않게 되며, 그 결과 당사자에 대한 비난이 줄고 안전이 보장된다. 나아가 갈등을 조직·집단·사회가 장기적으로 해결해야 하는 문제로 볼 수 있게 된다.

정체성

갈등을 분석할 때 흔히 잊는 것이 갈등에 직면한 사람들의 정체성이다. 정체성을 분석하는 이유는 갈등 현안에 대한 당사자의 생각·태도·행동을 이해하고 해결의 실마리를 찾아보기 위해서다. 자기가 직면한 갈등이라면 상대는 물론 자신의 정체성도 분석해 재확인하는 것이 바람직하다.

정체성은 모든 사람들에게 이 세상에 존재하는 근거와 이유가 된다. 갈등은 흔히 그런 정체성을 부인 또는 위협하는 문제나 상황이 등장했을 때 생긴다. 예를 들어 대부분의 한국인에게 가족은 정체성의 근거가 되고 나아가 존재의 이유가 된다. 때문에 가족의 안녕과 미래를 위협하는 문제가 생기면 갈등으로 이어지곤 한다. 다른 예로 땅은 농부에게 있어 존재의 근거이자 이유가 된다. 삶의 역사이자 전재산이며 후손의 미래이기도 하다. 농부의 정체성은 땅과 분리될 수 없다. 그러므로 땅이 영향을 받거나 사라진다는 것은 농부의 정체성을 위협하는 일이다. 때문에 댐이나 송전선 건설로 땅이 수용되거나 땅값이 하락하면 농부들은 강하게 저항하고 공공기관이나 공기업과의 갈등도 불사한다.

정체성과 갈등의 관계를 이해하는데 도움을 주는 것이 자격(entitlement)에 대한 사람들의 생각이다.* 사람들은 정체성에 근거해 자신이 가진 자격을 판단한다. 정체성이 가족에 뿌리를 내리고 있다면 가족의 안녕과 미래가 달린 문제나 상황에 문제를 제기할 자격이 있다고 생각한다. 정체성이 땅과 떼어놓을 수 없는 관계에 있다면 땅과 관련된 정책이나 사업에 저항할 자격을 가지게 된다. 문제를 제기할 수 있는 정당성과 합리성이 객관적으로 보장된다고 생각하는 것이다. 이렇게 누군가 자신의 정체성에 근거해 문제를 제기할 자격이

• J. Winslade and G. Monk(2001), *Narrative Mediation: a New Approach to Conflict Resolution*, Jossey-Bass, pp. 94~103.

있다고 생각하면 그로 인해 갈등이 생기고 한동안 전개될 가능성이 높아진다. 이것은 앞에서 얘기한 한국문화에서의 적절한 역할과 비슷한 것 같지만 자격은 소속 집단이나 다른 사람과의 관계와 상관없이 생긴다는 점에서 역할과는 다르다.

정체성과 갈등의 관계를 이해하는 데 또 다른 도움을 주는 것은 한 사람의 정체성 형성에 영향을 주는 개인과 집단의 위계(hierarchy)다. 이것 역시 사람들에게 존재의 근거와 이유를 제공한다. 한 가지 예로 대부분의 한국인은 가족을 중요하게 생각하지만, 가족 내에도 위계가 존재한다. 결혼한 사람들은 부모와 형제자매를 포함한 대가족보다는 자신의 배우자와 자녀만으로 구성된 핵가족을 우선적으로 생각한다. 다른 예로 같은 대한민국 국민이라는 정체성을 가지고 있어도 중대한 사회 현안이 생겼을 때 정부로 대변되는 국가의 정책보다 자신이 지지하는 정당이나 이익집단의 입장을 우선시하는 것을 들 수 있다. 정당이나 이익집단이 사회적 정체성에 영향을 미치는 위계의 최상위에 위치하기 때문이다. 사람들은 자신의 정체성에 영향을 미치는 개인과 집단, 다시 말해 위계의 최상위에 위치한 개인과 집단이 공격을 받거나, 또는 그것을 보호할 필요가 생기면 문제를 제기하고 기꺼이 갈등을 감수한다.

정체성을 분석할 때 도움이 되는 것은 사람들의 '이야기'다. 갈등에 직면한 사람이 문제제기의 이유를 설명하면서 반복적으로 언급하고 강조하는 것이 바로 그 사람의 정체성, 다시 말해 존재의 근거와 이유가 된다. 그런 이야기에는 때로 입장·체면·명분 등이 뒤섞여 있다. 때문에 맥락과 내용을 상세히 분석해 구분해야 한다.

갈등 현안이 정체성 형성에 중대한 영향을 준 어떤 것과 밀접하게 관련돼 있다면, 또는 정체성에 영향을 준 위계의 최상위에 위치한 개인이나 집단과 관련돼 있다면 빠르게 갈등이 만들어지고 당사자들이 갈등을 쉽게 포기하지 않을 것이다. 예를 들어 가족을 가장 중요하게 생각하는 사람이 가족의 안녕과 미래가 위협당하는 상황에 처했다면 즉시 갈등이 생기고 단기간에 악화될 것이다. 땅이 가장 중요한 농부가 정부 사업을 위해 땅을 내놓아야 하는 일에 놓인다면 당연히 정부에 저항할 것이다. 그럼에도 정부가 압력을 가한다면 농부는 자기 목숨을 걸고라도 끝까지 저항할 가능성이 높다. 갈등이 이렇게 누군가의 정체성과 어느 수준에서 관련돼 있는지 분석하면 갈등에 직면한 사람의 생각·태도·행동을 이해하고, 향후 갈등의 전개를 예상하는 데 도움이 된다.

세계관

갈등을 분석할 때 정체성과 함께 눈여겨봐야 하는 것은 갈등에 직면한 사람들의 세계관이다. 세계관은 자신의 존재 및 삶과 관련해 세상을 이해하고 해석하는 시각을 말한다. 세상에서 가장 중요한 것은 무엇인지, 여러 가지 중에서 무엇을 우선적으로 선택할 것인지, 자신의 안전이 위협받는 상황에서도 포기하지 않을 것은 무엇인지가 세계관에 의해 결정된다. 이런 세계관은 존재론적 책임과 맥을 같이 하고 다른 세계관을 가진 사람들끼리는 충돌하게 된다. 가장 흔한 예로 개발 문제를 둘러싸고 생기는 세계관의 충돌이 있다. 각자의 세계관에 따라 한쪽 사람들은 자연과 거기에 속한 모든 생명은 그 자체로 보호받아야 한다고 주장한다. 반면 다른 쪽 사람들은 인간의 필요에 따라 자연을 이용할 권리가 있다고 주장하며 무조건 자연을 보호하려는 접근 자체를 거부한다. 이렇게 다른 세계관을 가지고 있으니 충돌할 수밖에 없고 그 결과 갈등이 생긴다. 이런 갈등을 흔히 '가치 갈등'이라고 부른다.

다른 세계관을 가진 사람들은 갈등을 야기한 문제를 인식하는 데서도 차이를 보이고, 그런 차이가 갈등을 복잡하게 만들고 해결을 어렵게 한다.* 인간과 자연의 위계 차이를 거부하고 자연과 모든 생명의 존재 그 자체를 존중하는 사람은 어떤 개발이라도 비판적으로 볼 수밖에 없다. 그런 사람은 '친환경적 개발'이나 '불가피한 개발' 같은 해석 자체를 인정하지 않을 것이다. 개발 자체를 문제로 인식하고 개발의 중단 이외에는 해결 방법이 없다고 생각할 것이다. 때문에 해결책을 찾는 것이 힘들어진다.

한 사람의 세계관은 아주 특별한 경우를 제외하고는 거의 변하지 않는다. 때문에 일부 갈등 연구자들은 세계관의 차이에서 기인하는 '가치 갈등'은 이익의 분배를 놓고 벌어지는 '이익 갈등'과는 근본적으로 다르고 해결 가능성이 희박한 것으로 취급한다. 심지어는 가치가 개입된 갈등을 해결하기 위해 노력하는 것은 의미 없는 일이라 말하기도 한다. 그런데 가치관이 세계관에서 비롯된 것이라면 가치가 개입되지 않은 갈등은 거의 없다고 봐야 한다. 사람들은 항상 특정 세계관을 통해 자신의 삶을 해석하고 특정 가치를 추구하기 때문이다.

* J. S. Docherty(2001), *Learning lessons from Waco: When the Parties Bring Their Gods to the Negotiation Table*, Syracuse: Syracuse University Press, p. 26.

물론 순수하게 이익만 개입된 갈등도 더러 있을 수 있다. 그러나 다르게 해석하면 이익을 중요하게 여기는 것 자체가 특정한 세계관에 근거한 생각이다. 그러니 그런 갈등에 직면한 사람들 사이에서는 세계관의 차이가 드러나지 않을 뿐이다.

갈등을 분석할 때 세계관에 주목해야 하는 이유는 세상을 보는 시각의 다름을 이해하고 인정하기 위해서다. 세계관의 차이 때문에 생긴 갈등에서 사람들이 저지르는 가장 큰 실수는 다른 사람의 세계관을 잘못된 것으로 규정하고 자기가 수용할 수 있는 세계관으로 바꾸려고 하는 것이다. 그것이 전혀 가능한 일이 아닌데도 말이다. 다른 세계관의 인정은 갈등을 해결할 때 거쳐야 할 가장 중요한 절차 중 하나다. 다른 세계관을 인정하지 않고는 문제를 해결하기 위해 대화를 하는 것이 불가능하다.

문화

우리가 흔히 알고 있는 문화는 특정 집단이 오랜 시간을 거치면서 만들어낸 독특한 생활과 생각의 방식을 말한다. 이런 문화는 알지 못하는 사이 전해지고 습득된다. 당연히 갈등에도 무시할 수 없는 영향을 미친다. 그렇지만 갈등에 직면한 사람들조차 자신의 문화가 갈등에 어떤 영향을 미치고 있는지, 또는 갈등을 해결하는 데 어떤 문화적 요소가 도움이 되는지 파악하지 못한다. 자기 생활과 생각에 어떤 문화적 특징이 녹아 있는지 잘 알지 못하기 때문이다. 문화는 마치 공기처럼 알게 모르게 존재하기 때문에 의식적으로 거리를 두고 살피지 않는 한 아는 것이 쉽지 않다.

갈등을 분석할 때는 문화에 관심을 기울여야 한다. 물론 모든 갈등이 문화적 요인을 가지고 있는 것은 아니다. 그렇지만 문화와 상관없는 갈등처럼 보이더라도 갈등에 처한 사람들의 문화를 분석해보는 것이 유리하다. 그러면 그 사람들이 예상치 못한 도전이나 문제를 해석하고 그에 대응하는 방식, 대립 관계에 있는 사람과의 소통 방식, 관계에 쏟는 관심의 수준 등을 알 수 있다. 개인적인 것 외에도 집단과 개인의 관계, 집단에 대한 개인의 충성도와 친밀감 수준, 집단의 통제 정도와 개인의 독립성 수준 등도 파악할 수 있다. 이 모든 것을 포괄적으로 이해하면 갈등의 근본원인을 더 잘 파악할 수 있고 갈등의 해결에 실질적인 도움이 되는 인물·관계·집단 등도 알 수 있다.

문화를 분석하면 집단 사이 발생하는 사회 갈등도 더 잘 이해할 수 있다. 개인과 마찬가지로 자연적으로 형성된 공동체나 인위적으로 구성된 조직과 집단도 모두 그 나름의 독특한 문화를 가지고 있다. 어찌 보면 사회 갈등에서 문화의 차이가 더 두드러지기도 한다. 예를 들어 공공기관이나 공기업은 수직적 조직 문화가 강한 곳이다. 위계질서가 엄격하고 그에 대한 도전이 잘 받아들여지지 않는다. 반면 공공기관이나 공기업과 갈등을 겪곤 하는 마을이나 주민들은 보이지 않는 집단의 압력은 있지만 개인에 대한 조직적인 통제는 없는 유연한 문화를 가지고 있다. 의사결정 과정과 문제 대응 방식에서도 두 집단 사이의 문화적 차이가 크다. 공공기관이나 공기업은 소수의 결정이 그대로 하달되고 그 결정에 따라 다수가 문제에 대응하는 문화고, 마을은 공동 결정과 대응의 문화다. 때로는 이런 문화적 차이가 갈등을 만들고 지속시키는 데 결정적 영향을 미친다.

문화를 분석할 때 눈여겨봐야 할 또 다른 대목은 같은 집단에 속한 개인들 사이에 존재하는 문화적 차이다. 같은 가족·공동체·동호회 등에 속해 있다고 반드시 같은 문화를 가지고 있는 것은 아니다. 각자 또 다른 문화 집단에 속해 있으며, 그 집단으로부터 더 큰 영향을 받을 수 있다. 그래서 문제를 만났을 때 가장 큰 영향을 받은 문화의 방식으로 문제를 해석하고 대응할 가능성이 높다. 그러므로 같은 집단 내에 있는 사람들 사이에 갈등이 생겼다 하더라도 문화적 분석을 해보는 것이 갈등에 현명하게 접근하는 길이다.

외부 영향

갈등은 결국 당사자들의 생각과 판단에 달려 있는 문제다. 그런데 당사자들이 갈등을 좌우하는 수준은 그들의 독립성 여부에 따라 달라진다. 개인주의 문화 성향이 강한 곳에서는 갈등이 순전히 당사자들의 문제다. 그렇지만 한국처럼 집단주의 문화 성향이 강한 곳에서는 당사자들이 온전히 자신의 갈등을 통제하지 못하는 경우가 더 많다. 당사자들은 자신의 갈등이 관계를 맺고 있는 주변 사람들의 생각과 상황에 미칠 영향까지 고려해야 한다. 이런 문화적 환경에서는 주변 사람들과 그들의 상황이 예고 없이 갈등에 비집고 들어오는 경우도 흔하다. 어느 사회에서나 다양한 개인 및 집단이 관계를 맺고 살고 그들이 다른 사람의 갈등에 영향을 미치는 일이 생길 수 있지만 특별히 한국문화에서는 외부 요인이 영향을 미치는 일이 잦다.

외부 영향은 갈등 당사자들이 아닌 주변의 사람, 집단, 상황 등이 갈등의 전개와 해결에 미치는 영향을 말한다. 갈등이 자신에게 미칠 영향을 우려하는 주변 사람들과 그들의 압력, 집단의 안위나 체면을 우선시하는 환경, 집단을 위해 갈등의 봉합을 강요하는 상황 등이 바로 외부 영향이다. 이런 외부 영향의 수준은 주변의 개인이나 집단이 얼마나 영향을 미치고 압력을 가하느냐, 동시에 당사자들이 그 영향으로부터 얼마나 독립성을 가지고 갈등에 대응하느냐에 따라 달라진다. 물론 외부 영향이 모든 경우에 부정적인 것은 아니며, 사실 수준만 다를 뿐 대부분의 갈등은 외부 요인의 영향을 받는다. 그렇지만 외부 영향이 갈등을 통째로 뒤흔들게 놔두는 것은 바람직하지 않으며, 갈등에 대한 주도권을 뺏기지 않는 수준에서 외부 영향을 잘 관리하는 것이 중요하다. 긍정적으로 활용된다면 외부 영향은 갈등 당사자와 주변과의 자연스런 상호 작용으로 볼 수 있다.

사회 갈등의 경우에는 개인의 독립성 수준에 상관없이 불가피하게 외부 영향에 노출되는 경우가 흔하다. 공공정책이나 공공사업을 둘러싸고 공공기관이나 공기업, 그리고 시민들 사이에 갈등이 생기면 자연스럽게 여론, 언론, 정치적 상황, 시민단체 대응 등이 갈등의 전개와 해결에 영향을 미치게 된다. 이런 경우에는 더욱 세밀하게 외부 요인의 종류와 영향의 수준을 분석해야 한다. 그렇지 않고 갈등을 완전히 주변과 분리시켜버리면 오히려 큰 그림을 보지 못하고 갈등을 고립시키는 실수를 범할 수 있다. 반면 외부 영향을 지나치게 과대평가하거나 거기에 초점을 맞추면 갈등을 왜곡시키고 주객을 바꿔놓는 상황을 만들 수 있다.

사회 갈등의 경우 비록 외부 영향이 중대한 역할을 하지만 개인 갈등과 마찬가지로 당사자가 중심에 서지 않는 한 갈등은 해결되지 않는다. 그러므로 갈등을 분석할 때는 외부 요인의 종류와 의미, 영향의 수준, 그리고 그에 대한 대응 능력과 방법 등이 상세히 파악돼야 한다. 갈등이 외부 영향에 매몰되지 않도록 하기 위해 당사자 집단은 새로운 외부 요인이 생기거나 상황에 변화가 있을 때마다 즉각 상황을 점검해야 한다. 필요하면 주민 회의나 당사자 회의를 통해 자신들만의 대응 방향과 방식을 합의해야 한다.

대화 의지

당연한 말이지만 갈등은 당사자들이 가장 잘 해결할 수 있다. 재판이나 제3자가 판단을 내려주는 중재(arbitration)는 갈등을 만든 문제를 어떻게 다룰지 판단해주는 역할을 한다. 그러나 그 결과는 승자와 패자를 만들 뿐 갈등 자체를 해결해주지 않는다. 결국 당사자들이 마주 앉아 얘기하고 합의를 해야 한다. 그러므로 갈등을 분석할때 대화 의지를 확인하는 것은 반드시 해야 하는 일이다. 자신이나자기 집단의 갈등을 분석할 때도 마찬가지다. 자신 또는 자기 집단이대화할 의지가 있는지, 원칙적으로 대화를 해야 한다고 생각하는지, 아니면 대화가 아니라 자신의 논리와 힘으로 상대를 이겨야 한다고생각하는지 등을 파악해야 한다. 물론 한쪽만 원해서 되는 일은 아니다. 그러므로 상대가 대화를 어떻게 생각하는지, 그리고 대화 의지가어느 정도 있는지도 파악해봐야 한다. 자신이 준비가 됐어도 상대가준비되지 않았다면 기다려야 하고 반대의 경우도 마찬가지다.

사람들이 갈등을 해결하기 위해 대화가 필요하다고 느끼는 상황은 여러 가지다. 갈등 때문에 생긴 생활의 불편과 불안을 견딜 수 없어서, 상대와 더 이상 싸우기 싫어서, 주변 사람들과 사회적 압력으로 자신의 정당성을 더는 주장할 수 없고 그로 인해 체면이 깎여서, 주변과 사회 상황이 우호적이지 않아서, 사회나 정치 상황이 급변해서 등등이다. 이런 압력이 커질수록 대화의 가능성도 커진다. 문제는 당사자들조차 대화의 가능성이 높아지고 있는지, 혹은 반대인지를 잘 파악하지 못한다는 것이다. 그러므로 갈등을 분석할 때는 당사자들과 주변의 상황이 대화 가능성에 어떤 영향을 주고 있는지를 살펴야 한다. 자신, 또는 자기 집단의 갈등이라면 거리두기를 통해 객관적으로 자신과 주변의 상황을 분석해봐야 한다.

대화를 할 수 있는 상황이 만들어지고 있고, 대화 가능성이 확인된다면 당사자들의 관계와 주변 환경을 두루두루 살펴서 신뢰할 수 있는 사람이나 집단이 누구인지 찾아보는 것이 바람직하다. 대화 가능성이 높아지는 상황이라고 해서 대화가 자동적으로 이뤄지는 것은 아니다. 대화는 당사자들을 대화의 자리로 끌어내는 명분, 대화의 가능성과 필요성을 확인하고 지지해주는 집단이나 사람, 대화에 도움을 줄 사람 등이 있어야 이뤄진다. 그런 명분과 사람은 자연스럽게 나타나기도 하지만 대부분의 경우엔 찾아내야 하고 그것을 가지고 당사자들에게 접근해야 한다.

당사자들에게 대화 의지가 전혀 없다고 확인될 수도 있다. 이런 상황이라면 왜 대화 의지가 없는지 추가로 분석해보는 것이 좋다. 두려움인지, 증오인지, 자기 논리에 대한 절대적 믿음인지, 주변 사람이나 집단의 눈치를 보는 것인지 등을 파악해야 한다. 주변 사람들이나 상황이 대화 가능성을 높이는 쪽으로, 아니면 낮추는 쪽으로 움직이고 있는지도 살펴야 한다. 향후 이 모든 요인의 변화에 따라 대화 가능성과 의지가 생길 수 있기 때문이다. 또한 당장 대화 의지가 없다면 대립이 강화돼 위기감이 고조될 때까지 기다려야 하는지, 양쪽을 오가며 다리를 놓아주는 사람이 필요한지, 각자 상황의 정리가 필요한지, 전문가의 자문이 필요한지 등을 파악하는 것도 바람직하다.

3. 도구를 이용한 분석

분석에서 필요한 것은 데이터와 그 데이터를 넣어 결과를 얻을 수 있게 해주는 틀, 즉 일종의 도구(tool)다. 갈등을 분석할 때도 마찬가지다. 먼저 필요한 것은 데이터다. 넣어볼 데이터가 없다면 도구도 무용지물이다. 따라서 갈등을 분석하려면 우선 데이터를 수집하는 작업이 필요하다. 데이터는 크게 1차 데이터와 2차 데이터 두 가지로 나뉜다.

1차 데이터는 가장 기초이자 핵심이 되는 것으로 갈등에 직면해 있는 사람들의 입에서 나온 얘기다. 갈등은 당사자들의 문제 인식, 해석, 대응에 따라 발생과 전개가 달라지기 때문에 갈등을 제대로 분석하려면 반드시 당사자들의 얘기를 들어야 한다. 당사자를 직접 만나 자유롭게 얘기한 것을 녹음하거나 메모해 정리하면 그것이 데이터가 된다. 효과적으로 데이터를 수집하기 위해 꼭 필요한 질문을 만들고 인터뷰처럼 당사자에게 물어볼 수 있다. 이 방법은 갈등해결에 도움을 줄 수 있는 사람이 먼저 갈등을 이해할 필요가 있을 때 가장 유용하게 쓸 수 있는 보편적인 방법이다. 그런데 이 방법은 자신의 갈등을 분석할 때는 활용할 수 없다. 자신을 인터뷰할 수는 없고, 또 자신과 대립 관계인 상대를 인터뷰할 수도 없기 때문이다. 그렇게 화기애애한 관계라면 갈등 관계라고 할 수도 없을 것이다. 이런 경우엔 자신의 생각, 상대에 대한 감정, 문제의 이해, 해결 방법, 그리고 상대가 자신에게 한 말, 요구 조건, 원하는 해결 방법 등을 항목별로 정리해 데이터화한다.

직접 인터뷰가 힘들 때, 또는 추가 자료가 필요할 때는 갈등에 대한 각종 보고서·회의자료·메모·영상·연구자료·신문과 잡지 기사 등을 통해 2차 데이터를 얻을 수 있다. 이런 자료들은 갈등에 대한 일반적인 정보를 제공하기 때문에 갈등의 큰 그림을 파악하는 데 도움을 준다.·

그러나 2차 데이터에는 두 가지 큰 한계가 있다. 하나는 갈등 당사자의 생각과 이해를 자세히 파악할 수 있는 데이터가 되지 못한다는 것이다. 갈등은 당사자의 입을 통해 가장 잘, 그리고 정확히 설명되는데 2차 데이터는 기사를 쓰거나 연구를 진행한 사람들의 시각과 분석이 더 많이 담겨 있기 때문이다. 다른 하나는 개인 갈등의 경우 보통 2차 데이터 자체가 존재하지 않는다는 것이다. 그렇지만 사회 갈등의 경우에는 2차 데이터가 갈등의 전체 진행 상황을 이해하는 데 많은 도움을 준다. 되도록 많은 2차 데이터를 분석하면 1차 데이터를 분석하는 데도 큰 도움이 된다.

데이터가 수집됐으면 분석 도구를 활용해 데이터를 해체시켜보면

· 정주진(2010), 『갈등해결과 한국사회―대화와 협력을 통한 갈등해결은 가능한가?』, 아르케, pp. 215~219.

된다. 이때 명심할 것은 갈등의 객관화다. 자신이 관계된 갈등이라 해도 갈등과 거리두기를 하고 분석하는 동안에는 자신의 생각·인식·이해·감정을 접어둬야 한다. 적절한 거리두기와 객관화가 힘들다면 갈등과 관계되지 않는 다른 사람과 함께 분석해보거나 그들에게 부탁하는 것도 좋은 방법이다. 분석 도구는 갈등의 내용을 체계적으로 분류하고 정리해주는 역할을 한다. 도구를 이용해 분석하면 산만하게 흩어져 있거나 실타래처럼 얽혀 있는 여러 가지 문제들이 이해 가능한 수준으로, 그리고 한눈에 파악할 수 있게 정리된다. 분석 도구에는 여러 가지가 있는데 여기에서는 그중 대표적인 몇 가지를 간단히 소개한다. 하나의 갈등에 모든 분석 도구를 적용할 필요는 없고 적절한 것을 골라 적용하면 된다. 그렇지만 갈등과 당사자들을 더 상세히 파악하기 위해 여러 분석 도구를 적용해보는 것이 좋다.•

갈등의 5단계

갈등은 일직선이 아닌 복잡하고 입체적인 방식으로 진행된다. 때문에 살아 있는 생명체처럼 유기적 변화를 거듭한다. 갈등을 만들고 진행시키는 주체가 생각과 감정이 있는 사람들이니 당연한 일이다. 그런데 오랜 시간 많은 사건을 거쳐 진행된 갈등이라도 시간과 사건을 압축시키면 일정한 전개 방식이 있음을 알 수 있다. 이렇게 갈등의 전개를 압축시켜 분석하게 해주는 도구가 바로 '갈등의 5단계'다. 이 도구를 이용하면 갈등이 현재 어느 단계에 와 있는지, 그리고 어떤 진행

• 앞으로 소개할 6개의 분석 도구는 S. Fisher, D. I. Abdi, J. Ludin, R. Smith, S. Williams, and S. Williams(2000), *Working with Conflict: Skills & Strategies for Action*. Zed Books, pp. 17-30에 수록된 것을 참고하고 책의 사례에 따라 내용을 넣은 것임.

을 겪게 될지를 가늠할 수 있다. 갈등의 진행이 궁금할 때, 그리고 전체 모습을 파악해야 할 때 이용하면 좋은 도구다.

5단계는 '갈등 전-대립-위기-결과-갈등 후'의 다섯 단계를 말한다. 가장 일반적인 형태이고 갈등이 오래 지속되면 전체 또는 특정 구간이 몇 차례 반복되곤 한다. 갈등이 완전히 전개됐다는 것은 이 다섯 단계를 모두 거쳤음을 의미한다.

'갈등 전'은 문제가 등장하고 관계된 사람들이 관심을 가지고 문제를 살핀 후 서로 다른 생각을 가지고 있음을 확인하는 단계다. 사람들이 서로의 반응을 보면서 문제가 갈등으로 진화할 가능성이 있는지 탐색하는 단계기도 하다.

'대립'은 당사자들이 각자 의견을 표출하면서 표면적으로 충돌을 빚는 단계다. 각자 자신의 입장을 강화하고 원하는 것을 얻기 위해 주변을 설득하고 지지자를 얻으려는 노력도 이 단계에서 이뤄진다.

'위기'는 갈등이 최고조에 이르는 단계를 말한다. 이 단계에서는 당사자들 사이에 긴장이 높아지고 충돌이 극에 달해 격렬한 감정과 비난의 말을 주고받는 일이 지속적으로 생긴다. 때로 물리적 폭력이 발생하기도 한다. 상대를 이겨야 한다는 절박감에 당사자들은 주변에 자신의 입장과 행위의 정당성을 피력하고 서로 지지를 얻기 위해 치열한 경쟁을 한다. 사회 갈등의 경우에는 주로 여론과 언론 설득에 막대한 에너지와 자원이 투자된다.

'결과'는 위기가 지난 후의 단계를 말한다. 결과는 다양하다. 위기를 잘 극복한 당사자들은 스스로 또는 다른 사람의 도움을 받아 대화와 협상을 하고 최종적으로 합의하는 시도를 한다. 그렇지만 위기

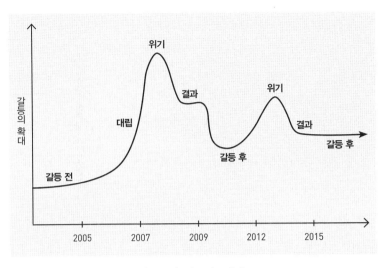

〈그림 1〉 갈등의 5단계

단계에서 기존의 힘의 불균형이 더 강화돼 결국 한쪽이 다른 쪽에 굴복하는 결과가 생기기도 한다. 개인 갈등의 경우에는 부모나 직장 상사 같은 힘 있는 주변 사람이 합의를 밀어붙이기도 한다. 사회 갈등의 경우에는 정부나 관련 공공기관이 정치, 경제, 사회에 미치는 영향을 고려해 대신 최종 판단을 내리기도 한다. 때로는 당사자들의 에너지가 소진돼 갈등이 잠재 상태로 들어가기도 한다. 어쨌든 이 단계에서는 긴장이나 대립이 약화되거나 해결의 기미가 보이거나 한다.

'갈등 후'는 갈등이 완전히 해결되거나, 또는 적어도 갈등을 일으킨 현안이 정리되면서 당사자들 사이의 대립과 긴장이 사라지거나 눈에 띄게 줄어드는 단계다. 일시적 또는 장기적인 공존이 시작되는 단계기도 하다. 그러나 근본 문제가 해결되지 않으면 이 단계에서 새로운 갈등이 만들어지기도 한다.

이 도구를 이용해 갈등을 분석할 때는 크게 두 가지를 조심해야 한다. 하나는 먼저 이 도구를 적용할 수 있는 갈등인지를 파악하는 것이다. 오래 지속되고 있거나 반복적으로 생기는 갈등에는 잘 적용할 수 있지만 금전적 이익이나 물건의 획득과 관련된 다툼 등 짧게 진행되는 갈등에는 적절치 않다. 제대로 된 분석 결과를 기대할 수 없고 무엇보다 이런 복잡한 도구를 이용할 필요가 없는 갈등이기 때문이다. 다른 한 가지는 갈등이 한 단계를 지나는데 오랜 시간, 예컨대 수개월 또는 수년이 걸릴 수도 있다는 점을 기억하는 것이다. 때문에 제대로 된 분석 결과를 얻기 위해서는 최근 또는 현재의 상황만을 적용시키는 것이 아니라 갈등의 전 기간을 적용시켜야 한다. 그래야 갈등이 현재 어떤 단계에 도달했는지를 알 수 있다. 그러기 위해서는 전 기간에 걸친 데이터가 있어야 한다.

 이 분석 도구를 알차게 이용하는 방법은 단순히 갈등의 진행 경로를 파악하는 것이 아니라 각 단계 이전에 어떤 일이나 상황이 있었는지를 정리하고 이후에 어떤 상황이 전개될지를 가늠해보는 것이다. 장기간 지속되는 갈등의 경우에는 갈등의 모든 단계, 또는 특정 단계가 반복되기 때문에 과거에 어떤 일이나 상황이 있은 뒤에 위기가 닥쳤는지, 또는 어떤 일이 다음 단계에 부정적 영향을 미쳤는지 등을 파악할 수 있다. 과거의 단계적 진행을 현재 상황에 비춰 분석하면 갈등의 진행에 부정적인 영향은 줄이고 긍정적인 영향은 높이는 방법을 찾을 수 있다. 갈등의 파괴적 전개를 막고 해결에 도움이 될 대응 방법을 모색할 수도 있다.

갈등 연대기

이것은 갈등의 역사를 정리할 때 활용할 수 있는 분석 도구다. 사실 갈등의 역사를 알려면 중요한 사건들을 그냥 시간순으로 정리하면 된다. 그런데 굳이 이 도구를 이용하는 이유는 특정 사건과 상황에 대한 당사자의 주관적 해석과 이해를 알기 위해서다. 그리고 각자 어떤 사건이나 상황을 가장 의미 있게 여기는지, 왜 거기에 의미를 두는지, 어떤 상처를 입고 어려움을 겪었는지 등을 알기 위해서다. 당사자들은 같은 시간 동안 갈등을 겪지만 각자 다른 사건이나 상황에 특별한 의미를 부여한다. 때문에 한쪽이 중요하게 생각하는 사건이나 상황이 다른 쪽에게는 아무런 의미가 없는 경우가 있다. 이 분석 도구는 그런 차이를 이해하고 서로 인정할 수 있는 기회를 만들어준다. 갈등이 당사자들의 주관적 판단과 해석에 의해 생기고 확대된다는 점을 생각하면 아주 유용한 분석이다.

분석을 위해서는 먼저 갈등 스케줄을 당사자별로 정리하고 당사자가 얘기한 중요한 사건이나 의미 있었던 상황을 추려내야 한다. 그런 후 당사자가 둘이라면 두 개의 수직선을 그리고 한쪽에는 A의 스케줄, 다른 쪽에는 B의 스케줄을 오래된 것부터 최근 것까지 순서대로 적는다. 이렇게 정리하면 갈등의 역사는 물론 각 당사자에게 가장 중요하고 의미 있는 사건이나 상황이 무엇이었는지를 알 수 있다. 또한 대립이 생기게 된 계기, 갈등의 확산에 결정적으로 영향을 미친 사건이나 주변 상황 등을 파악할 수 있다. 이 모든 것을 종합하면 무엇이 갈등의 발생·전개·악화에 결정적 역할을 했는지 알 수 있다.

예를 들어 친한 친구인 A와 B가 어떤 계기로 인해 크게 싸우고 서

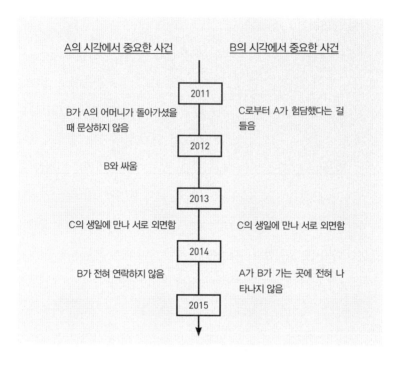

A의 시각에서 중요한 사건　　　**B의 시각에서 중요한 사건**

2011

B가 A의 어머니가 돌아가셨을 때 문상하지 않음　　　C로부터 A가 험담했다는 걸 들음

2012

B와 싸움

2013

C의 생일에 만나 서로 외면함　　　C의 생일에 만나 서로 외면함

2014

B가 전혀 연락하지 않음　　　A가 B가 가는 곳에 전혀 나타나지 않음

2015

〈그림 2〉 갈등 연대기

로 말도 안 하는 사이가 됐다고 치자. 만일 그 갈등을 완전히 이해하고 해결할 필요가 있다면 이 분석 도구를 이용해 왜 갈등이 생겼고 악화됐는지를 파악해볼 수 있다. A의 갈등 스케줄을 정리하면 A가 어떤 시점에 무슨 일로 화가 났거나 상처를 입었는지를 확인할 수 있다. 또한 B의 스케줄을 정리하면 같은 일을 B도 중요하게 생각하는지 아니면 그냥 무시하는지를 알 수 있다. 예컨대 A는 둘이 싸웠던 사건을 갈등을 악화시킨 사건으로 꼽는 반면, B는 둘이 싸운 것에는 별 의미를 두지 않고 A가 다른 사람에게 자신의 험담을 했다는 것을 충격으로 받아들이는 식이다. 이렇게 같은 사건과 상황에 대해 서로

다르게 이해하고 있다는 것이 확인되고 당사자들이 그것을 공유하면, 서로의 다름을 인정하는 계기가 만들어질 수 있다.

같은 사건이나 상황에 대해 당사자들이 전혀 다르게 해석하고 이해하고 있다고 해도 놀랄 일은 아니다. 그런 차이는 당사자들이 각자 다른 삶의 경험, 지식, 사회경제적 위치, 문화적 배경 등을 가지고 있기 때문에 생기는 자연스러운 일이기 때문이다. 이 분석 도구를 이용하는 이유는 바로 그런 차이를 찾아내기 위해서다. 장기적으로 같은 수준의 갈등이 지속될 때, 대립적인 관계가 굳어져서 당사자들이 서로 이해하려고 하지 않을 때, 일상처럼 돼버린 갈등을 벗어날 돌파구가 필요할 때 이 분석 도구를 적절하게 활용할 수 있다.

양파 기법

양파를 가로로 자르면 밖에서부터 안쪽으로 몇 개의 원이 있는 것이 보인다. 이 분석 도구의 이름은 거기서 나온 것이다. 때로 속을 알 수 없는 사람을 '양파 같은 사람'이라고 하는데 이 도구를 이용하면 겉에서 보면 알 수 없는 갈등의 속까지 파악할 수 있다.

양파 기법은 갈등에 처한 사람들이 왜 대립하는지를 파악할 수 있게 해주는 유용한 분석 도구다. 이 도구는 양파 단면을 통해 드러난 원을 세 개로 정리해 밖에서부터 각각 입장·이익·필요로 구분한다. 이미 앞에서 설명한 것처럼 사람들은 이익을 얻기 위해 갈등을 만든다. 그리고 효율적으로 이익을 얻기 위해 자신의 입장을 표현한다. 그렇게 하는 이유는 궁극적으로 삶의 필요를 충족시키기 위해서다. 그런데 입장은 밖으로 표현되기 때문에 쉽게 알 수 있지만 필요는 열심히 찾아도 잘 알 수가 없다. 양파 기법을 이용하면 각 당사자들의 입장·이익·필요를 파악할 수 있고 당사자들의 차이도 알 수 있다.

당사자들의 서로 다른 입장·이익·필요를 파악하면 갈등이 왜 생겼는지, 그리고 무엇을 가장 중요하게 생각하는지 알 수 있다. 또한 어떤 문제를 다뤄야 갈등을 잘 해결할 수 있는지도 파악할 수 있다. 타협하기 힘든 서로 다른 입장을 인정한 후에는 실질적 이익에 초점을 맞춰 대화와 협상을 할 수 있고, 동시에 삶의 필요를 충족시키는 데 도움이 되는 방향으로 갈등의 해결을 모색할 수 있다.

일반 아파트와 임대 아파트 사이에 생긴 갈등을 예로 들어보자. 1단지는 임대 아파트고 2단지는 일반 아파트다. 갈등은 2단지가 1단지와의 사이에 철제 담장을 설치하고 1단지 주민들의 출입을 막으면서 시작됐다. 2단지 주민들은 1단지 아이들이 들어와 시끄럽게 하는 것과 1단지 주민들이 쓰레기를 무단투기 하는 것을 막기 위해서라고 했다. 철제 담장 때문에 어린이, 노인, 장애인까지 200m 이상을 돌아가야 하는 상황이 됐다. 1단지 주민들은 당연히 담장 철거를 요구했고 2단지 주민들은 이를 거부했다.*

위의 사례에서 1단지의 입장은 담장 철거고 2단지의 입장은 담장 유지다. 그렇게 다른 입장을 내세우는 이유는 각자의 이익이 다르기 때문이다. 1단지의 이익은 통행의 불편을 해소하는 것이고, 2단지의 이익은 아이들의 소음과 쓰레기 무단투기를 막는 것이다. 그런데 두 단지가 각각 다른 이익을 원하게 된 이유는 삶의 필요와 관련이 있

* 정주진(2010), 『갈등해결과 한국사회—대화와 협력을 통한 갈등해결은 가능한가?』, 아르케, pp. 180~181.

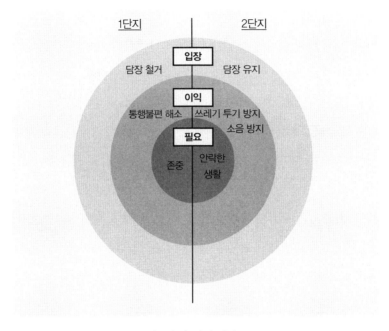

1단지　　　　　　2단지

입장

담장 철거　　　담장 유지

이익

통행불편 해소　쓰레기 투기 방지

소음 방지

필요

존중　안락한
생활

〈그림 3〉 양파 기법

다. 2단지 주민들의 삶의 필요 중 하나는 안락한 생활이다. 그들은 1
단지 아이들의 소음과 주민들의 쓰레기 무단 투기가 자신들의 안락
한 생활을 방해한다고 생각한다. 1단지 주민들에게 중요한 삶의 필요
는 경제적 수준과 상관없이 존중받는 것이다. 2단지 주민들이 경제적
차이를 이유로 출입을 막고 자신들을 무시하는 것이라고 생각한다.
두 아파트는 입장·이익·필요가 모두 다르지만 파악된 것들을 분석
하면 해결의 실마리를 찾을 수 있다.

　이 사례에서 필요는 타협할 수 없고, 그렇게 할 까닭도 없다. 당사
자들이 각자 생각하는 바가 다르기 때문에 어떤 기준을 적용할 수도
없다. 입장은 자기 이익을 얻기 위해 내세운 주장으로 이익을 얻을 때

까지 포기하지 않는다. 그렇지만 이익은 얼마든지 대화와 협상을 통해 해결할 수 있는 것으로 보인다. 2단지 주민들을 불편하지 않게 만들면서 1단지 주민들의 통행을 보장할 수 있는 방법은 여러 가지다. 어떤 사람들은 2단지가 아이들 소음과 쓰레기 무단투기를 얘기하는 것은 핑계일 뿐이고 사실은 임대 아파트 주민들과 접촉하는 것 자체를 싫어하기 때문이라고 말할 것이다. 설사 진짜 이유를 알 수 없다 해도 2단지 주민들 스스로 언급한 문제가 그것이기 때문에 그 문제를 해결하면 더 이상 담장을 고집할 수 없게 된다. 이 도구를 이용하면 다른 쪽에게 입장과 필요를 포기하도록 강요하지 않으면서도 이익에 초점을 맞춰 갈등을 해결할 방법을 찾는 것이 가능하다.

갈등 삼각형

이 분석 도구는 1960년대 말 요한 갈퉁(Johan Galtung)이 고안한 것인데 아마 세계에서 가장 유명한 삼각형 중 하나일 것이다. 이 분석 도구를 이용하면 갈등을 만든 당사자들의 문제는 물론, 드러나지 않았지만 그들에게 중대한 영향을 미친 갈등의 근본원인도 파악할 수 있다. 또한 갈등을 해결하기 위해 우선적으로 어떤 문제를 다뤄야 하는지, 그리고 어떤 문제까지 다뤄야 하는지도 결정할 수 있다.

갈등 삼각형은 그냥 평범한 정삼각형이다. 삼각형이 가진 세 개의 꼭지점은 각각 A(attitude, 태도), B(behavior, 행동), C(contradiction, 모순)를 의미한다. 먼저 B, 즉 행동은 상호 비방과 공격·위협·강요의 표현 등을 말한다. 대립을 야기한 행동, 그리고 대립이 악화될 때 나타나는 당사자들의 모든 표현과 행동이 바로 B다. 이런 행동은 A, 즉 태도에서 나온다. 상대에 대한 적개심·무시·편견·차별·두려움 등의 태도가 형성되고 그것이 행동을 통해 표출된다. 태도가 행동의 근거가 되는 것이다. C는 갈등의 배경으로 당사자들의 대립적인 행동과 태도에 영향을 미치는 모순된 환경과 구조를 말한다. 이것은 당사자들이 공유하는 것이다. 모순으로 부르는 이유는 환경과 구조가 당사자들이 상식적으로, 도덕적으로 원하는 것과 서로 맞지 않기 때문이다. 이 C가 곧 갈등을 만드는 근본원인이다.* 가족 구성원들의 원만한 관계와 행복을 방해하는 가부장적 구조와 환경, 학생·주민·노동자의 이익과 권리를 외면하는 학교·마을·회사 등의 구조와 환경이 바로 C다. 이런 환경과 구조는 소속된 사람들의 안전과 행복을 보장해야 하지만 오히려 불이익을 주고 폭력을 가하고 있다. 이런 모순이 지속되면 사람들은 공포와 절망, 적개심 등을 가지게 되고 자기이익과 필요를 충족시키기 위해 서로 대립한다. 모순된 구조와 환경을 바꾸지 않고 자신의 피해를 줄이기 위해 주변 사람의 피해를 늘리는 선택을 하는 것이다. 때로는 물리적 폭력을 동원하기도 한다. 결국 모순은 그대로고 갈등만 계속된다.

갈등의 발생과 지속에 직접 영향을 미치는 것은 당사자들의 행동인 B다. 그렇지만 갈등의 이면에는 당사자들의 태도인 A와 나아가 그들이 처해 있는 모순적 상황인 C가 있다. A, B, C가 모두 드러나면 갈등이 완전히 표출된 것이다. 그렇지만 보통 C는 잘 드러나지 않고, 드러나도 당사자들이 언급하지 않는 경우가 많다. 자신들이 어떻게

• O. Ramsbotham, T. Woodhouse and H. Miall(2009), *Contemporary Conflict Resolution(second edition)*, Polity, pp. 9~11.

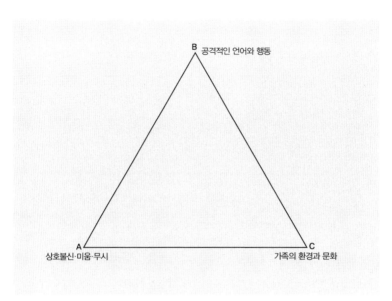

〈그림 4〉 갈등 삼각형

할 수 없는 것이라고 생각하기 때문이다. 그런데 갈등을 다룰 때 가장 주목해야 하는 것이 바로 C다. 쉽게 바꿀 수 없고 당장은 어떻게할 수 없어도 그것이 근본원인이다. 그것을 바꿔나가지 않으면 같은갈등이 반복된다.

명절과 제사 때만 되면 싸우는 두 며느리가 있다. 그들은 수년째알게 모르게 기싸움을 하고 서로 비꼬거나 어깃장 놓는 말을 주고받고 있다. 각자의 남편과 시어머니도 그런 사정을 알고 있지만 면박을주거나 나무랄 뿐 두 사람이 갈등을 해결할 수 있도록 적극적으로도와주지는 않는다. 이 사례에서 B는 두 며느리의 서로에 대한 좋지않은 언행이다. A는 서로에 대한 불신·미움·무시 등이다. 그런 태도때문에 서로에게 좋지 않은 말과 행동을 하는 것이다. 그런데 그 둘이 명절과 제사 때만 되면 충돌하는 이유는 두 사람이 모든 집안일을 해야 하는 사정에서 나온다. 이것이 그들이 겪는 갈등의 배경, 바로 C다. 그것은 며느리들에게 힘든 일을 모두 떠넘기고 모른 척하는 가부장적인 환경과 문화이다. 그것이 변하지 않는 한 두 사람의 싸움과 갈등은 계속될 수밖에 없다. 두 사람이 C를 바꾸는 것은 아주 힘들다. 그렇지만 둘이 함께 C를 확인하고 인정하는 것은 큰 의미가 있다. 적어도 자신들 둘 다 그런 환경의 피해자이며 공동의 문제를 겪고 있음을 공유할 수 있기 때문이다. 그렇게 되면 자신들의 갈등을 새롭게 보고 둘 사이의 문제를 해결할 여지도 찾을 수 있을 것이다.

이 분석 도구를 이용하면 갈등을 해결할 때 어느 부분까지 다룰 것인지를 생각할 수 있다. B, 즉 행동의 문제만 다루고 합의할 것인지 아니면 A, 즉 태도의 문제까지 다룰 것인지 나아가 근본원인인 C까지 바꿀 것인지를 결정할 수 있다. C까지 다룰 수 없다 해도 근본원인을 알아내고 그것을 장기적으로 다뤄야 하는 공동의 문제로 삼을 수는 있다.

갈등 지도

두 사람이나 집단 사이에 갈등이 생겨도 그것이 둘만의 문제가 아닌 경우가 많다. 여러 개인이나 집단이 당사자들과 직간접으로 무시할 수 없는 영향을 주고받기 때문이다. 이들 또한 당사자들처럼 자기만의 입장과 이해관계를 가지고 있다. 당사자들은 자신의 입장을 강화하고 원하는 것을 얻기 위해 이들의 영향을 적절히 이용한다. 갈등은 당사자들과 이런 주변 이해관계자들 사이의 상호작용에 따라 진

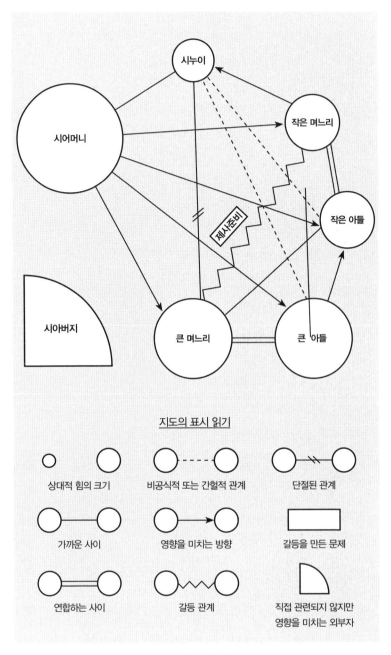

시누이

시어머니

작은 며느리

작은 아들

제사준비

시아버지

큰 며느리

큰 아들

지도의 표시 읽기

○　○ 상대적 힘의 크기

○ ----- ○ 비공식적 또는 간헐적 관계

○ =// ○ 단절된 관계

○ ─── ○ 가까운 사이

○ ──▶ ○ 영향을 미치는 방향

▭ 갈등을 만든 문제

○ ═══ ○ 연합하는 사이

○ ∿∿ ○ 갈등 관계

◤ 직접 관련되지 않지만 영향을 미치는 외부자

〈그림 5〉 갈등 지도

행 양상이 변한다. 이 때문에 갈등이 복잡해지고 당사자들의 노력만 으로는 해결이 어렵게 된다. 이런 상황을 분석하기 위해서는 당사자 들, 그리고 그들에게 영향을 미치는 개인이나 집단의 관계를 한눈에 볼 수 있도록 정리해야 한다. 이때 가장 도움이 되는 분석 도구가 바 로 갈등 지도다.

갈등 지도에서는 보통 당사자들을 중심에 놓고 그들에게 직간접으 로 영향을 미치는 이해관계자들이 주변에 배치된다. 그들은 모두 원 으로 표시되는데 원의 크기는 상대적인 힘의 크기를 나타낸다. 당사 자들 사이, 또는 당사자와 주변 이해관계자들 사이에 만들어진 관계 의 성격은 여러 가지 선을 통해 표시된다. 이렇게 지도를 만들면 각 자의 협력 관계, 대립 관계, 깨진 관계 등을 한눈에 파악할 수 있다. 놓치지 말아야 할 것은 지도 밖에 표시되는 외부자다. 갈등에 노골적 인 영향을 미치지 않기 때문에 갈등 지도의 중심에 표시되지는 않지 만 당사자들과 이해관계자들에게 무시할 수 없는 영향력이나 압력을 행사하기 때문에 갈등 지도에 포함된다.

갈등 지도는 보통 전체 갈등 상황을 파악하기 위해 그려진다. 그렇 지만 갈등을 좀 더 상세히 분석하기 위해서 세부적인 문제, 또는 협 상이나 합의 방식을 둘러싸고 당사자들과 이해관계자들 사이에 만들 어진 관계를 별도로 그려봐도 좋다. 그러면 상황의 변화에 따라 달라 진 관계와 당사자와 이해관계자들이 주고받는 영향을 파악하고 대 응 방법을 고민해볼 수 있다.

앞에서 얘기한 대가족 내에서 싸우는 두 며느리의 갈등 지도를 그 려보면 갈등이 둘만의 문제가 아니라는 사실과 무시할 수 없는 주변 이해관계자들의 영향이 드러날 것이다. 이것은 곧 두 사람의 갈등을 해결하기 위해서는 이해관계자들과 그들 각자가 가지고 있는 입장과 이익도 고려해야 함을 의미한다.

갈등 지도의 중심에는 두 며느리가 원으로 배치된다. 그런데 두 며느리 중 큰며느리가 조금이나마 더 힘이 있으므로 조금 더 큰 원으로 표시된다. 주요 이해관계자로는 시어머니, 큰아들, 작은아들이 배치될 것이다. 시어머니의 원은 며느리들의 것보다 클 수 있다. 큰아들과 작은아들의 원은 힘의 관계에 따라 며느리들의 것보다 클 수도 작을 수도 있다. 두 아들의 원 크기도 서로 다를 수 있다. 시누이나 시동생 등 다른 가족들이 직간접으로 갈등에 관여를 하고 있다면 그들의 원도 배치될 수 있을 것이다. 관계는 두 며느리와 시어머니, 그리고 두 아들 사이에서뿐만 아니라 시어머니와 두 아들 사이에도 각각 다르게 만들어지기 때문에 그것 또한 표시돼야 한다. 직접 드러나지는 않지만 두 며느리, 시어머니, 두 아들이 모두 눈치를 보고 있는, 그래서 갈등에 무시 못할 영향을 미치고 있는 시아버지는 외부자로 표시될 수 있을 것이다. 이런 갈등 지도 외에도 갈등을 더 잘 이해하기 위해 명절과 제사 준비를 둘러싼 두 며느리의 입장과 그에 대한 이해관계자들의 생각, 시부모 돌보기나 생신 등 다른 집안일에 대한 두 며느리들의 대립된 입장과 이해관계자들의 생각을 가지고서 별도의 갈등 지도도 그릴 수 있다.

갈등 나무

갈등은 크게 보면 두 개의 영역과 연결돼 있다. 바로 원인과 영향이다. 원인 없는 갈등은 없고, 모든 갈등은 새로운 문제를 만든다. 어떤 경우엔 예상치 못한 일이 너무 많이 발생해 어떻게 대응해야 할지 갈피를 잡을 수 없을 때도 있다. 이런 상황에서 가장 유용하게 쓸 수 있는 분석 도구가 바로 갈등 나무다. 갈등 나무는 뿌리, 기둥, 가지로 구성돼 있다. 핵심은 기둥으로, 곧 갈등을 만든 핵심 문제를 말한다. 기둥은 아래로는 여러 방향으로 뻗은 뿌리와, 위로는 수많은 가지와 연결돼 있다. 뿌리는 갈등을 만든 원인을 의미하고 가지는 갈등으로 인해 파생된 문제들을 말한다. 뿌리와 가지가 많다는 것은 갈등을 만든 원인이 여러 가지고 갈등의 영향 또한 다방면에 미치고 있음을 말해준다.

갈등 나무를 그려보면 세상에 단순한 갈등은 없다는 것을 알 수 있다. 이렇게 갈등을 분석하면 갈등이 너무 복잡해 보여서 갈등에 대응하기가 오히려 두려워질 수도 있다. 그렇지만 갈등 나무를 통해 갈등을 분석하는 이유는 한꺼번에 모든 원인과 영향에 대응하기 위해서가 아니다. 전체 상황을 포괄적으로 이해하고 그중 우선적으로 다룰 것과 그렇지 않은 것을 가려내서 구체적인 대응 방법을 모색하기 위해서다. 또는 현실적으로 어떤 원인과 영향부터 다뤄야 갈등의 해결에 도움이 되고 갈등의 악화를 막을 수 있는지를 가늠하기 위해서다. 갈등 나무는 특별히 조직이나 집단이 갈등에 직면했을 때, 또는 특정 구성원들 사이에 생긴 갈등이 조직과 집단에 중대한 영향을 미치고 있을 때 써볼 수 있다. 구성원들이 다 같이 모여 갈등 나무를 그리고 그에 대한 대응 방법을 논의하면 문제를 해결할 돌파구를 찾을 수 있을 것이다.

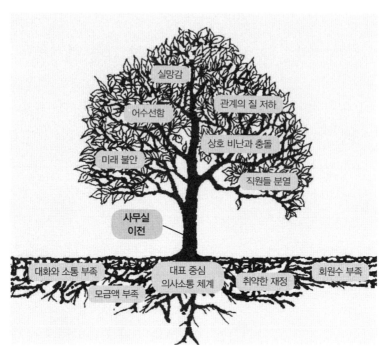

실망감

관계의 질 저하

어수선함

상호 비난과 충돌

미래 불안

직원들 분열

사무실
이전

대화와 소통 부족

대표 중심
의사소통 체계

취약한 재정

회원수 부족

모금액 부족

〈그림 6〉 갈등 나무

　한 시민단체에 있는 두 명의 공동대표 사이에 갈등이 생겼다. 갈등
의 발단은 사무실 이전 문제였다. 한 대표는 월세가 비싸더라도 시민
단체들이 몰려 있는 서울의 중심으로 이사를 해야 한다는 의견이었
고 다른 대표는 재정문제를 고려해 이 기회에 아예 서울 외곽에 자리
를 잡자는 의견이었다. 흔한 갈등이라고 생각했지만 의외로 두 사람
은 각자의 의견을 강하게 주장했고 시간이 지나면서 직원들의 입장
도 두 사람을 따라 나뉘기 시작했다. 두 대표 사이의 갈등은 수개월
동안 계속되고 있고 그 여파로 직원들 사이에 항상 긴장감이 감돌고
있다.

이 사례에서 갈등 현안은 사무실 이전이다. 이것은 나무의 기둥에 해당한다. 그런데 거기에는 원인이 있다. 대충 생각해보면 취약한 재정, 충분치 않은 회원 수와 모금액, 대표 중심의 의사결정 체계, 대화와 소통이 부족한 조직문화 등이 있을 것이다. 이 모든 원인은 나무의 뿌리에 나열된다. 갈등이 미친 영향으로는 직원들의 분열, 상호 비난과 충돌, 관계의 질 저하, 단체에 대한 실망, 어수선한 업무 환경, 미래에 대한 불안 등이 있을 것이다. 이런 영향은 나무의 가지에 배치된다. 이렇게 해서 갈등 나무가 만들어지면 당면한 모든 문제를 한눈에 파악할 수 있다. 두 명의 대표는 물론 직원들 모두 이 나무를 보면서 어떤 문제부터 다룰지, 현실적으로 어떻게 문제에 접근할지, 궁극적으로 문제를 어떻게 해결할지 등을 논의해볼 수 있다.

분석 결과의 활용

갈등은 분석하면 할수록 자세히 알 수 있고 분석하는 가운데 좋은 대응 방법도 찾을 수 있다. 한 가지가 아니라 최소한 두 가지 이상의 도구를 이용해 분석해보는 것이 좋다. 모든 경우에 유용한 것은 아니기 때문에 갈등에 따라 가장 적절한 도구를 선택할 필요가 있다. 갈등이 두 당사자 사이의 문제이고 갈등을 야기한 문제가 비교적 선명하게 드러나 있다면 양파 기법, 갈등 삼각형, 갈등 연대기 등을 이용해 표출된 갈등의 이면을 자세하고 깊이 있게 분석해보는 것이 좋다. 여러 당사자와 이해관계자가 관여돼 있는 경우라면 갈등 지도가 가장 유용하겠지만 양파 기법을 이용해 각 당사자의 입장·이익·필요를 정리해보는 것도 좋다. 갈등의 5단계나 갈등 나무를 이용하면 갈등을 전체적으로 이해할 수 있다.

갈등을 분석한 후에는 결과를 정리해야 한다. 가장 기본적인 두 가지 정리 방법 중 하나는 당사자별로 입장, 이익, 필요, 갈등에 대한 이해, 다른 당사자들에 대한 생각, 해결 의지 등을 정리하는 것이다. 다른 하나는 갈등을 전체적으로 파악하기 위해 갈등 당사자들, 그들 사이의 관계, 대립 양상, 의사소통 수준, 갈등이 도달한 단계, 이해관계자들, 영향을 미치는 외부자 또는 외부 요인 등을 차례로 정리하는 것이다. 특별히 당사자들 사이의 관계, 대립 양상, 의사소통 수준은 각 항목별로 고·중·저 내지 상·중·하로 적절하게 표시하면 갈등의 진행 상황을 파악하는 데 도움이 된다.

빼먹지 말아야 할 것은 갈등이 어느 수준에 도달했는지와 당사자들의 문제 해결 의지가 어느 정도인지를 정리하는 것이다. 흔히 당사자들은 갈등이 충분히 진행되기 전까지는, 다시 말해 위기 단계에 도달하고 막다른 골목에 처했다고 생각하기 전까지는 문제 해결 자체를 시도하지 않는다. 아직은 견딜 만하다고 생각하면서 자신의 주장을 유지하려고 하고, 자신의 논리와 정당성으로 상대를 이길 수 있다고 생각한다. 보통 당사자들의 갈등해결 의지가 최고조에 달할 때는 갈등이 진행될 만큼 진행되어 위기에 다다랐을 때다. 그렇지만 위기에 이를 때까지 갈등을 방치하는 것은 결코 좋은 선택이 아니다. 그때는 이미 관계가 악화될 만큼 악화되어, 해결이 어려워진 상황이다.

갈등을 분석하면 왜 갈등이 생겼는지, 상대가 왜 그렇게 강경한지, 갈등이 어느 단계에 도달했는지 등을 알 수 있다. 그래서 적어도 갈등이 위기 상황으로 치닫는 것을 막거나 위기가 반복되지 않게 할 수 있다. 또한 어떤 문제를 우선적으로 다뤄야 하는지, 상대를 어떻게 이해해야 하는지, 어떤 명분을 가지고 대화의 계기를 만들 수 있는지 등을 정리할 수 있다.

4. 갈등 대응 유형

갈등에 대응하는 방식은 사람마다 다르다. 저마다 나름의 문제 대응 및 해결 방식, 그리고 무엇보다 다른 사람들과 구별되는 독특한 성격을 가지고 있기 때문이다. 살아가면서 자연스럽게 형성된 개인의 성격은 갈등이라는 불편하고 불안한 상황에 직면했을 때 가장 잘 드러난다. 성격이 서로 달라서 갈등이 생기고 해결되지 않는 경우도 있다. 물론 비슷한 성격을 가진 사람들 사이에서도 갈등이 생기지만, 성격이 다르면 갈등을 만든 문제와는 별개로 또 다른 문제에 직면할 가능성이 높다. 사람들의 서로 다른 갈등 대응 방식을 몇 가지로 정리한 것이 갈등 대응 유형이다. 유형을 보다 정확히 알기 위해서는 유형 검사가 필요하지만 갈등과 마주했을 때 보이는 태도나 행동을 통해서도 대강의 유형을 짐작할 수 있다.

서로 다른 갈등 대응 방식은 갈등을 악화시키거나 장기화하는 데 영향을 준다. 그렇지만 대응 유형에 대해 서로 이해하면 오히려 갈등을 해결하고 향후 다른 갈등을 예방하는 데 도움이 된다. 또한 불필요한 오해나 과장된 해석을 피할 수 있다. 고맥락 소통 방식이 가지고 있는 문제점을 어느 정도 극복할 수도 있고, 당사자들에게 맞는 소통과 대화 방식도 찾을 수 있다.

경쟁형

한마디로 다른 사람을 이겨야 마음이 편한 성격을 가진 사람들이 보여주는 갈등 대응 방식이다. 경쟁형의 대응 방식을 가진 사람들은 갈등도 승패의 문제로 생각한다. 때문에 대화와 타협, 합의보다는 자신의 정당성을 증명하고 상대를 설득하거나 굴복시킴으로써 갈등을 해결하려고 한다. 상대를 이기기 위해 자신의 논쟁 능력, 사회적 지위, 경제 수준, 정보, 인맥 등을 최대한 이용한다. 경쟁형 대응의 가장 큰 문제는 힘을 통해 갈등을 해결하려 한다는 점이다. 그것이 진정한 갈등의 해결이 아니라 문제의 봉합이나 강제적 종료가 될 수밖에 없다는 것을 모르고서 말이다. 상대적으로 약한 사람이 이런 유형이라면 어떻게든 상대를 이겨 갈등을 해결하려고 할 것이고, 상대적으로 강한 사람이라면 갈등을 강제로 종료시키려 할 수 있다. 이 유형의 사람은 자신에게 이익이 되거나 옳다고 생각하는 것을 고수하기 때문에 주변 사람들과 자주 충돌하기도 한다. 자기주장이 강하고 자신의 방식을 절대적으로 신뢰해서 자기 생각을 확실히 드러내지 않는 사람들을 답답해하거나 무시하기도 한다. 이런 점은 갈등을 일으키는 원인이 되며, 갈등을 악화시키고 해결을 어렵게 만드는 요인도 된다.

경쟁형은 갈등 대응 유형 중 가장 적극적인 유형이라고 할 수 있다. 다른 유형으로서는 상대하기 어렵고 버거운 유형이다. 그런데 경쟁형도 다른 유형을 힘들어하긴 마찬가지다. 특히 문제에 즉각 정면 대응하지 않는 회피형이나 자신의 의견을 밝히지 않고 상대의 말에 대충 따르는 수용형을 상대하기 힘들어한다. 이런 유형과 갈등을 겪으면 경쟁형이 갈등의 전개를 주도할 가능성이 높다. 그렇지만 일방적이기 때문에 진정으로 갈등을 해결하기는 힘들다. 경쟁형과 경쟁형이 만나면 비슷한 유형이기 때문에 말이 잘 통하고 갈등이 잘 해결될 것 같지만 그렇지 않을 가능성이 더 높다. 오히려 단시간에 갈등이 악화되고 팽팽한 충돌과 힘겨루기가 지속될 수 있다. 정말 갈등을 해결하고 싶다면 경쟁형의 사람은 자기주장과 의견을 좀 보류하고 다른 유형을 가진 사람들의 의견과 주장에 귀를 기울일 필요가 있다.

회피형

한국인들에게서 흔하게 찾을 수 있는 유형이 회피형이다. 갈등이 생겼을 때 대응하는 방식을 물으면 많은 사람들이 상대에게 문제를 제기하는 것이 아니라 자신의 내면을 진정시키고 혼자 화를 풀기 위해 노력한다고 말한다. 이런 회피형 대응 방식의 사람들은 갈등에 즉각 반응을 보이지 않고 주변 사람들에게 자신이 겪고 있는 문제를 드러내지도 않는다. 자세히 살펴보면 이 유형은 크게 두 가지로 분류된다. 하나는 상대와 대립하는 것이 두려워 애써 문제가 있음을 부인하거나 알아도 의식적으로 외면하는 회피형이다. 갈등이 자신과 주변에 위협이나 불편한 일이 된다고 생각해 온힘을 다해 피하는 것이다. 다른 하나는 스스로 문제를 진단하고, 해석하며, 대응책을 심사숙고할 시간이 필요해서 우선 피하는 회피형이다. 일시적이고 전략적인 회피인 셈이다. 이런 전략적 회피형 사람들은 적절한 시점까지 대응을 미루지만 그렇다고 끝까지 문제를 회피하는 것은 아니다.

회피형 사람은 언뜻 보면 갈등과 상대가 무서워 피하려는 사람처럼 보인다. 그렇지만 많은 한국인들이 갈등을 회피하려는 이유는 자신의 적극적 대응이 자신과 관계가 있는 사람들에게 부정적 영향을 미치고, 그 결과 자신에게도 힘든 상황이 닥칠 것을 우려하기 때문이다. 혼자 자신을 진정시키고 화를 푸는 것이 최선의 방법이라고 생각하는 것이다. 회피형 사람들은 물불 안 가리고 문제에 즉각 반응하며 자신의 주장을 밀어붙이는 경쟁형을 상대하기 힘들어한다. 특히 경쟁형 사람이 자신보다 나이가 많거나 직위가 높다면 갈등을 피할 수 있는 여지가 줄어들기 때문에 회피형에겐 아주 힘든 상대가 된다. 회피형과 경쟁형 간에 갈등이 만들어지면 의사소통에 어려움을 겪거나 경쟁형에 의해 갈등이 강제로 봉합되거나 종식될 수 있다. 정도 차이가 있겠지만 회피형은 수용형·타협형·협력형 모두를 원만하게 상대할 수 있고, 그중에서도 수용형에 가장 잘 대응할 수 있다. 그렇지만 회피형과 수용형이 만나면 서로 상대의 눈치만 보다 갈등이 장기화할 가능성도 있다.

수용형

자신의 주장을 고집하기보다 다른 사람의 주장을 되도록 수용하려는 유형으로 경쟁형과는 완전히 반대다. 수용형 대응 방식의 사람은 자신의 이익을 추구하기보다 갈등을 원만히 해결하기 위해 상대의 이익을 최대한 수용하려고 한다. 물론 자신이나 가족의 안녕과 미래가 걸린 문제라면 다르겠지만 말이다. 그러나 크게 문제가 되지 않는 부분이라면 상대가 원하는 것을 충족시켜주기 위해 자신의 이익을 희생할 태도를 취한다. 이런 태도 때문에 원하는 것이 없는 것처럼 보이기도 한다. 대화로 문제를 풀 의지가 있고 구체적으로 원하는 것을 말하는 사람과 만나면 수용형의 사람은 빠른 시간 안에 갈등을 해결할 수 있다. 그러나 때로는 이것이 갈등의 해결이 아니라 새로운 갈등의 시작이 될 수도 있다. 자신의 욕구를 모두 억누르고 상대의 것만 전부 수용하면 문제가 해결되지 않고 봉합되기 때문이다. 그 결과 비슷한 문제가 반복적으로 발생하고 빈번하게 갈등을 겪게 될 수 있고, 장기적으로는 상대와의 관계가 악화될 수 있다.

이 유형의 사람은 경쟁형의 사람을 만날 때 더욱더 수용적이 된다. 상대가 워낙 강하고 명확하게 자신의 것을 주장하기 때문에 오히려 수용하기가 쉬워지는 것이다. 그러나 경쟁형은 수용형에게는 최악의 상대다. 그렇잖아도 상대에게 자신을 맞추려는 유형인데 경쟁형이 워낙 강하게 밀어붙이니 자기 이익은 생각하지도 못하고 상대의 요구만 충족시켜줄 수 있다. 때문에 수용형은 경쟁형을 상대할 때 특별히 조심해야 한다.

수용형이 회피형을 만나면 별 진전도 없이 문제를 장기간 끌고 갈 가능성이 크다. 회피형의 사람은 수용형의 사람이 생각과 요구를 말할 때까지 무작정 기다릴 가능성이 크기 때문이다. 수용형은 협력형과 가장 잘 문제를 해결할 수 있다. 협력형은 상대가 어떤 유형이든 최대한 상대의 생각과 요구를 파악한 후 문제를 해결하려 하기 때문이다. 협력형 사람이 배려와 존중을 보일수록 수용형 사람이 자신의 생각과 욕구를 드러낼 가능성도 커진다.

타협형

경쟁형과 수용형의 중간인 타협형은 되도록 자신과 상대가 모두 수용할 수 있는 해결책을 찾으려고 한다. 자신과 상대의 생각과 주장의 차이를 인정하고, 자신의 이익도 객관적으로 보려고 노력하며, 적절한 수준에서 양보할 준비도 돼 있다. 동시에 상대에게도 자신처럼 근본적인 차이를 인정하고 어느 정도 양보할 것을 요구한다. 한마디로 적절한 선에서 조금씩 손해 보는 타협을 통해 갈등을 해결하려고 하는 유형이다. 지극히 합리적인 태도고 장점으로 보이지만 상대에게 자신이 양보하는 것만큼의 양보를 강요하기 때문에 대하는 입장에서는 부담스러울 수도 있다. 현실적으로 불가능하다는 이유로 상대에게 근본원인은 외면하고 표면적인 문제만 다루자고 설득하기도 한다. 때문에 타협형 사람은 문제를 원만하게 비교적 빨리 해결하는 것 같지만 사실은 문제를 덮는 선택을 하기 쉽다. 그러면 갈등이 재발할 가능성이 높다.

타협형은 적절한 수준에서 수용과 포기를 하는 수용형과 가장 잘 문제를 풀 수 있다. 수용형에게는 자신이 양보한 만큼의 양보를 요구하기도 쉽고 상대가 그런 요구를 고마워할 수도 있기 때문이다. 그렇지만 비교적 문제를 깊게 오래 생각하고 치밀한 전략을 고민하는 회피형의 사람을 만나면 어려움을 겪는다. 타협형의 사람에게 가장 힘든 상대는 조금도 양보하기 싫어하는 경쟁형이다. 타협형과 경쟁형이 만나면 '일부 양보'와 '양보 불가능'이 충돌하면서 갈등이 악화될 수 있다. 타협형은 경쟁형에 맞서 자신이 타협할 수 있는 범위를 조정할 수 있지만 그렇다고 상대의 요구를 모두 수용하지는 않는다. 결국 갈등이 장기화될 수 있다.

협력형

갈등에 가장 이상적으로 대응할 수 있는 유형이다. 협력형은 말 그대로 상대방과 적극적으로 협력해서 해결책을 찾으려고 노력하는 유형이다. 자신은 물론 상대의 관심사가 무엇인지 물어 알아내고 창의적인 방법으로 모두가 만족할 수 있는 해결책을 찾으려고 노력한다. 그러나 실제 갈등의 해결 여부는 어느 유형의 사람을 만나느냐에 따라 달라질 수 있다. 모든 유형의 사람들이 협력형을 반기는 것도, 협력형에 잘 대응하는 것도 아니기 때문이다. 특히 상대적으로 힘 있는 사람이 협력형이라면, 자신의 방식을 고집하고 상대가 준비가 되지 않은 상황에서도 협력을 강요하는 일이 생길 수 있다. 다른 유형에 비해서는 나은 편이지만 갈등이 상대와 대화하고 합의를 해야 해결될 수 있다는 점을 생각하면 절대 완벽하다고 할 수 없다.

협력형이 타협형을 만나면 서로의 생각과 요구를 빠르게 정확히 파악할 수 있기 때문에 갈등을 가장 잘 해결할 수 있다. 수용형을 만나면 상황을 주도할 수 있지만 그렇다고 상대를 완전히 무시하지도 않기 때문에 나쁘지 않다. 적극적인 협력형은 수용형이 어떤 생각을 가지고 있고 무엇을 원하는지 열심히 알아내려고 하기 때문에 갈등이 해결되면 관계도 회복될 가능성이 높다. 그렇지만 회피형을 만나면 의외로 갈등의 해결이 쉽지 않을 수 있다. 회피형이 준비가 될 때까지 충분히 기다리지 못할 수 있기 때문이다. 협력형이 갈등을 해결하지 못할 가능성이 가장 높은 경우는 경쟁형을 만날 때이다. 경쟁형이 자기가 원하는 걸 강하게 주장하면 협력형이 진가를 발휘할 여지가 줄어든다. 그러므로 경쟁형의 상대를 만나면 적절한 시점에서 경쟁형의 독주를 저지하고 자신의 생각도 명확하게 밝혀야 협력형의 장점을 살려 갈등을 해결할 수 있다.

대응 유형의 적용

갈등을 겪고 있는 사람들의 갈등 대응 유형을 분석하면 왜 갈등 현안과 상관이 없는 소소한 것들 때문에 충돌이 생기고 결국 갈등이 악화되는지 알 수 있다. 가장 중요한 점은 유형을 알면 해결을 위한 접촉과 대화의 구체적 방법을 모색할 수 있다는 것이다. 특히 자신의 대응 방식을 분석하면 상대와 왜 소통이 잘 안되는지, 어떤 점을 변화시켜야 소통을 개선할 수 있는지 힌트를 얻을 수 있다. 상대와의 대립을 완화하기 위해 본래 자신의 대응 방식보다 조금 더 적극적인 방식을 취하거나 상대의 방식을 조금 더 수용하는 변화를 꾀할 수도 있다. 무엇보다 유익한 점은 상대를 좀 더 이해할 수 있고, 상대에 대한 막연한 두려움을 줄일 수 있으며, 그 결과 갈등에 더 적극적으로 대응할 수 있다는 것이다.

갈등 대응 유형 분석은 개인 갈등뿐만이 아니라 사회 갈등에도 도움이 된다. 사회 갈등이 주로 집단 사이의 갈등이긴 하지만 구체적인 대응 방식을 결정하는 것은 집단을 대표하는 개인이고, 그들의 갈등 대응 유형이 서로 영향을 주고받으면서 갈등이 전개되기 때문이다.

자주 접촉하는 사람들의 갈등 대응 유형을 알면 갈등을 예방할 수 있고 갈등이 생겼을 때 해결에도 도움이 된다. 그러나 어떤 것이든 한계가 있듯이 모든 갈등에 같은 수준으로 유용한 것은 아니다. 개인 갈등에는 활용할 수 있는 여지가 많지만, 사회 갈등의 경우에는 집단을 대표해 나오는 개인들이 서로를 이해하고 대화를 모색하기 위한 시도에 제한적으로 활용될 수밖에 없다. 갈등 대응 유형을 이용해 사회 환경이나 구조의 문제에서 비롯된 사회 갈등을 개인 사이의 문제로 단순화시키는 실수는 저지르지 않아야 한다. 사회 갈등을 분석할 때는 사회의 큰 그림 속에서 갈등과 당사자들의 대응을 분석하고 이해하는 것이 우선이다.

3부

갈등해결로
가는 길

5장

대화와 협상

1. 소통과 갈등

지금까지 얘기한 갈등을 쉽게 설명하자면 관계가 있는 사람들 사이에 특정 문제를 둘러싸고 생기는 대립이라 할 수 있다. 그렇지만 모든 문제가 갈등이 되는 것은 아니다. 똑같은 문제인데 예전에는 갈등이 되지 않았지만 이제는 갈등이 되기도 한다. 예를 들어 송전탑이나 원자력발전소 건설이 예전에는 문제가 되지 않았지만 이제는 아주 첨예한 갈등 현안이 되는 경우가 그렇다. 문제에 대한 사람들의 이해가 높아지고 갈등을 만들 수 있을 정도의 힘이 생겼기 때문이다.

그런데 힘의 관계에 변화가 생겨서가 아니라 소통이 제대로 되지 않아서 갈등이 생기기도 한다. 평소엔 잘 보이지 않지만, 이견이 있는 현안이 생기면 소통의 문제가 적나라하게 드러난다. 이전보다 상호 신뢰가 낮아져 소통의 문제가 나타나기도 한다. 또 힘의 관계에 변화가 생겨 갈등이 생기는 경우에도 소통이 제대로 되지 않으면 갈등이 급속도로 악화되기도 한다. 어쨌든 소통은 갈등의 발생과 전개에서 결정적인 역할을 한다. 해결 과정에서도 마찬가지다. 갈등을 얘기하면서 소통의 문제를 지나칠 수는 없다.

사람들이 자신이 갈등을 만들 수밖에 없는 이유를 다른 사람에게 알릴 때 어떤 과정과 수단을 사용할까? 여러 가지 방법을 동원하지만 가장 일반적인 수단은 역시 언어다. 직접 말을 하는 경우가 많지만 때로 문자를 활용하기도 한다. 그런데 이 선택 또한 따져보면 단순하지 않다. 어떤 때는 직접적이고 노골적인 방식으로 자신의 생각을 강하게 전하기도 하고, 은유적인 표현이나 외교적인 언어를 동원해 감정과 생각을 여과시키는 방식을 쓰기도 한다. 또는 편지나 문자 메시지에만 의존하기도 한다. 또한 사람들은 흔히 언어에 표정과 몸짓 등을 적절히 첨가해 메시지를 전달한다. 때로는 표정과 몸짓이 언어보다 더 효율적으로 자신의 메시지를 전달할 수 있다. 자신의 메시지를 전달하는 이 모든 것을 통틀어 의사소통(communication)이라고 한다. 줄여서 소통이라고도 부른다.

소통의 목적은 서로 생각과 뜻을 잘 전달하고 이해하는 것이다. 소통은 잘 될 수도 잘 되지 않을 수도 있다. A와 B라는 사람이 있다고 하자. A는 B에게 자신이 B를 신뢰하고 있으며 호감을 가지고 있다는 것을 전하려고 한다. A는 B를 만나 말과 제스처로 자신의 생각을 표현한다. B는 자신에게 전달된 메시지를 수용하고 해석을 한다. 여기서 소통이 잘됐는지가 판가름 난다. 소통이 잘됐다면 B는 A가 전달하려고 했던 신뢰와 호감을 모두 이해하고 기분이 좋아질 것이다. 그런데 B가 A의 메시지에서 호감만 전달받고 신뢰는 전달받지 못했다면 소통은 절반 정도만 성공한 것이다. 최악의 경우는 B가 A의 긍정적인 메시지를 전혀 전달받지 못하고 정반대로 자신에게 신뢰도 호감도 없는 것으로 이해하는 경우다. 그렇다면 B는 A에게 좋지 않은 감정을 갖게 될 것이다. 여기서부터 다시 B가 자신이 이해한 바를 A에게 전달하고 A가 그것을 해석하는 새로운 소통 과정이 시작된다. 이 소통의 성공 여부 역시 B가 전하려는 내용을 A가 모두 이해했느냐에 달려 있다. B가 A의 의도를 잘못 해석했더라도 B의 생각과 느낌이 A에게 그대로 전달되고 해석됐다면 적어도 B의 소통은 성공한 것이다. 물론 애초 A의 소통이 실패했으니 전체적으로는 실패한 소통으로 볼 수 있고, 그것이 앞으로 두 사람의 관계에서 문제를 만들수 있다.

사람들은 매일 소통을 한다. 그만큼 너무나 흔한 일이기 때문에 자신의 소통 과정을 분석하거나 재해석해보는 사람은 거의 없다. 그렇지만 자신이 갈등과 마주해 있거나 다른 사람의 갈등에 관계돼 있다면 자신이나 갈등 당사자들의 소통 방식을 상세히 살피고 과연 효율적인 의사소통을 하고 있는지 분석해보는 것이 좋다. 무엇이 효율적 소통을 방해하고 있는지도 찾아봐야 한다.

그렇다면 어떻게 해야 메시지를 제대로 전달하고 잘 소통할 수 있을까? 몇 가지를 염두에 두어야 한다. 첫째로 메시지를 전달하려고 할 때는 자신이 아니라 상대에 초점을 맞춰야 한다는 점이다. 그러기 위해서는 먼저 메시지를 전달받을 사람을 이해해야 한다. 그 사람이 어떤 생각과 경험을 가지고 있는지, 어떤 눈으로 세상을 보는지, 자신을 어떻게 생각하는지 등을 알아야 한다. 자신과 상대와의 관계와 신뢰 수준도 고려해야 한다. 상대를 이해하면 그 사람이 가장 잘 받아들이고 이해할 수 있는 내용의 메시지를 결정할 수 있고 그 결과 성공적으로 소통할 가능성이 높아진다.

둘째는 공동의 영역에서 표출될 적절한 소통 방식을 선택해야 한다는 것이다. 말과 몸이 소통의 기본적인 수단이 되기 때문에 한계가 있을 수밖에 없지만 그것을 여러 가지 방식으로 이용할 수 있다. 가벼운 잡담, 조금 무거운 충고, 목적을 가진 비판, 노골적인 압박, 또는 마음을 연 대화 등 소통 방식은 무궁무진하다. 여기에는 자연스럽게 적절한 몸짓과 얼굴 표정이 가미된다. 소통의 목적, 메시지를 전달받는 사람과의 관계, 메시지를 해석한 뒤 돌아올 반응 등을 고려해 방식을 결정한다. 공동의 영역에서 표출되는 것이 곧 상대에게 전달되는 메시지가 되기 때문에 이 부분이 바로 소통의 핵심이다.

셋째는 소통의 성공 여부는 공동의 책임이라는 것이다. 소통은 메시지의 전달과 그에 대한 해석으로 이루어지는 공동의 과정이다. 성공과 실패에 대한 책임도 메시지를 전달하는 사람과 전달받는 사람이 공동으로 져야 한다. '말이 안 통한다'든지 '말을 못 알아 듣는다'는 말은 메시지를 전달받는 사람에게 소통 실패의 책임을 지우고 있다. 소통에서는 원칙적으로 그런 일이 일어날 수 없다. 소통을 하려면 기본적으로 상대가 어떻게 해석할지를 고려해 메시지를 만들고 전달해야 한다. 상대가 메시지를 제대로 알아듣지 못했다면 전달한 사람이 상대를 고려하지 않고 자기에게만 초점을 맞췄기 때문일 수도 있다. 그것은 소통이 아니라 일방적 의사 표현에 가깝다. 물론 아무리 상대를 고려해 메시지를 만들고 전달 방식을 선택했어도 상대가 어떤 의도가 있어 고의로 다르게 해석할 수 있다. 또는 단순히 서로 관계가 깊지 못하고 충분히 신뢰가 없어 정확히 메시지를 해석하지 못할 수도 있다. 어쨌든 핵심은 소통의 성공과 실패에 대한 책임은 한쪽에만 물을 수 없다는 것이다.

다른 요인이 소통의 성공과 실패에 영향을 미칠 수도 있다. 예를 들어 문화가 다른 사람들 사이의 소통은 그렇지 않은 경우보다 실패할 확률이 크다. 한국문화를 모르는 미국인이 한국 친구 집을 방문했다고 하자. 그 미국인이 좀 더 먹으라는 친구 엄마의 권유를 무시하고 배부르다면서 냉정하게 숟가락을 내려놓으면 친구 엄마는 그것을 자기가 맘에 들지 않거나 음식이 입에 맞지 않는다는 메시지로 해석할 수 있다. 다른 한편 미국인은 친구 엄마의 계속되는 권유를 강요와 자기 말에 대한 무시로 이해할 수 있다.

한국인들의 고맥락 소통 방식도 소통의 실패에 영향을 줄 수 있다. 메시지를 전달하는 쪽은 솔직하게 자신의 생각을 얘기했는데 전달받는 쪽에서는 표현된 메시지 뒤에 숨겨진 의도가 있을 것이라고 해석할 수 있다. 문화적 영향 외에도 삶의 경험, 당면한 상황, 관계와 신뢰의 수준 등도 의사소통의 성공과 실패에 적지 않은 영향을 미친다.

소통의 문제는 가장 일반적인 갈등의 원인으로 지목되곤 한다. 소통이 잘 안 되면 갈등이 생기는 것이 사실이다. 하지만 반대로 갈등이 생겨 소통이 안 되는 경우도 많다. 두 사람이 싸운다고 무조건 소통이 실패했기 때문이라고 얘기할 수는 없다. 소통을 갈등의 원인으로 쉽사리 지목해서는 안 되는 또 다른 이유는 자칫하면 갈등의 근본원인을 간과할 수 있기 때문이다. 갈등을 소통 기술이 부족한 문제적 인간들이 만드는 일로 단순하게 취급하는 실수를 저지를 수 있다는 얘기다. 예를 들어 동호회에서 임원과 일반회원 사이에 갈등이 생긴 경우 표면적으로는 둘 사이의 원만하지 못한 관계와 소통이 보일 것이다. 그러나 문제를 파고 들어가면 임원들의 투명하지 않은 재정 운영과 회원들과 상의하지 않는 일방적 결정 방식이라는 근본원인을 찾을 수도 있다. 이때 두 사람의 갈등은 잘못된 소통이 아니라 동호회의 부실한 구조에서 비롯된 것으로 봐야 한다.

그럼에도 갈등을 얘기할 때 소통의 문제를 꼭 지적하는 이유는 소통이 그만큼 갈등과 밀접한 관계가 있기 때문이다. 소통의 부족으로 갈등이 생기거나 악화될 수 있고, 반대로 충분한 소통을 통해 갈등을 완화시키거나 해결할 수도 있다. 소통은 갈등의 원인이 되기도 하고 갈등을 해결하는 열쇠가 되기도 한다.

사람들은 '소통이 부족하다'거나 '소통이 잘 되지 않는다'는 말을 자주 한다. 이런 말에는 소통의 부족과 미숙함 때문에 문제가 생길 것에 대한 우려가 담겨 있다. 그렇지만 사람들은 소통의 범위를 아주 좁게 설정한다. 그리고 꼭 소통해야 하는 사람과는 소통을 시도조차 하지 않고 이미 소통이 원활해서 문제가 없는 사람과의 소통에만 관심을 둔다. 정작 소통이 필요할 때 소통하지 않는 실수도 저지른다. 소통의 필요성은 문제가 있거나 문제가 생길 수 있는 관계에서 더 크다. 소통을 하지 않고 문제를 방치하면 결국 갈등이 생긴다.

소통이 갈등에 관련되는 경우는 두 가지다. 하나는 다른 이유보다 소통이 되지 않아 작은 일에도 서로 부딪히고 대립하는 일이 반복되다 결국 갈등이 생기는 직접적인 경우다. 부부, 동료, 친구, 동업자 등 다양한 관계에서 흔히 생기는 일이다. 물론 소통이 유일한 원인은 아닐 것이다. 그럼에도 자신의 생각을 밖으로 표출하는 과정에서 생긴 소통의 문제가 흔히 갈등을 만들곤 한다.

한편 문제가 생겨서 적극적이고 체계적인 소통이 필요한데 그러지 못해 결국 대립과 갈등 악화에 간접적으로 관련되는 경우도 있다. 문제가 생긴 상황에 적극적으로 대응하지 않고 책임을 회피하거나 자신을 방어하는 데만 주력하면 소통이 잘 이루어지지 않는다. 또 문제를 지적하는 사람과 소통을 시도하는 것이 아니라 오히려 소통을 피하면 그렇게 된다. 이성적으로 판단하면 문제가 생겼으니 이전보다 소통을 더 활발히 하거나 새롭게 소통하는 게 당연한데 감정 때문에 그렇게 대응하지 않는다. 이런 소통 회피는 문제를 제기한 사람을 화나게 만들고 그로 인해 갈등이 악화된다.

직접적이든 간접적이든 소통은 갈등에 중대한 영향을 미친다. 따라서 갈등을 이해하기 위해서라도 당사자들 사이 소통의 역사와 절차를 세밀하게 살펴봐야 한다. 어느 시점에서 어떤 이유로 소통에 문제가 생겼는지, 또는 소통이 중단됐는지를 분석해야 한다.

갈등을 완화시키기 위해서는 활발한 소통이 필요하지만 갈등이 본격화되고 대립이 치열해지는 상황에서는 보통 소통이 단절된다. 이런 상황에서 소통의 복원은 갈등의 해결만큼 어려우며, 당사자들은 거의 불가능한 일로 생각하기도 한다. 그럼에도 소통은 갈등을 해결하는 열쇠가 되기에 최우선적으로 복원해야 한다. 특별히 두 가지 이유에서 그렇다.

하나는 소통이 복원되면 대립이 완화될 수 있다는 점이다. 일단 소통이 시작되면 당사자들 사이의 상호 비난과 충돌이 일시적으로나마 중단된다. 소통이 대립을 약화시키는 명분으로 작용하는 것이다. 다른 한편 소통을 하면서 상대를 비난하는 것은 체면이 상하는 일이기도 하다. 결국 소통을 핑계로, 또는 소통을 재개하기로 약속했기 때문에 잠시나마 대립을 멈출 수 있다.

다른 하나는 당사자들만이 갈등을 해결할 수 있기 때문이다. 아무리 둘 사이에 상호 적개심이 크고 비난이 난무해도 결국 그들이 합의를 해야 갈등이 해결된다. 때로 변호사나 중재자 등 제3자가 대리해 갈등을 해결하는 경우도 있지만, 이 경우에도 간접적으로나마 당사자들 사이에 소통이 이뤄져야 한다. 그렇지 않고 제3자가 일방적으로 결정을 내리면 머지않아 갈등이 재발될 가능성이 높다. 사실 당사자들도 소통을 통해 갈등을 해결해야 한다고 판단은 한다. 그러나 이성적 판단보다 적개심과 격한 감정을 앞세우고 원하는 것을 모두 얻기 위해 '아직은 때가 아니'라는 핑계를 대며 계속 소통을 미룬다. 그런데 냉정하게 판단하면 갈등이 위기에 직면하고 상호 비난과 충돌이 절정에 달했을 때야말로 소통을 복원해야 하고, 복원할 수 있는 절호의 기회다. 갈등이 막다른 골목에 다다르고 그에 따라 위기의식이 높아지는 상황이기 때문이다. 증오와 대립이 극에 달했을 때 부부가 마주 앉기로 결정하고, 갈등이 위기에 도달했을 때 공공기관과 시민이 대화에 나서며, 사상자가 증가해 국제사회의 비난이 높아졌을 때 종전 회담이 열리는 것은 이런 이유에서다.

소통은 사회 갈등에서도 중요한 역할을 한다. 집단 사이의 갈등이든, 또는 공공기관과 시민 사이의 갈등이든 사회 갈등은 대부분 구조적 문제에서 비롯된다. 지역사회의 저항이 예상되는데도 일방적으로 결정하고 공표하는 공공정책과 공공사업의 절차, 이윤을 위해 소비자와 노동자의 이익을 희생시키는 기업의 구조, 반대 견해를 가진 집단이나 단체를 공격하고 퇴출시키려는 이익집단의 행동 등이 바로 구조적 문제들이다. 그런데 이렇게 갈등의 원인이 구조나 조직 문화일 때도 갈등을 악화시키고 위기로 치닫게 만드는 것은 소통의 부재나 부족인 경우가 많다. 특히 상대적으로 힘이 약한 당사자는 대화나 협상을 원하지만 상대적으로 힘이 있는 당사자가 모든 종류의 소통을 거부하는 경우가 비일비재하다. 힘을 이용해 문제를 무마하거나 봉합하는 것이 소통하는 것보다 덜 복잡하고 신속하다고 생각하기 때문이다. 그렇지만 힘을 이용한 방식은 보통 역효과를 낸다. 힘이 없는 쪽이 할 수 있는 유일한 방법은 힘 있는 상대가 대화에 응할 때까지 계속 목소리를 높이는 것이다. 그 결과 집회·시위·점거농성 등이 일어난다. 결국 소통을 외면하거나 소극적인 태도로 소통에 임하는 것이 갈등을 축소시키는 것이 아니라 오히려 확대하고 악화시킨다. 힘의 차이가 큰 경우에도 소통이 중요하고, 소통이 없이 갈등은 해결되지 않는다.

2. 대화와 논쟁

대화는 소통의 방식 중 하나로 갈등을 해결할 때 반드시 필요하다.

협상을 하는 사람들은 때로 비난·협박·거래 등의 방식을 대화와 함께 쓰기도 하지만 사실 그런 것은 갈등해결과 관계 회복에 도움이 되지 않는다. 그런데 대화는 가장 자연스러우면서도 가장 어려운 일이다. 사람들은 아무런 의도가 없을 때는 곧잘 대화를 하지만 정말 대화가 필요할 때는 잘 하지 못한다. 아리송한 얘기 같지만 대부분의 사람들은 이런 경험을 가지고 있다.

사람들은 매일 주변 사람들과 대화를 한다. 일상적인 대화를 통해 가족이나 친구의 생각을 이해하고 의견 차이를 좁히기도 하고 발생한 문제를 해결하기도 한다. 이런 대화는 대개 예상치 못한 시점에 자연스럽게 시작되고 알게 모르게 끝난다. 그런데 정작 해결하기 힘든 문제나 갈등에 직면한 경우에는 대화가 필요하다고 생각하면서도 대부분 대화를 기피한다. 대화가 정말 갈등해결에 도움이 될지 회의하기도 한다. 그래서 정말 대화가 필요한 상황인데도 대화가 잘 되지 않는다.

대화가 필요해 1

세 명의 친구가 오랜만에 만났다. 우선 같이 저녁을 먹기로 했다. 그런데 각자 원하는 메뉴가 달랐다. 이 문제를 해결하기 위해 셋은 길을 걸으면서 '대화'를 했다. 각자 자연스럽게 왜 오늘따라 그 음식이 먹고 싶은지를 얘기했다. 자연스럽게 자신의 주장을 펴기도 하고, 다른 사람의 얘기를 들은 후 어떤 부분에 대해서는 동의를 표시하기도 했다. 결국 셋은 모두의 욕구를 충족시킬 수 있는 뷔페식당에 가기로 했다. 조금 가격은 비싸지만 오랜만에 다양한 음식을 맘껏 먹고 스트레스도 해소해보기로 결정했다. 자연스럽게 모두의 욕구는 충족됐다.

대화가 필요해 2

한 식당의 매출이 급감했다. 두 명의 동업자가 운영하는 이 식당은 아직 대출금도 갚지 못한 상태다. 그런데 지난 몇 달간 손님이 조금씩 줄더니 최근 몇 주 동안에는 단골손님의 얼굴도 거의 볼 수 없는 상황이 됐다. 두 명의 동업자는 각각 다른 분석을 내놓았다. 한 명은 관광업 침체로 30% 정도를 차지하던 외국 관광객이 줄었기 때문이라고 했다. 다른 한 명은 몇 달 전 주방장이 바뀐 뒤로 음식 맛이 들쭉날쭉한 것이 원인이라고 했다. 그 주방장은 다른 동업자가 데려온 사람이다. 두 가지 의견을 둘러싸고 식당 직원들의 의견도 갈렸다. 급기야 알게 모르게 두 명의 동업자를 중심으로 편이 형성됐고 식당의 분위기는 냉랭해졌다. 함께 모여 앉아 문제를 분석하고 해결책을 찾는 '대화'가 필요하지만 누구도 나서지 않고 있다. '대화'를 어디서 어떻게 시작해야 할지, 언제 할 수 있을지 아무도 모른다.

두 가지 사례 모두 대화가 필요한 상황이다. 그런데 첫번째 사례는 대화가 성공한 경우고 두번째 사례는 대화가 필요하지만 시작조차 하지 못한 경우다. 첫번째 사례는 너무 평범하고 일상적이라서 '대화'라 하기에도 민망한 수준이라고 생각할지 모르겠다. 그러나 분명 대화다. 그것도 아주 중요하고 적절한 대화다. 세 사람은 대화를 통해 문제를 해결했다. 그런 일상적 대화를 통해 사람들은 대화를 연습하며, 익숙해지면 어려운 문제에서도 대화를 활용할 수 있다. 두번째 사례는 개인의 일이 아니라 식당이라는 업무 공간에서 문제를 해결하기 위해 대화가 필요한 상황이다. 그렇지만 대화는 없다. 대화가 없이 식당은 문제를 해결할 수 있을까? 그럴 수 없다. 운이 좋아서 다시 손님이 늘거나 주방장의 솜씨가 좋아질 수는 있을 것이다. 그러나 그 것은 운일 뿐 근본적인 해결이 되지 않는다. 전체 직원들이, 또는 적 어도 두 동업자가 대화를 통해 식당의 상황을 분석하고 대응책을 고 민해야 문제가 해결될 수 있다.

많은 사람들이 한국인들은 대화를 하지 못한다고 말한다. 어릴 때 부터 자연스럽게 대화하는 법을 배우지 못했기에 정말 필요한 상 황에서도 어떻게 대화를 해야 하는지 모른다는 것이다. 이 말은 반 은 맞고 반은 틀렸다. 반은 틀린 이유는 첫번째 사례에서 보는 것처 럼 우리가 '대화'라고 인식하지 못할 뿐 수시로 대화하며 살기 때문이 다. 누가 가르쳐주지도 않았고 수업을 통해 배우지도 않았지만 누구 나 대화의 경험을 가지고 있다. 나름대로의 대화법도 알고 있다. 다 만 그 경험을 체계화하지 못했을 뿐이다. 어쨌든 소소한 일상의 문제 에 직면했을 때 몸에 밴 방법으로 대화를 하는 데는 별 문제가 없다.

반은 맞는 이유는 정작 필요할 때는 대화를 못하기 때문이다. 시간 을 약속하고 마주 앉아 서로의 얘기를 듣고 문제점을 같이 분석하고 해결책을 찾아야 할 때 '대화 좀 하자'고 얘기하지 못한다. 경험이 없 는 것도 아닌데 어떻게 대화를 시작하고 끝내야 할지 모른다고 생각 한다. 보다 근본적으로는 직면한 문제의 해결을 위해 대화가 필요하 다는 생각 자체를 하지 못한다. 심각한 문제를 대화로 해결해본 경험 이 없고 그것이 가능하다고 배우지도 않았기 때문이다.

한국인들이 대화를 하지 못하는 또 다른 이유는 대화를 '말이 통하는' 사람하고만 하는 것으로 오해하기 때문이다. 친밀한 사람, 친해지고 싶은 사람, 비슷한 생각을 가지고 있는 사람과만 대화할 수 있다고 생각한다. 그래서 심각한 문제가 생기고 누군가와 서먹한 관계일 때는 대화를 할 수 없다고 생각한다. 상대가 대화를 청해도 '싸우는 중인데 무슨 대화?'라는 생각으로 응하지 않는다.

그렇다면 대화는 무엇일까? 대화는 사람들 사이의 소통과 관계에 긍정적인 작용을 한다. 친밀한 관계에서의 소통을 더 원활하게 하고 신뢰를 높이는 데 도움을 준다. 그런데 '대화(dialogue)'라는 말에는 본래 문제를 해결하기 위해 의견을 교환하고 토론한다는 의미가 포함돼 있다. 이것은 사람들이 흔히 이해하고 있는 대화와는 조금 다르다. 물론 앞의 첫번째 사례에서처럼 메뉴를 정하기 위해 의견을 교환하고 짧은 토론을 하는 것도 대화다. 그러나 대화가 그 의미에 걸맞게 진가를 발휘하는 때는 대립된 의견을 가진 사람들 사이에 문제가 생겼을 때다. 이견을 좁히고 공동의 합의를 만들기 위해 다른 생각을 가진 사람들이 마주 앉아 진지하게 얘기하고 해결책을 모색할 때다. 대화에 대한 다음 설명을 살펴보면 대화의 기능을 더 잘 이해할 수 있다.

대화는 충분히 깊게 서로에 대해 듣고 진정한 상호작용을 함으로써 서로 배우고 변화를 이루는 과정이다. 이견이 계속되고 있을 때에도 자신의 상황과 함께 다른 사람의 관심과 우려도 고려하려고 노력한다. 대화를 할 때는 누구도 자신의 정체성을 포기하지 않지만 누구든 상대가 다를 수 있다는 것을 충분히 인정한다.*

위의 설명은 대화의 목적을 세 가지로 정리하고 있다. 서로 듣고, 배우고, 변화하는 것이다. 다른 사람의 얘기를 듣고, 알지 못했던 다른 사람의 주장·해석·관심·배경 등을 알게 되고, 그 결과 자신의 생각과 행동을 변화시키는 계기를 찾는 것이 바로 대화를 하는 목적이라는 것이다. 이는 대화가 흔히 생각하는 것처럼 각자 자기 얘기를 하는 것이 아님을 말해준다. 위의 설명은 대화의 특징도 얘기하고 있다. 바로 상호 인정과 수용이다. 대화의 상대가 자기와는 다른 생각·주장·배경·이해관계·입장 등을 가지고 있음을 인정해야만 대화가 문제를 해결하는 수단이 될 수 있다. 그렇지 않으면 문제를 해결할 수 없을 뿐만 아니라 대화 자체가 이뤄지지 않는다.

대화는 사람들이 흔히 문제를 해결하는 소통의 수단이자 절차로 생각하는 논쟁(debate)과는 완전히 다른 것이다. 사람들이 문제를 해결할 때 가장 흔하게 시도하는 것이 '토론'인데 이것도 사실은 논쟁인 경우가 많다. 어쨌거나 논쟁이나 논쟁 비슷한 것이 문제 해결 방법으로 여겨지는 이유는 사람들이 자신의 생각과 해결책을 선명하게 주장하는 것을 곧 해법이라고 생각하기 때문이다. 아예 틀린 말은 아니다. 그렇지만 그럴 경우 각자의 생각과 서로의 차이만 부각되고 거기서 헤어나오지 못한다는 문제가 있다. 그러면 문제가 해결되는 게 아니라 악화될 공산이 크다. 더 큰 문제는 그렇게 논쟁하는 사람들 대

• CIDA, IDEA, OAS and UNDP (2007) *Democratic Dialogue: a Handbook for Practitioners*, Trydells Tryckeri AB, pp. 20~21.

부분이 자신의 논리와 정당성으로 다른 사람을 이길 수 있다고 생각한다는 것이다. 그래서 논쟁 또는 토론의 장은 흔히 싸움터가 되곤한다.

논쟁은 자신의 옳음을 주장하고, 상대를 설득하거나 굴복시키려는 의도를 가진 사람들이 하는 소통 방식이다. 시사토론 프로그램에서 흔히 볼 수 있는 것이 바로 이런 논쟁이다. 토론 프로그램에 나오는 사람들의 목적은 자기주장의 논리성·합리성·정당성을 얘기하고다른 편 주장의 비논리성·비합리성·부당성을 드러내는 것이다. 그런 배타적이고 공격적인 방식을 통해 시청자들을 자기편으로 만드는것이 목표다. 그들이 원하는 것은 문제의 해결이 아니다. 그냥 자기생각이 옳음을 입증하는 것이다. 이런 논쟁은 대화와는 전혀 다르다. 무엇보다도 대화가 상대에게 집중한다면 논쟁은 자기 자신에게 집중한다는 점이다. 논쟁에서 상대의 얘기를 듣는 이유는 상대를 이해하기 위해서가 아니라 상대 주장의 허점을 찾아 비난하기 위해서다.

물론 논쟁이 절대적으로 나쁜 것은 아니다. 논쟁이 필요할 때도 있다. 중대한 사회문제에 대해 상반된 의견이 있는 경우엔 각 주장의논리성과 정당성을 다수의 사람들과 공유하기 위해 시사토론 프로그램에서와 같은 논쟁이 필요하다. 학문적 발전을 위해서, 논란이 되는 정치·사회 문제를 비판적으로 분석하기 위해서, 그리고 사회의의견을 수렴하기 위해서 논쟁이 필요할 때도 있다. 그런 논쟁은 비록상대 주장의 허점을 부각시키는 데 초점을 맞추고 배타적으로 자기것에만 집중하더라도 사람 자체를 비난하는 것이 목적이 아니기 때문에 긍정적인 결과를 낸다. 그렇지만 자기 입장만을 주장하고 그를 통해 세력을 키우기 위한 논쟁이라면 부정적 결과를 낳을 수도 있다. 문제를 해결하기 위해 얘기를 해야 한다면 논쟁이 아니라 대화를 해야 한다. 대화와 논쟁은 목적과 특징 자체가 다르다.

사람들이 흔히 저지르는 실수는 대화를 해야 할 때 논쟁을 하는 것이다. 이유는 크게 두 가지다. 하나는 상대를 완전히 패배시켜야 문제가 해결된다고 생각하기 때문이다. 이런 생각은 자신이 절대적으로 옳으며 논쟁에서 이길 수 있다는 자신감에서 비롯된다. 이기는 것은 문제의 해결이 아니라 중단일 뿐인데도 자기 입장에서만 생각하는 것이다. 재미있게도 상대편도 똑같이 생각하고 있다. 상대도 자기주장에 대한 확신과 이길 수 있다는 자신감을 가지고 있다. 그러니 논쟁을 하면 당연히 불꽃이 튀고 문제는 악화만 된다. 그런데도 사람들은 반복해서 대화가 아니라 논쟁을 택하는 실수를 저지른다.

다른 하나는 논쟁을 대화로 착각한다는 것이다. 다른 사람의 얘기를 듣고, 그 사람의 경험과 견해를 이해하고, 자신의 생각을 수정하는 진지한 대화를 해본 경험을 가진 사람은 많지 않다. 그래서 대화를 그저 마주 앉아 얘기하는 것으로 오해하는 경우가 많다. 서로 비난하고 약점을 잡아 물고 늘어지는 경우라도 그것을 마주 앉았다면 '대화의 자리'로 생각하는 것이다. 상처를 주고받은 후 서로 다시 만나기를 거부하면 대화가 결렬됐다고 말한다. 그러나 앞서 정리한 대화의 특징에 비춰 판단하면 그것은 대화가 아니라 험한 논쟁일 뿐이다. 대화인지 아닌지는 형식이 아니라 내용에 따라 달라진다.

어쨌든 답은 대화다. 비난의 말이 난무하고 불신으로 꽉 찬 논쟁과 비교하면 대화를 싫다할 사람은 없을 것 같다. 하지만 사람들은

<표> 논쟁과 대화의 비교*

논쟁	대화
자기주장이 옳다는 것을 밝히고 다른 주장이 틀렸다는 것을 증명해 이기는 것이 목적이다.	다른 견해들을 이해하고 배움으로써 자기주장을 성찰하는 것이 목적이다.
다른 사람의 허점을 찾아내고 비난하기 위해 듣는다.	다른 사람의 견해에서 공통점을 발견하고 상호 이해의 토대를 만들기 위해 듣는다.
다른 사람의 경험이 왜곡되고 문제와 상관없는 것이라고 비난한다.	다른 사람의 경험을 인정하고 문제와 관련된 것으로 인정한다.
현안에 관련된 자신의 생각을 절대 바꾸지 않겠다는 다짐을 가지고 얘기한다.	현안에 대한 이해를 넓히고 생각을 수정할 가능성을 염두에 두고 얘기한다.
다른 사람을 과소평가하고 비난함으로써 자신의 옳음을 증명하려고 한다.	다른 사람의 견해를 있는 그대로 인정하고 자신의 견해도 가감 없이 피력한다.
상대를 위협하기 위해 분노와 같은 강한 감정을 자주 이용한다.	분노와 슬픔 같은 강한 감정은 경험과 신념을 전달할 때 적절히 이용한다.
문제 해결의 가능성을 믿지 않으며 자신이 옳음과 다른 사람이 틀림을 증명하는 데 만족한다.	문제 해결의 가능성을 믿으며 대화의 가능성을 항상 열어둔다.

쉽사리 대화를 받아들이지 않는다. 자신과 생각이 다르며 자신을 비난하는 사람과 마주 앉아 서로를 존중하는 척 얘기할 이유가 없다고 생각한다. 나아가 자신의 주장이 옳은데 상대의 틀린 말을 들어줄 이유가 없다고 생각한다. 이렇게 이런저런 이유를 내세워 대화를 거부한다면 문제 해결 의지가 없고 이기는 것에만 관심이 있다고 봐야 한다. 그러나 직면한 문제를, 나아가 복잡한 갈등을 해결하고 싶다면 논쟁은 전혀 도움이 되지 않으며 대화를 해야만 한다.

• L. Schirch & D. Campt(2007), *The Little Book of Dialogue for Difficult Subjects*, Good

3. 협상의 활용: 분배적 협상과 이익기반 협상

협상은 영어 그대로 네고시에이션(negotiation)이라고도 부른다. 많은 사람들이 협상을 비즈니스 용어로 알고 있지만 사실은 분야를 가리지 않고 일반적으로 사용되는 말이다. 협상은 모두에게 이익이 되는 결과를 얻어내기 위한 논의 절차를 말한다. 의견과 입장의 차이를 극복하고 합의를 이루는 것이 협상의 목표다.

전문 분야에서 일하는 사람들만 협상을 하는 것은 아니다. 대부분의 사람들이 매일 자신과 다른 입장과 생각을 가진 사람들과 크고 작은 협상을 한다. 더 많은 용돈을 받으려는 아이와 안 올려주려는 부모, 산으로 휴가를 가자는 친구와 바다로 가자는 친구, 집에서 시아버지 생일상을 차려 잔치를 하자는 시어머니와 식당에서 가족들과 간소하게 먹자는 며느리, 회식 때 양식을 먹자는 부하 직원과 한식을 고집하는 상사 등 많은 이들이 매일 자신의 주장을 관철시키기 위해, 그리고 결국 모두가 받아들일 수 있는 합의를 도출하기 위해 협상을 한다.

협상은 크게 두 가지로 나눌 수 있다. 하나는 분배적(distributive) 협상이고 다른 하나는 이익기반(interest-based) 협상이다.

분배적 협상은 협상에 임하는 사람들 전체가 주어진 것을 나눠 가지기 위해 하는 협상을 말한다. 이것은 입장에 기반한 협상(positional negotiation)이라 불리기도 한다. 이런 협상에서는 협상에 임하는 사람들이 스스로도 가능하지 않다고 생각하는 높은 기준을 정해놓고 그

Books, p. 9를 참고하고 내용을 수정한 것임.

입장을 내세운 협상을 한다. 이 기준은 향후 점차 낮춰질 것을 고려해 높게 설정된 것이다. 협상이 진행되면 조금씩 양보해야 하기 때문이다. 어떤 협상에서든 사람들은 각자 모든 협상 기술과 수단을 동원해 최소한의 양보만 하고 최대한을 얻으려고 한다.

분배적 협상의 전제는 나눠 가질 수 있는 것이 한정돼 있다는 것이다. 흔히 이것을 '파이의 크기가 정해져 있다'고 말한다. 이런 상황에서 협상은 어쨌든 상대보다 많이 갖는 것에 초점이 맞춰진다. 한쪽이 가져가는 것만큼 다른 쪽은 잃게 되기 때문에 승패(win-lose)의 결과가 생긴다. 자신이 모든 것을 가질 수 있다면 최고의 협상이 되겠지만 상대도 최선을 다할 것이기 때문에 자기가 원하는 결과를 얻는다는 보장은 없다. 때문에 분배적 협상이라 할지라도 사람들은 자신이 생각했던 것에 조금 못 미치는 선에서 만족하는 선택을 한다. 또는 한 가지를 양보하고 다른 한 가지를 얻는 방식으로 거래를 하기도 한다. 누구도 일방적으로 손해를 보려고 하지 않기 때문에 협상이 결국 수단 방법을 가리지 않는 진흙탕 싸움이 될 수도 있다.

분배적 협상은 주변에서 흔히 찾아볼 수 있는 협상이지만 갈등에 적용하기에는 부적절하고 때로 위험하기도 한 방식이다. 첫번째 문제는 분배할 수 있는 것만을 둘러싸고 생기는 갈등이 아주 드물다는 것이다. 극소수를 제외하고 대부분의 갈등은 분배할 수 없는 신뢰·관계·태도·배려 등을 둘러싸고 생긴다. 애초 돈이나 땅 등을 둘러싸고 문제가 생겼더라도 시간이 흐르면서 사람들의 태도와 상호 신뢰 등 다른 문제가 추가되고 갈등이 악화된다. 그렇게 되면 돈이나 땅을 나눠 가져도 갈등은 해결되지 않는다.

두번째 문제는 분배적 협상이 승패를 가르기 때문에 갈등을 해결하기보다 오히려 악화시킬 수 있다는 것이다. 분배적 협상을 하면 최소한 상대보다 더 많은 것을 가지기 위해 싸워야 한다. 때문에 사람들은 승자와 패자를 가르는 경기에서처럼 경쟁하고 때로는 상대를 기만하고 부당하게 공격하는 방법도 동원한다. 이렇게 협상이 과열되면 서로를 대하는 태도와 행동으로 인해 갈등이 생기고 분배를 결정짓고 협상이 끝나더라도 갈등은 그대로 남는다. 아마 속으로 다시는 상대의 얼굴을 보지 않겠다고 다짐하며 돌아설지 모른다.

세번째 문제는 분배적 협상에서는 효율적 수단으로 이용되는 힘이 갈등을 해결하는 데는 절대 도움이 되지 않는다는 것이다. 힘을 이용하는 이유는 상대를 패배시키기 위해서다. 사실 그들은 원만한 수준에서의 타협을 가능하게 만드는 균형 잡힌 힘의 관계가 아니라 자신에게 유리한 불균형한 힘의 관계를 원한다. 그래서 때로는 주변의 힘까지 동원한다. 그런 힘은 부당한 압력과 영향력을 행사하고 불공정한 절차를 만드는 데 이용된다. 이렇게 무분별하게 힘을 사용하는 것은 갈등을 해결하는 데는 아무 도움이 안 된다. 갈등의 해결은 승자와 패자를 가르는 것이 아니라 상호 이익을 충족시키는 합의를 만들어내는 것을 의미하기 때문이다.

어떻게든 문제만 풀면 된다는 생각으로 분배적 협상 방식에 매달린다면 갈등해결은 포기했다고 봐야 한다. 물론 문제는 일단락되겠지만 그것이 목적이라면 법정에서 다투는 것이 더 낫다. 분배적 협상은 갈등을 해결하는 방식이 아니다. 분배적 협상을 하면 최선의 결과는 갈등의 지속이고 최악의 결과는 새로운 갈등의 발생이다.

갈등을 해결하는 데 도움이 되는 협상은 이익기반 협상이다. 이 책에서 주로 다루려는 것도 이 협상이다. 이익기반 협상은 말 그대로 이익에 초점을 맞추는 협상으로 네 가지 원칙에 맞춘 협상이라 해서 원칙적 협상(principled negotiation)이라 부르기도 한다. 이에 대해서는 조금 뒤에서 설명할 것이다.

이익기반 협상은 자신의 이익을 위해 협상한다는 점에서는 분배적 협상과 비슷하다. 그러나 근본적으로 이익을 보는 시각이 다르다. 분배적 협상은 이익을 이미 크기가 정해진 파이로 본다. 그러나 이익기반 협상은 파이의 크기가 정해져 있지 않으며 협상을 하면 '파이의 크기를 키울 수 있다'고 본다. 사람들이 머리를 맞대고 서로의 생각을 공유하고 여러 가지 대안을 만들면 처음 생각했던 것과는 다른 해결책을 찾아낼 수 있다는 것이다. 어떤 경우에는 처음과는 완전히 다른 종류의 파이가 만들어질 수도 있다. 물론 모두가 그 새로운 파이를 좋아해야 한다. 그래서 모두가 이기는 결과(win-win solution)가 만들어진다는 것이 이익기반 협상의 핵심이다. 때문에 상호 이익을 위한 협상이라 불리기도 한다.

이익기반 협상이 분배적 협상과 중요하게 다른 점은 힘을 이용하는 협상이 아니라는 것이다. 분배적 협상을 하는 사람들은 조금이라도 더 많이 가져가기 위해 모든 힘을 다 동원한다. 그렇지만 이익기반 협상은 이렇게 힘을 동원하는 것을 바람직한 방법으로 보지 않는다. 그런 방법으로는 파이를 처음보다 크게 만들 수 없고 결국 모두가 지는 협상이 된다고 보는 것이다. 게다가 협상 과정에서의 상호 비난과 권모술수로 모두가 만신창이가 될 수 있다. 그러나 이익기반 협상에서는 모두의 이익을 충족시킬 방법을 함께 고민하기 때문에 힘에 의존하거나 진흙탕 싸움을 할 필요가 없다. 그러면서도 모두가 이기는 해결책을 찾을 수 있다는 것이 이익기반 협상의 핵심이다.

일상의 사례들을 이익기반 협상을 통해 해결할 때 생기는 결과를 생각해보자. 부모와 아들의 용돈 협상에서 아들이 게임 시간을 줄이는 대신 부모는 용돈을 조금 올려줄 수 있다. 휴가지로 산과 바다를 두고 다투는 두 친구는 올해는 바다로 가고 내년에는 산으로 가는 결정을 할 수 있다. 시어머니와 며느리의 시아버지 생일상 협상에서 시어머니는 소박하게 식당에서 식사하는 대신 2박3일 제주도 여행 선물을 수용할 수 있고 며느리는 집에서 생일상을 차리는 수고를 더는 동시에 여행 선물로 시부모님께 생색을 낼 수 있을 것이다. 처음의 제안만 놓고 분배적 협상을 한다면 부모와 아들은 용돈의 액수만 놓고 다툴 것이다. 두 친구는 산과 바다를 놓고 논쟁을 벌이고, 시어머니와 며느리는 각각 집과 식당에서 생일잔치를 하는 것의 장점만을 주장하며 힘겨루기를 할 것이다. 그러나 모두의 이익에 초점을 맞춰 협상을 하면 처음엔 전혀 생각지 못했지만 모두가 만족하는 해결책을 만들 수 있다.

이익기반 협상에서 가장 중요한 것은 소통이다. 분배적 협상에서는 상대를 견제하기 때문에 소통에는 아예 관심을 두지 않는다. 소문이나 거짓말로 상대를 기만하는 거짓 소통을 하기도 한다. 그러나 이익기반 협상에서는 소통이 안 되면 협상이 되지 않고 그러면 모두가 만족하는 결과를 낼 수 없다. 그러므로 협상에 임하는 사람들은 기본적으로 소통 능력을 높이고 소통을 적극적으로 활용하는 데 신경을 쓸 수밖에 없다. 소통을 통해 협상의 대상이 되는 사안을 공동의 문제로 여기게 되면 모두가 만족할 수 있는 해결책을 만들어낼 가능성도 높아진다.

4. 협상의 네 가지 기본원칙

이익기반 협상을 하는 방법은 로저 피셔(Roger Fisher)와 윌리엄 유리(William Ury)가 쓴 『Yes를 이끌어내는 협상법』라는 책에 잘 설명되어 있다. 이 책은 일상의 문제뿐만 아니라 민족이나 국가 간 문제를 해결하는 데도 적용될 수 있는 협상의 네 가지 원칙을 제시한다.

첫번째 원칙은 사람과 문제를 분리시키라는 것이다. 두번째는 입장이 아닌 이익에 초점을 맞추라는 것이다. 세번째는 상호 이익이 되는 대안을 개발하라는 것이고, 네번째는 객관적 기준을 주장하라는 것이다.

첫번째 원칙부터 알아보자. 사람과 문제를 분리시켜야 하는 이유는 사람에 대한 미움과 분노 등의 감정 때문에 협상을 그르쳐서는 안 되기 때문이다. 대신 함께 마주한 문제에 초점을 맞춰야 한다. 그렇지만 사람의 문제를 아예 외면하라는 것은 아니다. 오히려 사람들이 왜 문제를 제기하고 감정을 폭발시키는지 살피고 그런 감정을 인정해야 한다. 다만 적개심이나 분노 등의 감정 자체에 초점을 맞추지 말고 그것들이 문제로 인해 생겨났음을 인식하고 해결에 도움이 되게끔 이성적으로 대응하라는 원칙이다. 감정에 이성적으로 대응하고 사람이 아니라 문제에 맞서는 협상을 하면 공동으로 문제를 해결할 수 있다.

두번째 원칙은 사람들이 표면적으로 내세우는 입장이 아니라 그런 입장을 통해 정말 얻으려는 이익을 찾아내라는 것이다. 앞에서 얘기한 것처럼 입장은 일종의 선언과도 같고 보통 입장은 서로 대립된다. 그런 입장에 초점을 맞춘 협상을 평행선을 달릴 수밖에 없다. 대신 이익에 초점을 맞추면 상반된 입장을 가졌어도 이익은 공유할 수 있음을 알 수 있다. 그러기 위해서는 각자가 원하는 바를 솔직하게 얘기하고 서로의 이익을 인정해야 한다. 이익에 초점을 맞추면 각자 입장을 고집할 때보다 당연히 문제 해결 가능성이 높아진다.

세번째 원칙인 대안 개발은 가능한 여러 가지 해결책을 생각해보라는 것이다. 이때 명심할 것은 파이의 크기가 이미 정해져 있다는 생각에서 벗어나 파이를 키울 방법을 생각해야 한다는 것이다. 대안을 개발하는 기본적인 방법은 협상에 임하는 사람들이 마주 앉아 생각나는 이런 저런 해결책을 나열해보는 아이디어 구상(brainstorming)이다. 대안은 상호 이득이 되어야 하고 그러기 위해서는 먼저 공동의 이익이 무엇인지를 확인해야 한다. 주의할 것은 이때 나온 대안들은 의견일 뿐이고 최종 해결책이 아니기 때문에 거기에 집착하거나 그 대안을 두고 상대와 싸우지도 말아야 한다는 것이다. 대안을 개발하는 과정은 그 자체로 문제를 공동의 것으로 인식하도록 돕는다.

마지막인 네번째 원칙은 객관적 기준을 주장하라는 것이다. 상대를 이기기 위해 비상식적인 주장을 하거나, 그런 압력을 가하지도 거기에 굴복하지도 말라는 얘기다. 대신 모두가 인정할 수 있는 합리적이고 객관적 기준을 제시하고 그것에 근거해 협상해야 한다. 시장 가격, 과학적 기술적 판단, 전문적 기준, 효율성, 비용, 사회 규범 등이 객관적 기준이 되는데 그런 기준을 함께 탐색하는 과정을 거쳐 공동의 기준을 마련해야 한다는 것이 이 원칙의 핵심이다.

이익기반 협상은 분배적 협상이나 소송 같은 대립적 방식보다 시간과 비용을 절약할 수 있고, 나은 해결책을 찾을 수 있다고 여겨진다. 공동의 대안을 개발하고 모두가 인정하는 객관적 기준에 따라 합의를 하니 감정이 상할 이유도 없다. 당연히 가장 이상적이고 적극 추천하고 독려해야 하는 갈등해결 방식이다.

그런데 네 가지 원칙만 적용하면 정말 협상이 잘 될까? 아니 그보다 그 원칙들을 적용하는 것이 정말 가능할까? 이런 의문이 생길 수 있다. 그러니 그냥 좋다고 인정하는 것이 아니라 좀 꼼꼼하게 이 원칙들을 해체시켜 재해석해보자. 그래야 정말 잘 활용할 방법을 찾을 수 있다.

사실 이익기반 협상의 원칙들은 세 가지 점에서 한계가 있다. 첫째는 모든 갈등에 내재돼 있는 문화적 요인을 고려하지 않는다는 것이고, 둘째는 갈등을 겪는 사람들 사이에 흔히 존재하는 힘의 불균형에 관심을 두지 않는다는 것이다. 셋째는 많은 갈등의 진원지에 자리 잡고 있는 구조적 문제를 외면한다는 것이다.

첫째로 문화적 요인을 고려하지 않는 것은 가장 치명적인 한계라 할 수 있다. 이익기반 협상의 원칙에는 문화적 인식이 거의 포함돼 있지 않다. 그래서 어떤 문화에서든 네 가지 원칙이 잘 적용될 수 있다고 주장한다. 그렇지만 앞에서 이미 설명한 것처럼 갈등은 문화와 분리될 수 없고 문화에 따라 갈등에 대응하는 방식도 다르다. 협상 원칙을 무조건 적용하기 힘든 문화도 분명 있다. 특히 사람과 문제를 분리시키라는 첫번째 원칙과 입장이 아닌 이익에 초점을 맞추라는 두번째 원칙은 한국문화를 포함한 많은 문화에서 적용되기 힘들다.

한국문화에서 갈등이 생기는 이유는 대부분 관계 때문이다. 곧 사람이 문제가 된다는 얘기다. 또 사람들은 때로 문제 자체보다 상대가 어떤 태도를 가지고 어떻게 행동하느냐에 더 관심을 가지고 그것이 갈등의 해결을 좌우하기도 한다. 사람과 문제가 잘 분리되지 않는 것이다. 입장을 제쳐두라는 원칙도 체면과 명분이 중요한 한국문화에서는 설득력이 떨어진다. 한국에서는 체면과 명분 때문에 이익을 포기하는 경우도 많다. 이런 문화적 특징은 다른 많은 문화에서도 찾을 수 있다. 이익기반 협상 원칙을 어느 문화에나 똑같은 수준으로 적용할 수 있는 것은 아니다.

둘째로 힘의 불균형에 관심을 두지 않기 때문에 생기는 한계는 이익기반 협상이 백인 엘리트 계층의 협상 방식이라는 점에서 비롯된다. 협상이라는 것 자체가 교육과 훈련을 받고 실제 경험이 많은 엘리트에게 유효한 방식이라는 것이다.[•] 그렇지 않은 사람에게는 아무리 원칙을 알고 있어도 협상 자체가 쉽지 않은 일이다. 이렇게 다른 배경을 가진 사람들 사이에는 힘의 불균형이 존재할 수밖에 없다. 그럼에도 불구하고 이익기반 협상은 모든 사람들이 충분한 협상 능력과 소통 능력을 가지고 있다는 전제 하에서 네 가지 원칙을 적용할 것을 주장한다. 그렇게 한다면 협상에 익숙지 않은 쪽이 불리할 수밖에 없다. 협상과 토론에 익숙한 공공기관이나 기업의 실무자들과 전

• K. Avruch(1998), *Culture and conflict resolution*, Washington D. C.: United States Institute of Peace Press, pp. 76~80.

혀 그렇지 않은 농민들이 갈등을 해결하기 위해 협상하는 모습을 상상하면 이해하기 쉽다.

셋째로 구조적 문제의 외면은 이익기반 협상이 정말 갈등을 해결하는 데 적용될 수 있는지 의문이 들게 만든다. 앞서 설명한 것처럼 갈등을 파고 들어가면 진원지에 다다르는데 거기에는 보통 뿌리 깊은 구조의 문제가 있다. 이런 구조적 문제의 해결이 쉽지는 않지만 그렇더라도 갈등이 구조적 요인에서 비롯됐음을 이해하는 것은 중요하다. 그러나 이익기반 협상의 관점은 구조적 요인과 상관없이 당사자들이 소통 기술과 대안을 개발하고 원칙에 따라 협상하면 갈등을 해결할 수 있다고 본다. 표면적 문제만 다루는 이런 접근이 오히려 갈등해결을 방해하고 구조의 문제를 더 악화시켜 갈등을 재발시킬 수 있다는 점은 고려하지 않는다. 실제 사회 갈등에서는 당사자들이 잘 소통하고 진정성을 가지고 대화해도 구조적 문제를 극복할 수 없어서 결국 합의에 이르지 못하고 갈등이 지속되거나 악화되는 경우가 많다. 구조적 요인을 외면하는 것은 이익협상의 치명적 한계다.

위와 같은 단점에도 불구하고 이익기반 협상은 갈등해결에 분명 도움이 될 수 있다. 다만 그러기 위해서는 먼저 이익기반 협상이 가능한 환경을 만드는 데 공을 들여야 한다. 문화적 요인이 어떻게 얼마나 영향을 미치고 있는지 살펴봐야 하고, 그에 따라서 어느 수준에서 협상 원칙을 적용할 것인지 생각해야 한다. 또한 힘의 불균형 문제에는 어떻게 대응할지, 구조적 문제는 어느 수준까지 어떻게 다룰지도 종합적으로 고민해봐야 한다. 특히 힘의 불균형을 극복하는 문제가 세심하게 다뤄져야 한다. 힘의 불균형이 극복돼야 당사자들이 눈치를 보거나 압력을 받지 않고 자신의 문화적 특성을 고려해 구조적 문제를 다루는 방법을 결정할 수 있기 때문이다.

사실 협상의 전제조건은 당사자들 사이의 힘의 균형이다. 완전한 균형은 아닐지라도 어느 한쪽의 일방적인 결정은 막을 수 있는 정도의 힘의 관계가 만들어져야 한다. 힘의 불균형이 심하면 협상 원칙들이 제대로 적용되지 않을 뿐만 아니라 상대적으로 강한 쪽의 신속한 승리로 협상이 끝나게 된다. 협상 아닌 협상이 되는 것이다.

힘의 불균형을 극복하는 방법에는 여러 가지가 있을 수 있지만 가장 원칙적인 접근은 약한 쪽의 힘을 키우는 것이다. 약한 쪽이 협상의 방식과 원칙을 이해할 수 있도록 충분한 시간과 배움의 기회가 주어져야 한다. 협상할 문제와 관련된 전문 지식과 정보를 얻을 수 있도록 지원해야 하고 협상력 향상에 도움이 되는 외부 지지도 필요하다. 이런 접근이 강자에게 불리한 불공정한 처사라고 생각될 수 있다. 그렇지만 갈등해결을 위해서는 제대로 된 협상이 필요하며, 그것이 결국 강자에게도 도움이 된다. 또한 강한 쪽이 힘을 이용해 협상할 것이라는 의심의 눈초리도 없앨 수 있다.

협상은 어느 정도 힘의 균형이 이뤄진 개인과 집단 사이에서나 가능하며 모든 상황에 적용할 수 없다. 때문에 협상은 갈등을 해결하는 과정에서 최종 합의에 이르기 직전에 시도하는 것이 바람직하다. 갈등을 해결하는 핵심 절차가 아니라 최종 합의를 위한 기능적 역할을 하도록 하는 것이다. 당사자들이 다른 사람의 도움이나 자발적 시도로 대화의 자리를 만들고, 해결할 문제와 논의 방식을 정하고, 힘의 불균형을 어느 정도 해소하고 난 뒤에야 협상이 제대로 될 수 있다.

6장

해결을 위한 절차

1. 문제제기부터 갈등해결까지

갈등을 해결하려면 소통을 유지하고 대화를 해야 한다. 문제를 제기하고 대립하는 상황에서도 이건 피할 수 없다. 관계를 아예 끊기 위해 일부러 대립을 만든 게 아니라면 말이다. 가장 현명한 방법은 소통을 유지하면서 문제를 제기하고, 소통을 단절시키지 않는 수준에서 대립하는 것이다. 그리고 문제를 해결하기 위해서라면 언제든지 대화할 의지가 있음을 계속 알려야 한다.

그런데 문제를 제기하면서도 다른 한편으로는 소통을 유지하며 갈등을 관리하는 사람은 많지 않다. 일단 갈등이 생기면 상대를 공격하고 곤란한 상황에 빠뜨리는 데 집중한다. 그러면 상대가 항복하고 자기가 이길 것이라 생각한다. 그렇지만 자존심과 체면 때문에라도 백기 들고 항복하는 사람은 거의 없다. 힘들고 불편해도 소통과 대화, 그리고 최종적으로 공동 논의와 합의를 통해 문제를 해결하는 게 답이다. 물론 인내가 필요한 일이다. 숲 전체를 보면서도 나무 하나를 놓치지 않는 통합적 안목과 전략적 접근도 필요하다.

그렇다고 이게 전문가만이 가능한 그런 일은 아니다. 물론 아주 복잡한 집단 갈등이나 사회 갈등의 경우에는 전문가의 역할이 필요하겠지만 개인 갈등이나 조직이나 단체 내 갈등 같은 경우엔 누구나 갈등해결에 나설 수 있다. 지금부터 설명하는 대화의 시작에서 협상까지 가는 과정을 따라하면 소통을 유지하면서서 다른 한편으로 문제에 대응하고 갈등을 해결할 수 있다.

① 문제제기와 소통 유지하기

제일 먼저 할 일은 문제가 있음을 알리는 것이다. 그런데 보통 갈등은 이 문제제기에서 미롯된다. 모두가 문제를 인정하고 같이 해결하면 간단한데 한쪽은 문제라고 얘기하고 다른 쪽은 문제가 아니라고 하면 대립이 생긴다. 그래도 정말 해결해야 할 중요한 문제라면 대립이 격화돼도 계속 문제를 제기할 수밖에 없다. 명심할 것은 대립과 별도로 소통은 계속 유지해야 한다는 것이다.

그런데 사람들은 어느 순간 상대와의 소통을 중단하고 대신 주변 사람들에게 호소하기 시작한다. 사회 갈등의 경우에는 언론과 접촉하고 여론의 지지를 얻는 데 온 힘을 기울인다. 물론 주변 사람들이나 사회에 문제가 있음을 알리는 것도 필요하다. 특히 상대적으로 힘이 많은 쪽이 문제제기를 진지하게 받아들이지 않는다면 압력을 가하기 위해 여론의 관심을 활용할 수 있다. 그러나 상대와의 소통을 끊어버리고 주변이나 사회에 호소하는 것은 현명한 방법이 아니다. 한번 단절된 소통을 복원하는 것이 쉽지 않고 소통의 단절로 문제 해결의 가능성이 대폭 낮아지거나 사라지기 때문이다.

소통을 유지하기 위해서는 신중하고 이성적인 태도와 행동을 유지해야 한다. 먼저 문제를 제기할 때는 자신이 알고 있는 이야기와 데이터는 진실로, 상대의 것은 거짓으로 취급하지 않아야 한다. 잘못하면 제 무덤을 파는 일이 될 수도 있고 나중에 자신이 알지 못한 진실이 드러날 수도 있기 때문이다. 항상 자신의 진실은 단지 자신이 '아는' 진실일 뿐이며 또 다른 진실이 있을 수 있음을 생각해야 한다. 그런 생각을 상대에게도 전해 다른 진실도 마주할 준비가 돼 있음을 알려야 한다. 갈등을 보는 시각은 갈등에 관계된 사람들의 숫자만큼 다양하다. 함께 앉아 얘기를 나누고 모든 이야기를 통합해 보기 전까지는 모두 각자의 진실일 뿐이다.

대립하는 불편한 상황에서 상대를 직접 만나 소통을 유지할 배짱과 포용력을 가진 사람은 많지 않다. 이런 상황에서 유용한 방법은 주변 사람의 도움을 받는 것이다. 자신과 상대에게 어려움 없이 접근할 수 있고 양쪽 모두로부터 기본적인 신뢰를 받는 사람에게 메신저 역할을 부탁하는 것이다. 도움을 주는 사람에게는 스스로 상황 해석과 판단을 하지 않고 최대한 대립하는 당사자들의 생각을 그대로 전해주도록 요청해야 한다. 이런 메신저를 잘 활용하면 소통이 단절됐을 때 생기는 불필요한 소문·오해·비난 등도 차단할 수 있다. 사실 꼭 사람을 찾지 않더라고 자연스럽게 메신저 역할을 하는 사람이 생기곤 한다. 그런 경우 단순히 개인적 호기심이나 관심을 충족시키는 것이 아니라 소통을 유지시켜주는 역할을 해달라고 부탁할 수 있다. 사회 갈등의 경우에는 언론이나 시민단체, 또는 전문가를 활용할 수도 있다.

이렇게 주변의 도움을 받으려면 주변 사람을 보는 시각을 수정해야 한다. 갈등이 생기면 사람들은 주변 사람들을 잠재적 지원자로 보고 자신 또는 상대 중 한쪽을 선택하라고 압력을 가한다. 그러고는 대립하는 양쪽 모두에게 접근하는 사람을 배신자로 여기거나 의심의 눈으로 바라보곤 한다. 이런 일은 대립이 격화되고 갈등이 위기로 치달을수록 더 심해진다. 그러나 양쪽 모두에 접근 가능한 사람은 당사자들과 갈등을 해결하는 데 도움을 주는 귀중한 자원이다.

② 대화 의지 전하기 & 대화 가능성의 타진

소통을 유지하는 가장 중요한 목적 중 하나는 대화 가능성이 생겼을 때 놓치지 않기 위해서다. 특히 한국문화에서는 소통을 유지하는 것이 중요하다. 한국인들은 체면과 명분 때문에 소통이 끊긴 사이, 즉 다시는 보지 않기로 했거나 이미 원수로 낙인찍은 사람과 마주치는 것조차 거부한다. 뿐만 아니라 소통을 끊은 사람의 존재 자체를 부인하고 그 사람과 마주 앉아 문제를 논의하는 건 있을 수 없다고 생각한다.

소통을 끊기로 결심하면 사람들은 보통 전면전을 선포한다. 상대에게 대화로 문제를 해결할 의지가 없음을 전하는 것이다. 뿐만 아니라, 대화를 주장하고 독려하는 사람들도 배척한다. 그러고는 모든 에너지를 자신의 주장을 강화시키고 상대를 패배시키는 데 쏟는다. 이런 상황이 되면 갈등은 해결의 실마리를 찾을 수 없고 모두가 지쳐 포기할 때까지 싸움이 장기화된다.

대화의 가능성이 완전히 소멸되는 것을 막기 위해서는 시시때때로 대화 의지를 표명하고 전해야 한다. 자기 논리와 데이터를 주장하며 첨예하게 대립할지라도 대화의 기회가 생기면 언제든지 마주 앉을 의지가 있음을 알려야 한다. 주변 사람을 통해서든 언론을 통해서든 제 3자를 통해서든 자신의 대화 의지를 상대가 알 수 있게 해야 한다. 동시에 항상 상대가 대화에 나설 가능성이 있는지도 살펴야 한다. 가능성이 조금이라도 있다면 기회를 놓치지 않기 위해 소통을 활성화시켜야 한다. 상대와 상황의 심각성을 공유하고 공감대를 만들 방법을 찾아야 한다.

가장 중요한 것은 대화가 불가능해 보일 때도 대화를 포기하지 않는 것이다. 보통 갈등이 극에 달하면 당사자들은 물론 주변에서도 대화가 불가능하다고 말하지만 꼭 그렇지는 않다. 오히려 이때 대화의 가능성이 높아질 수도 있다. 서로 위기를 극복할 돌파구를 바라기 때문이다. 이때 한쪽이 적극적으로 대화를 제안하거나 양쪽을 오가며 메시지를 전달하고 대화의 가능성을 타진하는 데 도움을 줄 사람을 찾는다면 대화가 성사될 가능성이 크다. 당사자들의 절박함에 더해 주변 사람들과 사회의 압력 또한 커지기 때문이다.

대화의 의지를 가지고 계속 가능성을 타진하면서 명심해야 할 점은 충분히 인내해야 한다는 것이다. 대화는 어느 한쪽의 의지로 가능한 것이 아니다. 그러므로 상대가 대화의 필요성을 느끼고 자발적으로 응할 때까지 기다려야 한다. 때로 상대적으로 힘이 있는 쪽은 자신의 상황과 일정에 맞춰 상대에게 대화에 응하라고 압박을 가하기도 한다. 그렇게 되면 상대는 오히려 대화에 거부감을 느끼게 되고 설령 대화의 자리에 나온다 해도 불성실하게 임하기 마련이다. 대화의 의지와 여유가 있다면 상대방 역시 대화를 시도할 수 있도록 신뢰를 주고 상황의 심각성을 공유할 다양한 소통 방법을 모색하는 것이 낫다.

③ 대화 자리에 앉기

'시작이 반'이라는 말이 있다. 갈등해결에서도 마찬가지다. 갈등을 겪는 사람들이 대화를 하기 위해 마주 앉는다면 절반은 성공한 것으로 볼 수 있다. 대화를 시작하는 게 그만큼 힘들고, 마주 앉는 것 자체에 큰 의미가 있다는 얘기다.

대화를 위해 마주 앉는 것은 단순히 대립하는 사람들이 한 공간에 함께 있는 것을 의미하지 않는다. 그것은 조금이나마 상대를 인정할 마음의 준비가 됐다는 뜻이며, 상대와 싸워서 이기겠다는 생각을 조금 수정했다는 의미기도 하다. 때문에 대화의 시작은 곧 싸움을 일시적으로나마 중단하겠다는 얘기가 된다. 싸움을 중단하면 상호 비난도 당연히 줄어든다. 필요하다면 대화가 진행되는 동안이라도 불필요한 대립을 중단하겠다는 합의를 할 수도 있다.

사람들은 보통 여러 가지 생각을 가지고 대화의 자리에 나온다. 맹렬히 싸우다가 대화를 시작했다고 갈등이 바로 해결되리고 기대하는 사람은 없다. 그렇지만 일단 마주 앉으면 상대와 과연 어떻게 대화를 할 수 있을지에 대한 염려와 함께 대화가 잘 돼 합의를 하면 좋겠다는 기대도 갖게 된다.

마주 앉는 것 자체가 절반의 성공이 되려면 시작 전에 대화의 목적과 기능을 분명히 해야 한다. 우선 대화에 대한 부담감을 최소화시켜야 한다. 한 번의 대화로 갈등이 해결되는 것도 아니고 마주 앉았다고 싸우던 사람들이 금세 서로를 존중하며 예의바르게 대화할 리도 없다. 그러니 첫 대화는 잘 안 될 수 있고 그냥 마주 앉았다는 것에만 의미를 둬야 할지도 모른다. 이런 점을 대화 자리에 나오기 전에 모두 알고 있어야 한다. 최대한 노력해보겠다는 의지만으로 충분하다는 점에 서로 동의해야 한다.

대화는 궁극적으로는 문제를 해결하기 위한 것이지만 그에 앞서 다른 입장과 생각을 나누는 자리기도 하다. 때문에 상호 존중을 해야 한다는 점을 모두 인식해야 한다. 특히 한쪽이 자신은 상대의 얘기를 수용할 준비가 돼 있다고 해서 상대에게도 같은 수준의 태도를 강요해서는 안 된다. 다른 쪽이 그런 준비가 될 때까지는 시간이 필요할 수 있다. 결과가 좋지 못해 한 번의 대화로 끝날 수 있다는 점도 공유해야 한다. 그럴 경우 다른 기회를 찾기로 약속만 하면 된다.

마주 앉기 전에 가장 중요하게 생각할 것은 자발적 참여를 원칙으로 해야 한다는 것이다. 누구든 강요와 압력으로 대화 자리에 앉는 일은 생기지 않아야 한다. 다른 사람의 권고와 독려가 있었다 해도 최종 결정은 당사자 각자가 해야 한다. 그렇지 않은 대화는 아니함만 못하다.

④ 대화하기

대화한다는 것은 서로 다른 생각을 확인하고 문제를 해결할 방법을 함께 모색하는 것을 의미한다. 때문에 기본적으로 서로 다른 생각을 가지고 있다는 것을 인정하지 않으면 대화가 불가능하다. 자신의 생각을 잘 말하는 것과 동시에 상대의 다른 생각도 귀담아들을 수 있어야 한다는 얘기다. 그런데 대다수 사람들이 자신의 생각과 다르거나 반대되는 의견을 잘 들으려 하지 않는다. 그것을 곧잘 자신에 대한 비난이나 공격으로 여기고, 상대의 생각을 폄하하거나 거부한다. 이런 점이 대화를 가장 어렵게 만든다. 결국 대화가 잘 되느냐 아니냐는 마주 앉은 사람들이 말하기와 듣기를 얼마나 잘하느냐에 달려 있다.

대화의 자리에 나온 사람들은 가장 먼저 자신의 얘기를 한다. 각자 자신이 이해하는 대립의 원인과 갈등 악화의 이유, 자신이 해석한 상대의 대응과 그것이 자신에게 미친 영향, 갈등으로 인해 겪고 있는 어려움과 불안감, 자신이 원하는 해결 방향 등등을 얘기한다. 이때 주의할 점은 자신이 얘기하는 모든 것이 자신의 생각과 해석임을 인정하고 때로 강조해야 한다는 것이다. '모두가 그렇게 생각한다'라든가 '상식적으로 말이 안 된다'는 등의 말로 특정 상황이나 문제를 일반화시키지 않아야 한다. 분노·억울함·절망 등의 감정을 표출할 수 있지만 그것이 자신의 이해와 경험에 근거한 자기감정이라는 것도 인정해야 한다. 상대의 탓이라고 말해서는 안 된다는 얘기다. 그래야 상대가 자신의 얘기를 듣게 만들 수 있다.

듣기는 더욱 중요하다. 이때는 말 그대로 다른 사람의 얘기를 듣는 것에 충실해야지 사사건건 반론을 제기해서는 안 된다. 자신과 갈등 관계에 있는 사람의 입장과 이야기는 자신의 생각과 다르고 인정하기 힘든 게 당연하다. 그것에 일일이 따지면서 말을 중단시켜버리면 상대는 얘기를 할 수가 없고 목소리는 커질 수밖에 없다. 물론 자신이 얘기할 때도 같은 상황이 된다. 그러므로 필요하다면 대화 시작 전에 먼저 상대의 얘기를 다 듣고 반론을 제기하거나 사실관계를 바로잡기로 서로 약속하는 것이 좋다. 그래야 효율적으로 듣고 말할 수 있다.

말하기와 듣기에서 중요한 것은 각자의 생각을 얘기하는 단계에서 자신의 해결책을 주장하지 말아야 한다는 것이다. 이것은 상대를 화나게 만들고 결국 대화를 중단시킬 수도 있다. 해결책에 대한 논의는 각자의 생각과 상황을 모두 공유하고 난 뒤 해결책을 모색하는 단계에서 해야 한다.

각자 말하기가 끝나면 갈등을 일으킨 문제가 같이 해결해야 할 공동의 문제임을 확인하는 절차가 필요하다. 그것이 각자의 삶을 힘들게 만들었기 때문이든, 가족이나 조직의 조화를 깼기 때문이든, 창피하고 체면 상하는 일을 만들었기 때문이든, 아니면 마을이나 조직을 파괴했기 때문이든 결국 갈등을 겪는 사람들이 함께 풀어야 할 문제임을 인정해야 한다. 그래야만 같이 문제를 해결해야 하는 명분이 생긴다.

다음에 해야 할 일은 구체적인 논의 사항을 나열하고 하나씩 다뤄나가는 것이다. 논의점은 한 가지일 수도 있지만 여러 가지가 될 수도 있다. 여기에 대해서도 이견이 생길 수 있다. 예를 들어 이혼 얘기를 하는 부부 중 남편은 이혼 절차와 재산 분할 문제만 다루길 원할 수 있고, 반면 부인은 두 가지 문제에 더해 양육비와 자녀 방문 문제까지 상세히 다뤄야 한다고 할 수 있다. 공공사업을 둘러싼 갈등을 두고 공기업은 보상 문제만 다루길 원하는데, 지역 주민들은 자신들에게 피해를 입히는 결정이 어떻게 어떤 절차를 통해 이뤄졌는지 밝히고 그에 대한 책임 규명과 사과 문제까지 다뤄야 한다고 주장할 수 있다. 이렇게 이견이 있을 때 어떤 문제를 논의할 것인지, 또는 먼저 다룰 것인지를 합의해야 한다. 자신에게 중요한 문제를 같이 다뤄야 할 문제로 만들기 위해서는 일방적이고 공격적인 주장보다 왜 그 문제가 자신에게 중요한지를 상대에게 설명하고 설득하는 것이 더 효율적이다.

구체적인 문제를 다룰 때에는 아이디어 구상(브레인스토밍)에서부터 시작하는 것이 무난하다. 해결책이 될 만한 방안들을 생각나는 대로 말해보는 것이다. 이때 가장 중요한 것은 다른 사람의 아이디어를 평가하거나 판단하지 말아야 한다는 것이다. 이 단계에서는 완전히 다듬어지지 않은 생각을 나누는 것이기 때문이다. 자기 입장에 변함이 없다고 생각하며 마지못해 대화 자리에 나온 사람은 이 과정이 부질없는 짓이라고 말할 수 있다. 하지만 다른 쪽의 얘기와 구상을 듣고 난 후 새로운 생각이 나거나 대응 태도를 수정할 가능성은 언제든 있기 때문에 시도해보는 것이 좋다.

⑤ 대안 찾기

대안 찾기는 최종 해결책을 찾기 위해 반드시 거쳐야 하는 절차다.

대안은 완벽하지 않고 실현가능성이 부족할 수도 않지만 최선의 해결책이 될 잠재성을 가지고 있어야 한다. 대화에 임한 사람들 각자가 자신의 대안을 제시할 수 있다. 모든 대안은 자신의 입장·이익·필요만 충족시키는 것이 아니라 상대의 입장·이익·필요도 고려한 것이어야 한다. 대안을 찾는 가장 효율적인 방법은 아이디어 구상에서 나온 것들 중 최종 해결책이 될 가능성을 가지고 있는 내용들을 골라내 구체화시키는 것이다.

대안 찾기에서는 보통 여러 개의 대안이 선택된다. 한쪽을 충분히 만족시키지만 다른 쪽에게는 조금 부담스러운 것도 좋은 대안이 될 수 있다. 한쪽에게 더 유리하고 다른 쪽에게는 그만큼 불리한 것도 대안이 될 수 있다. 이런 대안 찾기는 두 가지 점에서 중요한 의미를 가진다. 하나는 각자 대화에 나오기 전에 생각했던 자신만의 해결책을 접어두고 제삼의 해결책을 모색한다는 점이다. 이는 서로의 얘기를 주고받은 뒤에야 할 수 있는 일이다. 다른 하나는 공동의 작업을 통해 대안을 찾는다는 점이다. 이것은 당사자들이 갈등을 야기한 문제를 같이 해결해야 한다는 인식을 공유하게 됐음을 의미한다. 대화의 효과가 나타난 것이다.

대안을 찾는 방법에는 크게 두 가지가 있다. 하나는 모두가 같이 찾는 방법이고 다른 하나는 현안을 나눠서 찾는 방법이다. 두 명의 당사자가 마주 앉은 경우라면 당연히 같이 찾게 될 것이다. 그러나 사회 갈등에서 흔히 볼 수 있는 것처럼 여러 당사자가 마주 앉은 경우라면 찾는 작업을 분담할 수 있다. 당사자들이 2~3개, 또는 그 이상의 소그룹을 만들고 각각의 소그룹이 하나 또는 그 이상의 현안을 맡아 그에 대한 대안을 찾는 것이다.* 필요하다면 현안과 관련된 분야 전문가의 자문을 구할 수도 있다.

거친 아이디어를 대안으로 발전시키기 위해서는 구체적인 작업이 필요하다. 각 아이디어가 가지고 있는 장점과 단점을 생각해보고 그 아이디어를 실현하기 위해 극복해야 할 어려움이 무엇인지 따져봐야 한다. 또한 그것이 해결책이 될 수 있으려면 어떤 외부 요인을 고려해야 하는지도 살펴봐야 한다. 예를 들어 채무 관계가 있는 두 사람이 채무자의 현실적 상황을 고려해 일부 빚을 탕감한 후 문제를 해결하기로 합의하더라도 채권자의 배우자나 가족이 반대할 수 있다. 또는 공기업이 공공사업으로 땅값이 하락한 지역에 보상을 해주고 싶어도 관련 법규가 없어 불가능할 수 있다. 그런 외부의 요인이 극복 가능한 것인지, 또한 어떤 방식으로 가능한지도 따져봐야 한다. 그렇게 현실성이 담보돼야 진짜 대안이 될 수 있다. 대안이 완벽하지 않아도 된다는 것은 당사자들이 원하는 바를 모두 충족시키지 못할 수 있다는 얘기지 실현 가능성이 없어도 된다는 얘기가 아니다. 현실적 상황을 고려하지 않은 대안이 나중에 최종 해결책이 되면 결국 실행이 어려워진다. 그러면 갈등은 제자리로 돌아간다.

대안은 말 그대로 해결책이 아니라 대안이다. 때문에 대안에 집착하지 말고 융통성 있게 대안을 다루는 자세가 필요하다. 최악의 경우 상황의 변화 때문에 대안 모두가 실현 가능성이 없어져 새로운 대안을 찾아야 할 수도 있다. 그러므로 대안을 포기하거나 수정하는 것

• 수잔 L. 카펜더, W. J. D. 케네디, 정주진 옮김(2010), 『공공갈등 해결―정부, 기업, 시민단체를 위한 실전 가이드』, 아르케, pp. 189~194.

을 두려워하지 말아야 한다. 두 개의 대안을 조합해 새로운 대안을 만들 수도 있고, 모든 대안을 포기한 후 전혀 새로운 대안을 만들 수도 있다. 중요한 것은 대안을 찾는 것 자체가 아니라 모두를 만족시킬 가능성이 있는 대안을 찾는 것이다.

⑥ 필요한 경우 공동의 사실과 데이터 만들기

대안을 찾기 전 필요한 정보를 얻기 위해, 또는 찾은 대안이 실현 가능한지를 알기 위해 사실을 확인하고 관련 데이터를 수집할 필요가 생기기도 한다. 그런데 당사자들이 얘기하는 사실이 서로 상반되거나 각자 주장하는 데이터가 지나치게 한쪽으로 치우친 경우가 많다. 때문에 각자의 주장을 주변 사람이나 관련자를 통해, 또는 공식 문건이나 신뢰할 만한 자료를 통해 재확인할 필요가 있다.

상반되는 사실과 데이터의 충돌은 대화가 시작되면 더 적나라하게 드러난다. 각자 알고 있던 사실이 상대의 증언이나 추가 정보를 통해 온전한 진실은 아니라는 게 밝혀지곤 한다. 이런 일은 흔히 생기지만 마주 앉은 당사자들에게는 당황스럽고 공황상태까지 야기할 수 있는 일이다. 상호불신을 더 깊게 만들 수도 있다. 이때 해결 방법은 하나다. 모두 같이 진실을 찾고 데이터를 수집해 어떤 부분에서 왜 상반된 사실과 데이터가 생겼는지 확인해야 한다. 그런 후엔 공동의 사실과 데이터를 만들어내야 한다. 물론 이런 절차가 필요치 않은 경우도 있고 대안을 찾는 절차에 그냥 포함시킬 수도 있다. 그렇지만 당사자들이 제시한 사실과 데이터들의 간극이 크다면 대안을 찾기 전이나 후에 별도의 절차를 거치는 것이 바람직하다.

개인 갈등의 경우에는 당사자들이 함께, 또는 믿을 만한 주변 사람이나 메신저 역할을 하는 사람과 함께 이 작업을 할 수 있다. 당사자들의 얘기는 물론 주변의 얘기도 종합해 사실관계를 정리하고 관련된 수치나 정보 등도 어디까지가 진실이고 어느 부분이 과소 또는 과대 언급됐는지도 확인해야 한다. 예컨대 친구와 친지 등 아주 친밀한 사이에 문서가 없는 부채 문제나 약속 등으로 인해 갈등이 생겼다면 이렇게 사실 관계를 확인하는 수밖에 없다. 그런 후엔 모두가 인정하는 종합적인 갈등 이야기를 만들 수 있다. 이렇게 하면 풀어야 할 문제도 전보다 훨씬 명확하게 드러난다.*

사회 갈등의 경우에는 이것이 가장 복잡하고 번거로운 절차가 될 수 있다. 여러 당사자가 관련돼 있고 갈등을 일으킨 문제가 일반인은 이해하기 힘든 기술적·과학적 문제를 포함하고 있다면 더욱 그렇다. 사실 송전탑, 쓰레기 소각장, 발전소, 화장장 건설이나 도시 및 산림 개발과 관련된 많은 사회 갈등이 상반되는 사실과 데이터가 충돌하기 때문에 생긴다. 이런 경우에는 다양한 객관적 데이터를 수집해 분석하고 새롭게 사실관계를 확인하는 일이 불가피하다. 때로는 현장 조사를 해야 하는 경우도 있고 전문가의 자문도 받아야 한다. 또는 보다 중립적인 전문가에게 종합적인 점검을 맡길 필요도 있다. 이런 작업에서 가장 중요한 것은 정보의 공유다. 한쪽이 중요한 정보를 독점하고 있다면 사실 확인이 불가능하고 계속 왜곡된 데이터가 생긴

• 정주진(2010), 『갈등해결과 한국사회—대화와 협력을 통한 갈등해결은 가능한가?』, 아르케, pp. 267~270; 수잔 L. 카펜더, W. J. D. 케네디, 정주진 옮김(2010), 『공공갈등 해결—정부, 기업, 시민단체를 위한 실전 가이드』, 아르케, pp. 113~116.

다. 그러면 불신이 쌓이고 대안 찾기는 물론 대화 과정 자체가 중단될 수 있다.

왜곡된 사실과 확인되지 않은 데이터에 의존해 대안이 만들어지면 실질적인 해결책이 될 수가 없다. 설사 해결책이 마련된다 해도 실행 단계에서 문제가 생긴다. 최악의 경우에는 한쪽 당사자의 정보 독점이나 왜곡으로 잘못된 사실과 데이터가 만들어지고, 그것에 근거한 잘못된 해결책에 합의할 수도 있다. 그런 사실이 드러나면 갈등은 예전보다 심각한 형태로 재연될 수밖에 없다. 그러므로 공동의 사실과 데이터를 찾아야 한다면 그 작업은 반드시 당사자들의 상호 신뢰와 진정성에 기초해 이뤄져야 한다.

⑦ 협상하기

협상은 최종 합의를 하기 위한 마지막 절차다. 대화의 전 과정은 순차적으로 진행될 수 있지만 대립하는 당사자들이 마주 앉는다는 특징 때문에 어느 단계에서든 예상치 못한 일이 생길 수 있다. 몇 차례 중단될 수도 있고 최종 합의를 위한 협상까지 몇 년이 걸릴 수도 있다. 그러므로 협상의 단계까지 왔다면 정말 어려운 과정을 잘 거친 것이라고 볼 수 있다.

물론 대화가 잘 됐다고 꼭 협상이 성사되는 것은 아니다. 대화가 진행되는 동안 갈등 자체에 변화가 생길 수도 있고 당사자들이 통제할 수 없는 큰 외부요인이 대화를 방해해 협상에 이르지 못할 수도 있다. 그러므로 협상에 이른 것은 축하할 일이지만 절대 방심해서는 안 된다. 또한 협상이 실패했다고 모든 것을 포기해서도 안 된다.

협상은 공동으로 만든 몇 가지 대안에 기초해서 진행하는 것이 효과적이다. 갈등이 하나의 큰 문제를 두고 발생했다면 대안을 찾는 절차 없이 곧장 협상을 할 수도 있다. 협상에서는 앞에서 얘기한 이익기반 협상이 제시하는 네 가지 원칙을 참고하면 큰 도움이 된다. 그렇지만 어떤 갈등이냐에 따라 적용이 조금씩 달라져야 한다. 특히 이익기반 협상이 외면하는 문화적 요인, 힘의 불균형, 구조적 문제를 고려해야 할지 말지를 따져봐야 한다. 예를 들어 채무와 관련된 개인 갈등이라면 언제 어떻게 돈을 갚을 것인지만 얘기하면 되기 때문에 문화·힘·구조의 문제를 고려하지 않아도 된다. 그렇지만 같은 채무라도 가족 안에서의 문제거나 나이나 사회적 위치가 채무관계에 영향을 미쳤다면 문화와 힘의 불균형 문제를 무시할 수 없다. 또는 공공기관·공기업과 지역 주민과의 갈등이라면 구조적 문제가 어떤 영향을 미쳤는지 따져봐야 한다.

가장 바람직한 방법은 협상의 원칙을 따르면서도 문화·힘·구조의 문제를 외면하지 않고 적극적으로 다루는 것이다. 예를 들어 한 당사자가 가족이나 소속 집단과 상의해야 한다고 말한다면 그런 문화적 접근을 존중하고 협상 중간에 기다려줘야 한다. 한 당사자가 힘의 차이가 너무 커서 불리하고 불공정하다고 말한다면 최대한 힘의 영향을 축소시키고 공정한 방식으로 협상을 진행해야 한다. 구조가 갈등을 야기했고 협상에도 계속 영향을 미친다면 구조의 문제를 공유하고 인정하는 것이 바람직하다. 구조의 문제를 다룰 것인지, 어디까지 다룰 것인지, 또는 구조의 문제를 다룰 수 없는 한계를 서로 인정하고 마무리하는 것도 함께 결정해야 한다. 협상할 때는 상대에게 입장이나 가치관을 포기하도록 요구하지 말고 그대로 인정해야 한다. 그것을 어떻게 협상에 반영할지는 각자의 결정에 맡겨야 한다.

협상에서 가장 중요한 것은 진정성과 성실함이다. 갈등은 사람 사이의 문제고 사람의 마음이 움직여야 해결된다. 설사 협상이 실패하더라도 과정만큼은 공정하고 상호 존중과 배려에 기초해 진행됐다는 평가가 나와야 한다. 그래야 당장은 실패했어도 향후 다시 만나 대화하고 협상할 수 있다.

⑧ 합의하기

대화의 최종 단계, 그리고 협상의 결과는 해결책 합의다. 합의는 원칙적으로 대화와 협상에 참여한 모든 당사자들의 동의로 이뤄져야 한다. 여러 명의 당사자가 있는 갈등에서도 원칙은 모든 당사자들의 합의다. 그렇지 않으면 나중에 합의하지 않은 당사자가 다시 문제를 제기하고 갈등이 재발될 수 있다. 여러 당사자가 여러 문제를 놓고 협상을 하는 경우에는 사안마다 다른 합의 수준을 적용할 수도 있다. 예를 들어 만장일치가 아니라 80%나 90%가 동의하면 합의된 것으로 인정하는 방식이다. 그러나 모든 사안을 포함하는 최종 해결책에는 모두가 합의해야 합의 내용이 제대로 지켜지고 갈등이 재발되지 않는다.

합의의 결과물은 당사자들이 서명하는 합의문이다. 개인 갈등의 경우에는 이런 것이 필요하지 않을 수도 있다. 그러나 오래 끈 갈등을 해결하는 것이라면 간단한 약속이라도 적어서 합의문을 만들고 서명하는 것이 좋다. 신뢰 수준이 낮기 때문이다. 그것이 정말 어색하다면 증인이 있는 자리에서 합의하는 것도 하나의 방법이다. 한국인들은 문화적 특성상 주변 사람들의 평가에 민감하다. 그래서 합의한 이후에도 주변의 반응이 부정적이면 이를 파기하는 경우도 있다. 물론 이런 일이 생기지 않도록 합의 전에 각자 충분히 생각할 시간을 가지고 주변의 조언도 받아야 한다. 그럼에도 불구하고 합의를 깨는 일이 생기지 않도록 합의문을 만들거나 증인의 참관 하에 합의를 하는 것이 현명하다. 여러 사람이 관련된 갈등이거나 복잡한 사회 갈등의 경우에는 당연히 합의문을 작성하고 모두가 서명해야 한다.

대화를 잘 진행하고 협상을 열심히 해도 합의에 이르지 못할 수 있다. 설사 그렇다 하더라도 대화 자체가 무의미해지는 것은 아니다. 대화와 협상은 그 자체로 의미가 있다. 갈등에 처한 사람들이 그 과정을 통해 자신의 얘기를 하고 상대를 이해하는 기회를 가질 수 있기 때문이다. 또한 자신의 갈등을 통합적으로 분석하고 이해할 수도 있다. 이런 경험을 한 사람들은 다른 대화의 기회를 만들 가능성이 높아진다. 다시 갈등으로 복귀하더라도 상대에게 혹독한 비난과 무자비한 공격을 가할 가능성이 많이 줄어든다. 설사 합의하지 못해도 향후 다시 마주 앉을 가능성을 열어놓고 헤어지는 것이 바람직하다.

⑨ 합의 실행과 재협상하기

보통 합의를 하면 갈등이 다 끝난 것으로 생각한다. 그러나 합의한 것이 완벽하게 실행될 때까지 갈등은 끝난 게 아니다. 더 나아가 관계 회복까지 이뤄져야 갈등이 완전히 해결됐다고 할 수 있다. 그것까지 기대할 수 없다 하더라도 최소한 합의는 실행돼야 갈등을 만든 문제가 끝이 난다. 그러려면 합의가 실행 가능한 내용을 담고 있어야한다. 물론 실현 가능성이 없다면 합의도 안 했겠지만, 오래 대화와협상을 한 후 시간에 쫓기거나 지쳐서, 또는 주변의 압력 때문에 합의하는 경우도 있다. 그렇게 나온 합의는 실행되지 않을 가능성이 높으며, 그러면 당연히 갈등이 예전으로 돌아가고 서로에게 책임을 전가하며 새로운 갈등이 생기기도 한다.

합의가 실행되지 않는 것을 예방하기 위해서는 실행 방안에 대해서도 같이 합의해야 한다. 합의 이행을 언제 어떻게 점검할 것인지도 포함시켜야 한다. 양자 간 갈등의 경우에는 합의한 양자가 다시 만나서점검을 하면 되기 때문에 합의 이행 시한과 점검 시기만 정해놓으면된다. 그렇지만 여러 집단이나 개인이 합의한 경우에는 되도록 상세하게 합의 실행 일정을 정하고 그에 대한 모니터링 일정도 잡아놓는것이 좋다. 복잡하고 전문적인 문제를 둘러싼 사회 갈등을 해결하는합의일 경우에는 모니터링 위원회를 구성하는 것이 바람직하다. 위원회에는 당사자뿐만 아니라 실행 내용을 점검할 전문가를 포함시키는것도 좋다.

합의 내용이 약속된 일정과 방식으로 실행되지 않거나 상습적으로지연된다면 공동 점검을 통해 합의가 실행되도록 서로 노력해야 한다. 필요하다면 서로 약간의 압력을 넣는 것도 필요할 것이다. 그런노력에도 불구하고 합의가 전혀 지켜지지 않는다면 재협상을 생각해봐야 한다. 재협상은 이전의 합의를 깨는 것을 의미하지는 않는다. 우선은 어떤 문제점이 드러났고 어떻게 합의를 수정해야 하는지 논의하는 것이 목적이다. 그런 후 특정 사안에 대해 다시 협상을 하는 것이다. 물론 이전의 합의를 전부 깨고 새로운 합의를 할 수도 있다.

재협상을 해야 하는 상황은 바람직하지 않지만 재협상이 반드시 부정적인 것은 아니다. 상황의 변화에 따라 재협상이 불가피한 경우도 있다. 그러나 처음 합의할 때 당사자들의 진정성과 성실한 노력이 부족해 합의가 부실했다면 재협상이 상호 비난의 장이 될 수 있다. 그렇게 되면 상호 신뢰가 깨지고 새로운 갈등이 생길 것이다. 재협상은 가능한 것이지만, 그것이 부실한 첫 합의를 땜질하거나 대폭 수정하는 수단이 된다면 별 의미가 없다. 이런 경우에는 재협상이 아니라 처음부터 다시 대화를 해야 한다.

2. 대화와 협상의 열 가지 원칙

대화와 협상을 잘 하는 사람은 어떤 사람일까? 어떻게 하면 대화와 협상을 잘 할 수 있을까? 대화와 협상은 이해하는 것만으로는 충분치 않다. 머리로 아는 것에 그치지 않고 행동으로 옮겨야 한다. 그렇지만 안타깝게도 그렇게 잘할 수 있는 사람은 많지 않다. 그러니 머리로 이해한 것을 일상에서 연습하는 것이 필요하다. 앞으로 소개할 열 가지 원칙은 그런 연습을 위한 조언이다. 가까운 사람들과 가벼운 문제를 다룰 때는 물론이고 심각한 갈등을 해결할 때도 적용할 수 있다. 연습과 적용을 반복해본 후에는 자신만의 원칙도 추가할 수 있을 것이다.

원칙을 설명하기 전에 몇 가지 전제를 얘기할 필요가 있다. 대화와 협상을 하는 사람이 기본적으로 가져야 할 이해와 태도다. 그중 첫번

째는 지성, 감성, 마음을 모두 동원해 대화하고 협상해야 한다는 것
이다. 갈등을 겪고 있는 사람들은 논리적인 이유에서만이 아니라 감
정적으로도 대립하고 있다. 그러므로 사안을 정확하게 파악하는 지
성만이 아니라 자신과 다른 사람의 감정과 상처를 그 자체로 인정하
는 감성이 있어야 한다. 누구도 자신의 감정을 인정하지도 공감하지
도 않는 사람과는 대화하려고 하지 않을 것이다. 마음을 여는 대화
도 반드시 필요하다. 마음이 닫혀 있으면 아무리 합리적이고 정당한
이유가 있어도 대화와 협상이 잘 되지 않는다.

두번째는 당연한 얘기지만 대화와 협상이 모두의 공동작업(colla-
boration)이라는 것을 항상 명심해야 한다는 것이다. 그러므로 함께
속도를 맞춰야 하고 다음 단계로 넘어가기 전에는 반드시 먼저 합의
를 해야 한다. 자신이 급하다고 다른 사람을 재촉하거나 이해의 속
도가 느리다고 혼자 앞장서 가버리면 대화가 힘들어지고 협상도 불
가능하다. 이 당연한 것을 간과하지 않는 인내와 성실함이 필요하다.

세번째는 대화와 협상을 정말 잘 하려면 가까운 사람과 하는 것처
럼 해야 한다는 것이다. 억지라고 생각될지 모르지만 성공적으로 갈
등을 해결하고 싶다면 충분히 시도할 가치가 있다. 보통 갈등을 겪
는 사람들은 적과 마주 앉는다고 생각하고 비협조적이고 불성실한
태도로 상대를 대하는데 그런 태도로는 절대 대화를 이어나갈 수 없
다. 의식적으로 '친구와 대화를 한다면, 또는 문제를 해결한다면 어떻
게 할까?'라고 상상하면 머리로 이해한 것을 어떻게 행동으로 옮길지
기준을 정하기가 훨씬 쉽다. 성공적인 대화를 위해서는 누군가가 먼
저 마음을 열고 손을 내밀어야 하는데, 그것이 자신이 되는 것은 나

쁘지 않은 일이다.

사람들이 가장 많이 고민하는 것 중 하나는 '나는 태도를 바꾸고 대화할 준비가 됐는데 상대가 전혀 준비되어 있지 않다면 어떻게 해야 할까?'라는 점이다. 정답은 그런 경우에도 자신의 원칙과 기준을 유지해야 한다는 것이다. 사실을 말하면 그 외에는 답이 없다. 상대의 반응에 실망해 이전의 적대적인 방식으로 돌아간다면 대화의 희망은 모두 사라진다. 지금 당장은 불가능하지만 나중에라도 대화를 하고 싶다면, 그래서 문제와 갈등을 해결하고 싶다면 자신의 원칙과 기준을 바꿔서는 안 된다.

① 상대를 방어적으로 만들지 말라

갈등을 해결하기 위해 대화를 하는 사람들이 가장 흔히 하는 실수는 대화가 아니라 논쟁이나 싸움을 할 마음으로 대화 자리에 앉는다는 것이다. 그래서 대화가 아니라 말싸움을 하고 상대를 공격하는 데 모든 에너지를 쏟는다. 상대는 당연히 방어적 태도로 대응한다.

상대를 방어적으로 만드는 것은 대화를 실패로 이끄는 지름길이다. 공격을 받으면 누구든 본능적으로 방어 기제를 작동시키고 계속 되갚을 기회를 노리게 된다. 결국 공격과 맞대응이 이어지고 그런 상황에서는 대화가 되지 않는다. 그런데 노골적인 공격과 맞대응보다 심각한 일은 자신의 말이나 행동이 공격적이라는 것을 모르는 사람들이 마주 앉는 경우다. 이런 사람들은 자신의 공격적 언행을 인식하지 못하고 오히려 상대가 공격적이라고 주장한다.

자신의 공격적 태도를 인식하지 못하는 경우는 크게 두 가지다. 가장 흔한 경우는 상대적으로 더 많은 힘을 가진 사람이 자신의 말과 행동이 상대에게 어떻게 해석되고 영향을 미칠지 전혀 인식하지 못하는 경우다. 보통 상대적 강자는 약자의 상황을 이해하려고 하지 않는다. 상대의 입장에서 상황을 보지 않고 자신의 모든 힘과 자원을 이용해 상대를 굴복시키는 것에만 집중한다. 상대의 자존심이나 열등감을 건드리는 것을 오히려 힘을 이용할 수 있는 합리적이고 좋은 방법이라고 생각하고 거기에 익숙해진다. 그런 공격에 상대적 약자가 갈수록 민감해지고 저항감이 커져도 알아채지 못한다.

다른 하나의 경우는 약자의 공격이다. 상대적 강자만 공격을 가하는 것은 아니다. 객관적으로 힘이 약한 경우에도 공격을 통해 상대를 방어적으로 만들 수 있다. 약점이나 과거의 잘못을 들춰내 체면이나 명예를 훼손시키는 것도 공격이 될 수 있다. 그렇지만 약자는 자신이 전반적으로 훨씬 약하기 때문에, 자신의 말과 행동은 공격이 아니라 자기 보호를 위한 정당한 대응이라고 생각한다. 그렇더라도 상대는 공격이라 받아들일 것이고 강자도 그 부분에 있어서만큼은 방어적이 될 수밖에 없다. 그리고 훨씬 더 강한 공격으로 대응하게 된다.

'촌철살인'이라는 말이 있다. 부정적으로 해석하면 이 말은 남의 약점을 들춰내 꼼짝 못하게 한다는 뜻이다. 사람들은 이런 재주가 있는 사람에게 박수를 보내곤 한다. 그러나 그런 사람은 대화에 적합하지 않은 사람이다. 상대를 자극하고 방어적 태도를 만들기 때문이다. 공격에 맞서 자신을 방어하는 사람은 오로지 공격의 기회를 찾는 것만 생각한다. 당연히 대화가 되지 않는다. 대화를 잘 하기 위해서는 상대를 방어적으로 만들지 말아야 한다. 나아가 상대의 공격에 맞대응하지 않고 대화의 원칙을 유지해야 한다.

② 갈등의 역사를 외면하지 말라

개인 갈등이든 사회 갈등이든 모든 갈등은 그 나름의 역사가 있다. 갈등의 역사에는 문제를 둘러싸고 이견이 생긴 시점과 이유, 사람들의 대응, 편이 나뉘게 된 이유, 반목과 대립의 내용과 방식 등이 포함된다. 대화를 할 때는 이런 갈등의 역사가 언급되곤 한다. 사람들은 자연스럽게 자신의 시각으로 본 갈등의 원인, 관계가 깨진 계기, 상처나 충격을 받았던 일 등을 얘기한다. 그런데 간혹 갈등을 해결하기 위한 대화는 과거가 아닌 미래에만 초점을 맞춰야 한다고 주장하는 사람들이 있다. 이들은 미움과 대립으로 얼룩진 과거를 얘기하는 것이 서로에게 상처만 줄 뿐 갈등해결에는 도움이 되지 않는다고 말한다. 그러나 과거를 얘기해야만 현재의 문제를 풀고 미래를 얘기할 수 있는 일들도 있다.

갈등의 역사 안에는 갈등과 관련해 영향을 주고받는 사람들의 관계도 포함돼 있다. 개인 갈등은 물론 집단 사이의 갈등에도 앞에 나서서 갈등에 대응한 사람들의 관계가 개입돼 있다. 그러니 대화를 시작할 때 어긋나고 대립적이었던 과거의 관계를 인정하고 그럼에도 대화의 자리에 마주 앉아야 하는 이유를 언급할 수밖에 없다. 갈등의 역사, 다시 말해 과거를 어떤 방식으로든 인정하지 않고는 대화 자체를 시작하기 힘들다. 그러니 대화는 미래지향적이어야 한다는 이유로 억지로 과거를 거부하는 것보다는 과거를 적극적으로 다루는 것이 더 현명하다.

사실 갈등에 직면한 사람들의 앞에는 미래가 아니라 항상 과거가 있다. 때로는 대화에서 다룰 문제와 직접 관련되지 않지만 갈등을 만드는 데 영향을 미친 먼 과거의 일까지 다뤄지기도 한다. 개인 갈등이나 사회 갈등이나 모두 마찬가지다. 장모와 사위의 불화는 상견례나 결혼식 준비 때 싹튼 부정적인 감정과 대립적 태도에서 비롯됐을 수 있다. 공기업과 지역 주민들의 갈등은 해당 공기업이 처음 그 지역에 쓰레기소각장을 지을 당시 힘으로 밀어붙이고 불통으로 일관한 역사에 뿌리를 내리고 있을 수 있다.

갈등에 처한 사람들은 상대와 관련된 과거로 돌아간다. 그 과거는 개인이나 집단에게 트라우마일 수도, 정체성 형성에 결정적 영향을 미친 사건일 수도, 또는 잊을 수 없는 기억일 수도 있다.* 때문에 과거를 잊거나 제쳐놓으라는 말은 누군가에게는 정체성을 버리고 중요한 기억을 지워버리라는 말로 들릴 수도 있다. 한 예로 미국에서 원주민들이 토지나 수자원 이용을 둘러싸고 정부와 생긴 갈등을 해결하기 위해 대화의 자리에 앉을 때, 그들은 대화를 시작하기 전에 백인 정복자들이 가한 억압 및 폭력과 자기 선조들이 겪었던 고난의 역사를 얘기한다. 그들은 대화 자리에 앉은 사람들에게 자신들의 역사를 경청하고 인정해줄 것을 요청한다. 역사가 자신들의 정체성에서 중요하며, 그 역사를 인정하는 것이 대화의 전제 조건임을 확인하는 것이다.

대화를 잘하고 갈등을 해결하기 위해서는 상호 인정이 필요한데

• J. P. Lederach(2005), *The Moral Imagination: the Art and Soul of Building Peace*, New York: Oxford University Press, pp. 138~149.

과거에 누가 어떤 일을 했는지 얘기하는 것은 곧 서로를 인정하는 셈이 된다. 때로 대화의 전제조건으로 갈등과 관련해 저지른 잘못과 실수를 인정하고 사과할 것을 요구하는 경우도 있다. 가장 바람직한 대응은 물론 잘못을 인정하고 사과하는 것이다. 그러나 시작이 어찌됐든 대립이 격화된 것에 대해서는 상호 책임이 있다고 생각하는 사람들은 그런 요구를 쉽게 수용하지 않는다. 그럼에도 과거를 얘기하고 서로의 생각, 느낌, 상처, 바람 등을 공유하는 것은 바람직한 일이다. 최소한 어떻게 과거의 일이 서로에게 영향을 미쳤고 각자 어떤 책임을 져야 하는지 성찰할 수는 있다. 잘못의 인정과 사과는 갈등 현안이 해결되고 관계가 회복된 후로 미루더라도 적어도 공동의 과거를 인정하는 것은 가능하다. 이렇게 갈등의 역사를 공유하고 나면 대화에 임하는 태도와 대화의 내용이 달라질 수 있다.

③ 상대의 말을 인정하라

대화에서 가장 경계해야 하는 것은 그 누구도 아닌 자기 자신이다. 자신의 생각과 감정에만 매몰돼 있어 다른 사람의 얘기를 잘 듣지 못할 수 있다. 갈등이 격해질수록 사람들은 자신이 만든 세상밖에 보지 못하는 우물 안 개구리가 될 가능성이 커지지만 그것을 알아채기 쉽지 않다. 대립이 심각할수록 자기 자신을 합리화하고 주변 사람들에게 자신의 태도와 행동의 정당성을 증명해야 하기 때문이다. 그래서 자신이 주장하는 사실이 진실임을 알리는 데 주력하고 때로는 약간의 과장과 장식을 첨가하기도 한다. 어디까지나 상대의 '거짓'과 '부당함'을 알리기 위해서이므로 별 문제가 되지 않는다고 생각한다.

자기의 진실을 강조하고 포장하는 일은 곧 다른 사람의 진실을 거부하거나 왜곡하는 것으로 이어진다. 갈등이 악화되고 위기로 치달을 때 이런 일이 빈번하게 나타난다. 상대의 행동 하나하나를 부정적으로 해석하고 뒤에 불순한 동기가 숨어 있다고 지적한다. 객관성을 잃고 모든 것을 흑과 백으로 단순 구분해 자신은 절대적으로 정직하고 상대는 모든 면에서 사악하다고 생각한다.* 이것은 결국 자기 인식의 왜곡이지만 사람들은 그것을 인정하지 않고 깨닫지도 못한다. 오히려 그런 사실을 지적하는 사람들을 진실의 편이 아니라고 비난한다.

대화에 들어간다고 객관성이 회복되거나 왜곡된 인식·태도·행동이 바로 변하지는 않는다. 하지만 일단 대화의 자리에 앉으면 억지로라도 자신의 우물 안에서 나와야 한다. 자기만의 진실이 아니라 모두의 진실을 찾고 그것에 근거해 해결책을 찾는 것이 대화의 목적이기 때문이다. 그러기 위해서는 먼저 상대의 말을 인정해야 한다. 물론 상대가 거짓말을 하거나 과장할 수도 있지만, 그래도 상대가 진실이라고 얘기하면 진실이라 인정해야 한다. 대화는 서로가 한 말의 토대 위에서 진행돼야 한다. 다만 자신은 상대가 말한 것과 관련해 다른 이해를 하고 있고 여전히 의문이 남아 있다고 얘기하면 된다. 그렇지 않고 직설적으로 상대 얘기가 거짓이라고 비난하면 대화는 깨진다. 상대가 의도적으로 거짓말을 했더라도 대화 과정에서 갈등의 원인을 밝히고 일어난 일들을 정리하고 문제의 해결책을 찾다보면 대부분의

---

* 수잔 L. 카펜더, W. J. D. 케네디, 정주진 옮김(2010),『공공갈등 해결―정부, 기업, 시민단체를 위한 실전 가이드』, 아르케, pp. 41~42.

진위는 밝혀지게 된다. 설사 모두 밝혀지지 않는다 하더라도 서로 상대가 어떤 인식과 이해를 가지고 있는지는 알 수 있다. 그리고 원래 각자의 생각과 판단에 따른 주관적 진실은 변하지 않기도 한다.

상대의 말을 인정하는 것은 곧 자신의 말을 인정받는 길이기도 하다. 상대의 말을 인정하기 위해서는 먼저 자신의 인식과 판단이 왜곡되지 않았는지 스스로 점검해야 한다. 그리고 자신에게 상대에 대한 편견과 오해가 있을 수 있음을 인정하고 상대에게도 그 가능성을 솔직하게 밝혀야 한다. 이것은 곧 상대에게 상호 인정을 요청하는 것이다. 결과적으로 불신과 왜곡에서 신뢰와 공동의 사실을 찾는 방향으로 대화의 흐름을 바꿀 수 있다. 대화 자리에 나온 사람들 중 한 사람만이라도 그렇게 할 수 있다면 협상과 합의를 통해 갈등을 해결할 가능성은 그만큼 높아진다.

④ 잘 듣고 응답하라

듣기는 대화의 기초 중의 기초다. 그런데 듣기를 잘하는 사람은 그리 많지 않다. 특히 대화와 협상의 장에서 듣기를 잘하는 사람은 드물다.

'듣기'는 말하는 사람에게 집중하는 것을 말한다. 자신이 말할 차례를 기다리면서 건성으로 듣거나 상대의 말에 반론을 제기하기 위해 듣는 것과는 본질적으로 다르다. 상대에게 집중하는 듣기는, 곧 그 사람을 이해하고 갈등과 관련된 문제와 사건을 그 사람의 시각으로 이해하기 위해 노력하는 것이다.

대화 자리에서 다른 사람의 얘기를 잘 듣기 위해서는 몇 가지 유념

할 것들이 있다. 첫번째는 상대의 말을 정확히 이해하고 숨겨진 맥락까지 파악하기 위해 적절한 질문을 해야 한다는 것이다. 질문은 공격하기 위해서가 아니라 상대가 하는 이야기의 배경과 숨겨진 의미까지 이해하기 위해 하는 것이다. 질문을 통해 자신의 사전지식에 근거해 대충 짐작하지 않고, 특정 문제나 사건에 대한 상대의 해석과 이해를 정확히 확인해야 한다.

두번째는 말하는 사람의 생각이나 행동을 판단하지 않는 것이다. 자신의 잣대로 말하는 사람의 옳고 그름을 판단하는 것은 듣기가 아닐 뿐만 아니라 대화의 목적에도 어긋난다. 대화의 목적은 서로 다른 생각을 인정하고 공동의 해결책을 찾는 것이기 때문에 다른 점이 드러나는 것은 자연스런 일이다. 애초에 생각과 판단이 같았다면 갈등이 생기지도 않았을 것이다. 판단을 하지 말아야 하는 가장 큰 이유는 말하는 사람의 주장이나 태도를 평가하면 더 이상 대화가 진행되지 않기 때문이다. 자신의 생각과 태도에 옳고 그름의 잣대를 갖다대는 사람을 좋아하는 사람은 없다.

세번째는 숨겨진 동기나 의도를 의심하지 않는 것이다. 갈등 관계에 있는 사람들 사이에는 신뢰가 없다. 특히 갈등이 위기에 도달하면 상대의 모든 말과 행동을 부정적으로 해석하고 숨은 동기나 의도가 있다고 의심한다. 그러나 일단 대화 자리에 앉아 상대의 얘기를 들을 때는 그런 의심을 접어두고 말하는 사람의 얘기를 있는 그대로 인정해야 한다. 이해하기 힘든 부분이 있다면 질문을 통해 사실관계나 맥락을 확인해야 한다. 한 번의 의심이 대화의 시작으로 만들어지기 시작한 신뢰를 완전히 소멸시킬 수도 있다.

마지막으로 가장 중요한 것은 논쟁하기 위해 듣지 않는 것이다. 논쟁을 하려는 사람은 상대를 공격하고 비난하기 위해 상대의 말을 듣는다. 그러나 대화에서의 듣기는 자신과 상대의 다른 점과 같은 점을 확인하고 그것을 토대로 공동의 해결책을 모색하기 위한 것이다. 이미 생각과 입장이 다르다는 걸 인정하고 시작한 것이기에 논쟁은 무의미하고 말하는 사람을 자극하기만 할 뿐이다. 그러니 아예 논쟁에 대한 생각은 접어두고 듣는 것에 집중해야 한다.

잘 듣고 나서는 잘 응답해야 한다. 이야기를 해준 것에 감사를 표시하고 그에 대한 자신의 생각과 소감을 말하는 것이 좋다. 물론 공격적이지 않은 방식으로 해야 한다. 이해할 수 없거나 이견이 있는 부분에 대해서는 자신의 생각 그대로를 전하고 확인을 위해 질문하면 된다. 상대의 얘기를 듣고서 특정 문제나 사건에 대한 이해가 달라지고 생각에 변화가 생겼다면 솔직하게 표현하는 것이 좋다. 그런 진심이 잘 전달되면 상대를 감동시킬 수도 있다. 설사 상대가 자신의 말을 제대로 듣지 않고 여전히 싸우려는 태도를 가지고 있다 하더라도 이런 응답은 충분히 효과가 있다. 한쪽이라도 잘 듣고 잘 응답하면 상호 공격과 비난의 악순환을 깰 수 있고 제대로 된 대화를 시작할 수 있다.

⑤ 상대의 소통 방식을 파악하라

오랫동안 좋은 관계를 유지해온 사이에서도 오해가 쌓이는 것을 보면 소통이 얼마나 어려운 일인지를 알 수 있다. 하물며 계속되는 대립으로 갈등이 갈수록 악화돼 대화를 시작한 사람들 사이에 소통이 잘 될 리가 없다. 대화 자리에서 상대와 소통하기 위해서는 특별한 노력이 필요하다. 기본적인 소통이 안 되면 대화가 진행되지 않고 협상까지 갈 수도 없다.

소통 방식은 사람마다 다르다. 일상에서 만나는 다양한 사람들의 이야기 방식, 사용하는 언어, 친한 사람과 그렇지 않은 사람에 대한 반응, 자신의 주장을 얘기하고 관철시키는 방법 등을 보면 사람 수만큼 다양한 소통 방식이 있음을 알 수 있다. 일상에서는 다른 사람들과 관계를 맺고 상호 이해가 깊어지면 자연스럽게 소통 방식도 알게 된다. 또한 좋은 관계가 되고 싶은 사람의 소통 방식은 더 잘 이해하려고 노력한다. 그런데 갈등을 겪는 사람들은 다르다. 그들은 상대의 소통 방식에 거의 완벽하게 무지하거나 이미 알고 있는 것도 무시하고 거부한다. 그런 사람들이 마주 앉았다면 먼저 서로의 소통 방식을 파악하고 인정해야 제대로 대화할 수 있다.

소통 방식을 알기 위해서는 먼저 사람을 이해해야 한다. 사람마다 독특한 소통 방식은 단순히 말투나 습관의 차이에서 오는 것이 아니다. 삶의 방식, 배경, 경험, 가치관 등이 사람들의 소통 방식에 영향을 준다. 문화도 큰 영향을 미친다. 같은 한국문화 안에 살아도 어떤 하위문화와 긴밀하게 연결돼 있느냐에 따라 소통 방식이 달라진다. 회사원과 공공기관 실무자의 소통 방식이 다르고 자영업자와 주부의 소통 방식이 다를 수밖에 없다. 남자와 여자 사이에도 차이가 있다. 한 가지 예로 대부분의 남자들은 긴 서론에는 관심 없고 즉각 본론으로 들어가길 원하지만 대부분의 여자들은 본론으로 들어가기 전에 긴 설명을 덧붙이곤 한다. 마주 앉은 사람이 어떤 소통 방식을 가지고 있는지 파악하고 그것을 이해하려고 노력하는 것이 원만한 소통을 위한 첫걸음이 된다.

소통 방식을 파악했다면 자신과 잘 맞지 않는 방식이라도 받아들이고 적응해야 한다. 소통 방식은 쉽게 변하지 않으며, 상대의 소통 방식을 지적하거나 자신의 방식만 고집하는 것은 의미가 없다. 괜히 감정만 상할 뿐이다. 자신과 다른 소통 방식에 대응하는 가장 좋은 방법은 소통 방식의 차이에서 비롯된 공백을 찾아내고 그것을 채울 수 있는 명확한 설명이나 추가 정보를 요청하는 것이다. 또한 상대의 소통 방식과 통할 수 있게 자신의 방식을 적절한 수준에서 수정하는 것이다. 예를 들어 지나치게 고맥락 의사소통에 의존하는 사람과 대화를 할 때는 숨겨진 생각과 의도를 파악하기 위한 질문을 해야 한다. 항상 체계적인 설명을 요구하는 사람에게는 왜 체계적인 설명이 부족할 수밖에 없는지, 체계적으로 보이지 않는 설명이 내포하고 있는 내용과 의미가 무엇인지를 설명해줘야 한다. 상대가 다른 삶의 방식과 문화에 전혀 관심을 두지 않는다면 그 차이를 서로 알고 인정할 필요가 있음을 공유해야 한다.

소통 방식을 파악하는 이유는 결국 자기와는 다른 방식에 대응할 수 있는 적절한 소통 방식을 찾기 위해서다. 대부분의 사람들이 어린아이에게 천천히 얘기하고 친절하고 상세한 설명을 덧붙이는 이유는 어린아이의 소통 방식을 인정하고 수용하면서, 자신의 뜻을 잘 전달하기 위해서다. 어른과의 소통도 마찬가지다. 상대의 소통 방식을 파악했다면 그것을 수용하고 대응 방식을 찾아야 한다. 다섯 사람을 상대한다면 다섯 가지의 대응 방식을 찾아야 한다. 이는 자신의 소통 방식을 포기하고 상대의 방식에 따르거나 비위를 맞추는 일이 아니라, 효율적으로 대화하기 위해 새로운 소통 방식을 찾는 일이다. 상대의 소통 방식과 자신의 것을 적절히 결합시켜 새로운 방식으로 소통하면 상대의 생각과 의도를 더 잘 알 수 있고 정보도 더 많이 얻을 수 있다. 또한 시간이 지나면 상대도 새로운 방식에 점차 적응하면서 공동의 소통 방식이 만들어질 수 있다.

⑥ 이익과 관계 둘 다를 생각하라

갈등과 관계는 밀접히 연결돼 있다. 갈등은 관계에서 비롯되고 갈등이 악화되면 관계가 중단되거나 파괴된다. 한국인들이 갈등과 관련해 가장 많이 불편해하고 난감해하는 부분이 이런 관계의 문제다. 그런데 갈등을 해결하기 위한 대화나 협상 자리에서는 관계를 고려하지 않는 경우가 많다. 앞에서 설명한 협상 이론도 관계는 언급하지 않는다. 갈등과 직접 관련이 없고 갈등해결 과정에서도 굳이 다룰 필요가 없는 문제로 취급하는 것이다. 물론 관계의 중요성을 완전히 부인해서는 아닐 것이다. 다만 관계를 이익에 맞춰 갈등을 해결하면 자연스럽게 풀릴 문제쯤으로 간주하는 것이다.

많은 사람들이 갈등을 해결할 때 이익은 필수적인 현안이고 관계는 선택적인 문제라고 생각한다. 그래서 갈등을 일으킨 문제를 해결해 각자의 이익을 지켜내는 것에 초점을 맞춘다. 관계는 여유가 있으면, 또는 운이 좋으면 다룰 수 있는 문제로 취급한다. 비교적 관계가 중요시되는 개인 갈등의 경우에도 마찬가지다. 그래서 관계는 무의식적으로 배제되고 의식적으로 외면된다.

사실 이익과 관계 중 하나만 선택할 이유는 없다. 사람들은 다만 둘 다 다루는 것이 힘들거나, 때로는 불가능하다고 생각해 하나에만 집중하곤 한다. 어떤 사람들은 노골적으로 이익을 취하려면 관계를 포기하거나 그 반대여야 한다고 말하기도 한다. 그러나 외면하려고 해도 관계는 항상 대화와 협상에서 일정한 역할을 한다. 관계가 원만하면 대화도 원만하게 잘 진행되고 반대의 경우엔 어려움을 겪는다. 또한 이익에만 초점을 맞춘다 해도 관계의 질에 따라 이익에 대한 논의의 질과 내용이 달라진다. 그래서 둘 다 생각하면서 대화와 협상을 하는 것이 더 현실적이고 효율적이다.

　이익과 관계를 동시에 다룰 수 있는 방법에는 두 가지가 있다. 하나는 대화와 협상이 이익의 획득은 물론 관계의 개선이나 회복에도 기여할 수 있도록 이끄는 것이다. 소극적으로는 대화를 시작할 때 갈등이 관계에 미친 영향을 살펴보고 그로 인해 각자 겪은 일을 공유해볼 수 있다. 적극적으로는 이익의 문제를 해결하는 것뿐만 아니라 관계를 회복하는 대화와 협상을 만들자고 합의할 수 있다. 이것은 이익을 위해 관계를 포기하거나 그 반대의 경우를 만들지 않겠다는 약속이다.

　다른 하나의 방법은 이익에 초점을 맞출 수밖에 없는 상황이라 해도 적어도 대화와 협상을 하는 동안 관계를 악화시키지 않도록 노력한다는 약속을 하는 것이다. 사회 갈등의 경우 갈등에 관련된 집단이나 개인은 관계의 문제를 언급하는 것 자체를 불편해한다. 관계는 비공식적인 것이라 생각하기 때문이다. 그럼에도 관계를 악화시키지 않는다는 약속은 대화와 협상에 긍정적인 영향을 미친다. 이런 약속이 적어도 비겁한 수단 방법은 동원하지 않게 만들 수 있다. 소극적인 방식으로라도 관계를 함께 다룬다면 관계의 중요성을 공유할 수 있고, 향후 관계를 회복하기 위한 노력에 도움이 된다.

⑦ 상대와 공동의 목표를 정하라

대화와 협상은 같이 문제를 해결하는 절차다. 일단은 한번 만나보자고 가볍게 대화를 시작해도 궁극적인 목적은 문제를 해결하고 갈등을 끝내는 것이다. 그러니 시험 삼아 한 번을 만나든 여러 번 반복적으로 만나든 항상 대화가 끝날 때 성취해야 할 목표가 있을 수밖에 없다. 한 번의 대화에서 목표는 대화를 계속할지 결정하는 것일 터이다. 여러 차례 대화의 목표는 단계적인 절차를 거쳐 협상을 하고 합의하는 것이 될 터이다. 어떤 목표든 그것은 공동의 목표다. 그런데 대화에 임하는 사람들조차 의식적 또는 무의식적으로 공동의 목표를 외면하곤 한다.

대화 자리에 앉은 사람들이 공동의 목표를 외면하는 이유는 간단하다. 비록 마주 앉기는 했지만 대립 관계에 있는 사람과 함께 무엇을 한다는 사실에 불편함을 느끼는 것이다. 서로 격렬히 대립하고 있는 사람들은 '공동'이라는 말 자체에 강한 반감을 드러내기도 한다. 그러나 대화가 시작되면 목표가 정해져야 하고, 그것은 대화 자리에 앉은 사람들의 공동 목표가 될 수밖에 없다. 거기에 '공동'이란 말을 붙이든 아니든 말이다. 그러니 단어에 대한 거부감을 극복하고 공동의 목표를 정하는 것이 대화와 협상에 훨씬 도움이 된다. 그렇게 하면 대화의 시작, 진행, 각 단계에서의 결정, 협상, 그리고 최종 합의가 공동으로 책임져야 할 일이라는 것이 분명해지고 목표 의식도 공유할 수 있다. 물론 거부감이 강하다면 대화가 진행되고 최소한의 신뢰 관계를 만든 다음에 공동의 목표를 정할 수 있다. 어떤 방식이든 공동의 목표가 정해지지 않으면 대화는 잘 진행되지 않고 도중에 중단될 가능성이 높다.

공동의 목표는 단계별로 세워져야 한다. 물론 최종 목표는 갈등을 야기한 문제를 해결하는 합의다. 그렇지만 거기까지 가기 위해서는 단계가 필요하다. 목표는 매번 대화를 시작할 때, 또는 각 단계를 시작할 때 정할 수 있다. 개인 갈등의 경우에는 주로 별다른 절차가 없이 대화를 하기 때문에 시작할 때 그날 얘기할 내용과 결론내야 하는 문제를 함께 정하는 것이 쉽고 효율적이다. 대화를 끝내기 조금 전에 자연스럽게 논의하던 것을 어떻게 마무리할지 결정할 수도 있다. 여러 당사자가 관련된 사회 갈등의 경우에는 미리 대화의 단계와 일정을 같이 정하고 각 단계마다 달성해야 할 목표를 정해야 한다. 그전에 먼저 대화에서 어떤 문제를 어떻게 다룰 것인지를 함께 정하는 것이 필요하다. 그래야 다뤄야 하는 문제의 목록에 맞춰 매회 대화의 목표를 정할 수 있다.

공동의 목표를 정할 때 반드시 주의해야 할 점은 정해진 목표를 절대적인 것으로 취급하지 않는 것이다. 대화는 어떻게 진행될지 알 수 없고 정해진 목표가 항상 달성되지도 않는다. 사회 갈등은 물론이고 비교적 단순해 보이는 개인 갈등도 언제 새로운 문제나 인물이 등장해 영향을 미칠지 알 수 없다. 또 주변 상황의 변화가 대화의 진행을 방해할 수도 있다. 그러니 공동의 목표를 고수하는 것도 중요하지만 필요할 때 적절한 융통성을 발휘해 수정하는 것도 필요하다.

⑧ 한 가지씩 논의하고 합의하라

세상에 단순한 갈등은 없다. 두 사람 사이에 작은 문제가 발단이 돼 생긴 갈등이든, 큰 사회문제를 둘러싸고 여러 집단 사이에 생긴 갈등이든 모든 갈등은 다 복잡한 관계와 문제를 가지고 있다. 무엇보다 갈등은 그에 직면한 사람들에게는 세상 어느 것과도 비교할 수 없는 가장 큰 도전이자 인생의 시련이다. 이런 사람들이 대화를 하기로 결정했다면 그 자체로 대단한 일이다. 해결의 희망이 생긴 것이다. 그러나 복잡하고 막막해 보이는 갈등을 제대로 해결하려면 어떻게 대화를 계획하고 실행해야 할지 막막하다. 대화에서 어떤 얘기부터 어떻게 시작해야 할지 생각나지도 않는다. 이럴 때일수록 한 가지씩 차근차근 논의하고 합의해야 한다.

대화를 시작할 때는 먼저 어떤 일이나 문제를 논의할지 결정해야 한다. 물론 함께 정해야 한다. 그런 후에는 대화 일정과 단계에 따라 한 가지씩 다뤄나가면 된다. 한 번의 대화에서 모든 일을 다뤄야 하는 경우도 있고 여러 차례 대화를 해야 하는 경우도 있다. 어떤 경우가 됐든 한 가지씩 차례대로 다루면 된다. 이렇게 논의할 일의 순서를 정하는 것이 첫번째 논의와 합의가 된다. 물론 당연히 대화 일정과 장소도 같이 결정해야 한다. 두 사람이 만나 대화하는 것이 아니라 여러 사람이 만나 대화해야 한다면 이것을 조율하고 결정하는 것이 좀 복잡할 수 있지만, 당연히 거쳐야 하는 절차다.

대화를 시작하면 본격적으로 단계적인 논의와 합의가 필요하다.

한 가지 사안을 다루고 다른 사안으로 이동할 때마다 더 이상 논의할 것이 없는지, 논의를 끝내도 되는지 서로 묻고 합의를 해야 한다. 거추장스럽지만 효율적인 대화를 위해서다. 이렇게 하면 논의한 내용과 동의 여부가 분명해지기 때문에 서로 오해가 쌓일 가능성이 낮아진다. 또한 누군가 나중에 엉뚱한 얘기를 하거나 힘을 이용해 이미 논의한 것을 무효화시킬 수 없다.

일을 논의하고 처리하는 방식의 차이, 소통 방식의 차이, 각 사안을 보는 시각의 차이 때문에 비록 작은 사안일지라도 합의를 이루는 것은 쉽지 않다. 그러나 해야 하는 일이고 누구든 할 수 있는 일이기도 하다. 한 가지씩 논의하고 합의할 때 가장 좋은 점은 대화가 함께 진행하는 절차임을 확인할 수 있다는 것이다. 또한 대립 관계에 있는 사람과 대화하는 것이 결코 쉬운 일은 아니지만 완전히 불가능하지 않다는 것도 확인할 수 있다. 무엇보다 최종 합의는 아니지만 작은 것 하나라도 합의를 하면 상호 신뢰를 만들 수 있고 대화로 갈등을 해결할 수 있다는 자신감도 조금씩 얻을 수 있다.

⑨ 내부의 합의를 만들어라

대화 자리에는 직접 갈등을 겪는 당사자들이 마주 앉는다. 그들은 대화의 시작부터 끝까지 함께 논의를 하고 크고 작은 결정을 하게 된다. 그런데 대화 자리에 없는 사람과의 합의가 필요한 경우도 있다.

개인 갈등의 경우에 배우자·부모·자녀·회사 동료·상사 등은 갈등의 직접 당사자는 아니지만 그로부터 영향을 받는다. 그래서 이들은 대화 자리에 나간 사람이 자신들의 의견을 수렴하길 바라고 그래야 한다고 생각한다. 사회 갈등의 경우에는 갈등을 겪는 집단에 많은 사람들이 소속돼 있다. 집단을 대표해 한두 사람만이 대화 자리에 앉기 때문에 당연히 다른 사람들과의 정보 공유와 합의가 필요하다. 대화 자리에서 마주 앉은 사람과 합의하기 전에 먼저 자신과 밀접한 관계에 있는 사람이나 소속된 집단과 내부 합의를 해야 한다.

내부 합의를 거치지 않는다면 갈등이 제대로 해결되지 않는다. 개인 갈등의 경우 엄격히 보면 배우자·부모·자녀·회사 동료 등은 갈등과 직접 관련이 없다. 그러나 그들도 갈등의 영향을 받는다고 생각하면 무시하기 힘들고, 그들의 동의 없이 최종 합의를 하면 최악의 경우 큰 반대에 부딪혀 합의를 철회해야 하는 상황에 처할 수도 있다.

집단이 관계된 사회 갈등의 경우는 내부 합의가 반드시 필요하고 때로는 그것이 상대와의 합의보다 힘든 경우도 있다. 보통 대화가 진행되면 대화하는 사람들끼리는 관계가 만들어지고 서로를 조금씩 이해하게 된다. 또한 여러 가지 문제를 함께 논의하고 각자의 어려운 상황을 공유하면서 조금씩 신뢰가 생기기도 한다. 그러나 대화에 참여하지 않은 사람들은 여전히 상대를 알지 못하고 불신한다. 때문에 대화 자리에서 이뤄진 합의에 이의를 제기하고 반대할 수 있다. 이런 일을 막기 위해서 매번 대화가 끝난 후에는 논의된 내용을 공유하고, 결정할 일이 있다면 대화 전에 전체 내용을 논의하거나 가이드라인을 정해야 한다.

개인마다 또는 집단마다 내부 합의에 필요한 시간은 다르다. 합의가 필요한 사람과 얼마나 신속하게 접촉할 수 있고 얼마나 많은 사람과 합의해야 하느냐에 따라 필요한 시간이 달라진다. 개인의 경우에는 비교적 융통성을 발휘할 수 있지만 집단의 경우에는 조직의 체계나 문화의 영향을 받기 때문에 융통성이 적을 수밖에 없다. 기업, 공공기관, 공기업 등은 저마다의 보고 체계와 결재 방식이 있고, 지역 주민들의 경우에는 공식적으로 회의 시간을 잡고 모여 논의하는 데 일정한 시간이 걸린다. 여러 단체가 모인 대책위원회 같은 경우도 마찬가지다. 대화에서는 이렇게 서로 다른 내부의 논의 구조와 합의 체계를 서로 인정해주고 기다려줘야 한다. 성급하게 대화 자리에 앉은 사람끼리 중요한 결정을 해버리면 최악의 경우 그 결정이 무효화될 수 있다. 분노하고 저항하는 집단이 대화에 참여한 대표의 자격을 박탈할 수도 있다. 이렇게 되면 사람들 사이의 신뢰가 깨지고 결국 대화의 진행 자체가 힘들어진다.

⑩ 항상 대화의 가능성을 열어두라

대화를 시작했다고 대화가 계속된다는 보장은 없다. 싸우던 사람들이 대화를 하겠다고 마주 앉으면 어쨌든 절반 정도 성공한 것이다. 그렇지만 나머지 반은 여전히 예측할 수 없다. 사람들이 대화에 응하는 이유는 여러 가지다. 궁극적으로는 갈등을 해결하기 위해서지만 그렇다고 꼭 대화에 큰 기대를 거는 것은 아니다. 때로는 전략적으로 대화를 선택하기도 한다. 불리한 상황을 중단시키기 위해 대화에 응하기도 하고, 주변 사람이나 사회의 압력에 못 이겨 마지못해 대화를 시작하기도 한다. 대화 자체가 목적이 아니라 수단이 되는 것이다. 이런 경우 대화 자리에 앉은 사람들의 진정성과 상호 신뢰의 수준은 낮을 수밖에 없다. 대립이 극에 달하고 갈등이 교착상태에 빠져 더 이상 앞길이 보이지 않을 때 최후의 방법으로 대화를 선택하기도 한다. 이 경우에는 오히려 대화가 잘 될 가능성이 높다.

대화가 반드시 좋은 결과를 낳는다는 보장은 없다. 대화에 응하는 사람들의 동기가 모두 같지 않고 대화에 거는 기대도 다르기 때문이다. 이런 저런 이유로 대화는 많은 어려움을 가지고 시작되고 도중에도 여러 가지 도전에 직면한다. 무엇보다 가장 큰 어려움은 당사자들 사이에 불신이 깊고 상호 의심이 많다는 것이다. 그래서 일정이나 장소 같은 지엽적인 문제를 논의할 때도 시간이 오래 걸리고 작은 결정에도 인내심을 필요로 한다. 때문에 대화를 하지 않아도 손해를 볼 것이 없다고 생각하는 사람이나 대화에 높은 기대가 없는 사람은 빨리 포기하기도 한다.

대화는 한 가지 문제도 제대로 논의하지 못한 채 한 번의 만남으로 끝날 수도 있다. 계속 잘하다가 최종 합의 직전에 끝날 수도 있다. 대화를 하는 사람들이 불성실하고 상호 신뢰가 없어서 도중에 끝날 수도 있지만 서로를 존중하면서 성실히 임해도 아무런 합의를 못하고 끝날 수도 있다. 그렇지만 아무런 성과 없이 끝난다 하더라도 반드시 향후 대화의 가능성은 열어두고 끝내야 한다.

결국 대화를 시작할 때는 대화가 끝까지 잘 돼 합의를 이뤄낼 수도 있지만, 언제든 대화가 중단될 수 있다는 것을 명심해야 한다. 전자의 상황이 바람직하지만 후자의 상황에서도 대화의 가능성을 열어두고 끝낸다면 완전히 실패했다고 볼 수 없다. 그러기 위해서는 대화가 진행되는 동안 최선을 다해야 한다. 전략적 선택으로 대화를 시도

했든, 아니면 당장 눈앞에 닥친 상황을 중단시켜보려고 시작했든, 또는 압력을 못 이겨 마지못해 받아들였든 일단 대화가 시작되면 최대한 성실히 임해야 한다. 대화 상대와 신뢰를 쌓고 존중과 배려로 상대를 대해야 한다. 그래야 대화의 가능성을 열어두고 끝낼 수 있다. 또한 최종 합의를 이루지 못하더라도 최소한 이전보다 갈등이 악화되는 것을 막을 수 있다. 그러면 여전히 갈등을 해결할 수 있는 희망은 있는 것이다.

7장

남겨진 도전

지금까지 얘기한 내용을 모두 이해했다 하더라도 갈등을 다 안다고 자신 있게 말하기는 힘들 것이다. 여전히 풀리지 않는 의문이 적잖고 아는데 실천하기 어려운 것도 많을 것이다. 모든 갈등을 반드시 해결해야 하는지, 또는 갈등을 정말 해결할 수 있는지 보다 근본적인 질문도 생길 것이다. 이 모든 어려움과 의문에 대한 답은 각자의 환경과 경험이 어떠한가에 따라 달라질 수 있다. 다만 어떤 경우든 아는 것이 모르는 것보다 낫다.

갈등에 대해 아는 것이 많을수록 선택할 수 있는 대응 방법은 많아진다. 자신이 무엇을 잘하고 있는지 잘못하고 있는지도 알 수 있다. 그런데 갈등에 대해 많이 알아도 어떻게 해야 할지 애매한 문제들이 있다. 매번 마주치는 문제지만 너무 당연하게 여겨서, 또는 어떻게 대응해야 할지 전혀 알 수 없어서 그냥 넘어가곤 한다.

이제부터 다룰 주제들은 대부분의 사람들이 심각하게 고려할 필요가 없다고 생각하는 그런 것들이다. 노력해도 일방적으로 해결이 안 되는 문제라서 고민하는 것이 의미가 없다고 여겨서, 또 관심을 쏟으면 오히려 갈등을 복잡하게 만들 수 있으니 외면하거나 포기하는 것이 낫다고 여겨서 그렇게 생각한다. 그래서 갈등을 설명하는 다른 교재나 자료에서는 거의 다루지 않는 문제들이다. 그렇지만 의도적으로 무시해도 그 문제들은 갈등과 갈등을 해결하려는 노력에 무시 못할 영향을 미친다.

세계관, 힘의 차이, 상대의 대화 거부, 그리고 관계 회복 등이 바로 그런 문제들이다.

앞에서 이런 얘기들을 아예 하지 않은 것은 아니다. 하지만 지금부터 다룰 내용은 주관적 생각이나 마음과 더 관련된 것이다. 갈등은 본래 비논리적인 면을 많이 가지고 있다. 객관적인 증거·논리·주장·데이터 등에만 기초해 갈등이 생기는 것은 아니다. 오히려 주관적 생각과 마음의 움직임 같은 것 때문에 생길 때가 더 많다. 주관적 생각과 마음이 합리적이지 않거나 타당하지 않다는 얘기는 아니다. 다만 사람들이 가지고 있는 다른 생각과 마음은 때로 논리적으로 설명하기 힘들고 그렇기 때문에 갈등 대응과 해결을 위해 정형화된 방식과 절차를 적용하기가 힘들다는 것이다. 그러니 효율적인 갈등 대응과 해결을 위해서는 논리적이고 객관적 진실을 찾는 것에 덧붙여 생각과 마음을 알아야 한다.

이는 갈등을 수학 공식과 비슷한 절차를 적용해 해결할 수 있다고 생각하는 사람들에게는 이해하거나 인정하기 어려운 내용일 수 있다.

그러나 갈등에 잘 대응하기 위해서는 반드시 한번쯤 눈여겨 봐야 하는 것이다.

1. 세계관의 충돌을 어떻게 다룰 것인가?

세계관은 곧 세상을 보는 눈을 말한다. 세상은 어떻게 구성돼 있는지, 어떤 철학과 가치 위에서 세상이 작동돼야 하는지, 무엇이 인간 삶의 의미가 되어야 하는지, 어떤 것을 기준으로 인간의 행동을 판단해야 하는지 등에 대한 주관적인 생각이 세계관이다. 이것은 앞에서 잠깐 언급한 가치관 및 정체성과 관련된 것이다. 세계관은 사람의 정체성을 이루는 근간이 된다. 한 사람이 다른 사람들에게 보여주는 독특하면서 구별되는 태도와 행동은 모두 세계관에서 비롯된 것이다. 갈등도 세계관에서 비롯되는 경우가 많다. 누군가 어떤 일에 문제를 제기하는 것, 그 일에 대한 다른 사람의 대응에 반대를 표하는 것, 그 결과 대립과 갈등이 만들어지는 것 등이 모두 세계관과 관련돼 있다.

한 부부가 이혼을 하게 됐다. 이혼 조정을 통해 둘은 다행스럽게도 집, 은행 저축, 주식 등의 재산 분할과 자녀 양육 분담 등 거의 모든 문제에 합의했다. 그런데 마지막 한 가지 문제를 놓고 심하게 대립했다. 결혼 첫해에 벼룩시장에서 2만 원 정도를 주고 산 싸구려 그림을 누가 가질 것이냐는 문제였다. 이 일을 통해 결혼을 보는 두 사람의 전혀 다른 시각이 드러났다. 부인은 결혼을 두 사람이 함께 하는 '공동의 여행'이라고 묘사했다. 반면 남편은 결혼을 두 사람의 '계약'이라고 표현했다. 부인은 여행의 동반자였던 남편과의 좋은 기억이 담긴 그림을 포기하기 싫었고, 남편은 결혼이라는 계약을 깬 부인에게 합당한 대가를 치르게 하기 위해 그림을 포기하기 싫었다. 전혀 다른 이유로 두 사람은 각자 자신이 그림을 가져야 한다고 주장했다. 싸구려 그림을 둘러싼 대립은 이렇게 두 사람의 다른 세계관에서 비롯되었다. 세계관이 결혼과 부부의 관계, 그리고 그들의 책임이 적용되는 사회적 세상(social world)은 물론 전혀 상관없어 보이는 물건이나 재산의 분배를 포함하는 물질적 세상(material world)에도 영향을 미친 것이다.[*]

세계관이 갈등에 중대한 영향을 미치는 경우는 흔히 볼 수 있다. 모든 사람이 자신만의 세계관을 가지고 있고 특정 문제나 상황을 해석하고 이해하는 경우에 자신의 세계관을 벗어나지 않는다. 책의 서두에서 다룬 출입문을 둘러싼 아파트 주민들의 갈등 사례를 보자. 출입문을 설치해 이웃 사람들의 통행을 막은 아파트 주민들은 자기 재산과 영역에 대한 통제가 다른 사람들의 권리나 심지어는 법보다 우선이라고 생각했다. 자신의 노력으로 획득한 재산과 그로 인해 얻은 권리에 절대적 가치를 부여한 것이다. 그렇게 자기 소유와 통제를 우선시하는 생각이 이웃과의 관계라는 사회적 세계와 출입문 설치라는 물질적 세계에 영향을 미쳤다.

송전탑, 원자력발전소, 쓰레기소각장 등의 건설을 둘러싸고 지역 주민들과 갈등을 빚는 공공기관·공기업의 입장과 태도를 보면 그들의 세계관을 잘 알 수 있다. 그들은 공공사업과 공공이익이 개인의

---

[*] J. S. Docherty(2001), *Learning Lessons from Waco: When the Parties Bring their Gods to the Negotiation Table*, Syracuse: Syracuse University Press, pp. 29~35.

권리와 이익에 우선한다고 생각한다. 그런 생각이 지역 주민들과의 관계라는 사회적 세계와 공공시설 건설이라는 물질적 세계를 지배하는 것이다.

사실 세계관이 조금이라도 영향을 미치지 않는 갈등은 없다. 그러니 세계관이 다루기 힘든 것이라고 해서 무시할 수도, 또는 세계관을 다루는 게 갈등을 더 복잡하게 만들 수 있다고 해서 외면할 수도 없다. 그렇다면 갈등에 직면한 사람들의 세계관 충돌은 어떻게 다뤄야 할까?

싸구려 그림을 놓고 대립하는 부부의 사례를 다시 생각해보자. 그들의 대립은 한쪽이 포기하면 끝난다. 그러나 대립이 결혼을 보는 각자의 세계관에서 비롯됐고 세계관은 정체성과 관련되기에 누구도 쉽게 포기하지 않는다. 이런 상황에서 가장 현실적이고 바람직한 방법은 각자의 세계관, 다시 말해 결혼을 보는 다른 시각을 서로 인정하는 것이다. 그래야 결혼을 보는 다른 세계관 때문에 생긴 그림을 둘러싼 대립을 끝낼 수 있다. 사실 그림은 진짜 문제가 아니다. 그림은 각자의 세계관을 보여주는 데 필요한 도구일 뿐이다. 이렇게 두 사람의 세계관이 다르다는 것, 그리고 그림이 진짜 문제가 아니라는 것을 서로 인정하면 그림은 정말 좋아하는 사람이 가져갈 수 있을 것이다.

앞에서 얘기한 아파트나 공공기관 및 공기업 사례에서도 마찬가지다. 출입문을 설치한 사람들의 세계관, 그리고 공공사업과 공공이익이 개인의 이익과 권리에 앞선다는 세계관은 유감스러워도 인정할 수밖에 없다. 그것이 그 자체로 존재하기 때문이다. 자신의 논리와 상식에 비춰볼 때 틀린 것이라고 밤새 싸워도 그런 생각을 바꾸거나 없앨 수는 없다. 물론 두 사례에서 그런 세계관은 다른 사람들의 삶에 중대한 피해를 입히기 때문에 정당성을 확보하기 힘들다. 그럼에도 불구하고 누군가 그런 세계관을 가지고 있다는 것 자체는 인정해야 한다.

결국 세계관의 충돌을 다루는 가장 현실적이고 효율적인 방법은 서로의 세계관을 적극적으로 인정하는 것이다. 세상을 보는 다른 사람의 눈이 자신과 다르다고 해서, 그것을 부인하거나 비난하는 것은 합리적이지도 현명하지도 않다. 세계관이 첨예하게 대립할수록 더욱 적극적으로 인정하고, 필요하다면 서로의 세계관을 비난하거나 폄하하지 않는다는 약속도 해야 한다. 그때 비로소 갈등을 야기한 문제와 관련된 이익을 두고 대화와 협상을 할 수 있다.

상대의 세계관을 인정하는 것은 자신의 세계관을 인정받는 방법이기도 하다. 적극적으로 상대의 세계관을 인정하고 한발 더 나아가 보호까지 해줄 수 있다면 자신의 세계관을 존중받을 가능성도 그만큼 커진다.

2. 힘의 차이를 어떻게 극복할 것인가?

갈등과 관련해 가장 민감한 문제 중 하나는 힘의 관계다. 이 책에서도 자주 언급했듯이 갈등 당사자 사이 힘의 관계는 갈등의 전개와 대응, 그리고 해결 방향에 지대한 영향을 미친다. 그러나 대부분의 사람들은 이 힘의 관계에 주목하지도 않고 알아도 언급하려고 하지 않는다. 힘이 강한 사람은 자신의 힘 때문에 상대가 강요당하는 것이 불공정하고 부당한 일임을 스스로 알기에 이를 언급하는 것이 불편하다. 반대로 힘이 약한 사람은 그런 불공정과 부당함에 맞서지 못하는 자신의 약점과 비굴함을 드러내는 일이 불편하고 자존심 상한다. 이런 이유로 상대적으로 힘이 강한 쪽도 약한 쪽도 모두 힘과 갈등의 관계를 노골적으로 언급하는 것을 피하려고 한다. 심지어 힘의 차이가 너무나 심해서 겉보기엔 갈등이지만 실제로는 한쪽이 일방적으로 억압하고 강요하는 경우에도 그렇다.

이미 설명한 것처럼 갈등은 극단적 힘의 차이가 존재하는 상황에서는 거의 발생하지 않는다. 회사에서 억압적인 상사에게 문제를 제기하는 직원이 한 명도 없다면, 또는 독재정권 하에서 사회 갈등이 전혀 발생하는 않는다면 그만큼 상사와 독재자의 힘이 절대적이란 얘기다. 그렇지만 힘의 차이가 커도 갈등이 발생하는 경우가 있다. 바로 약한 쪽이 자신의 힘을 재평가하여 새로운 힘을 발견했거나, 개발한 경우다.

많은 경우 힘은 물리적 힘을 의미하지만, 사람이나 집단의 관계에서 힘은 나이·교육 수준·정보·지식·인맥·재산·기술·언론·여론 등 아주 다양한 원천에서 나온다. 객관적으로 약해 보이는 사람일지라도 이런 다양한 힘의 원천을 분석하고 어떤 부분에서는 자신이 우위라고 주관적 판단을 내릴 수 있다. 그러면 상대에게 저항하거나 상대의 결정을 반대할 수 있고 그 결과 갈등이 생긴다. 가족의 지지를 받는 시부모와 책임감 강하고 성실한 며느리, 방대한 정보·지식·인맥을 가진 대기업과 여론의 지지를 획득한 소수 소비자들, 축적된 정보와 기술을 가진 공기업과 모든 면에서 아마추어지만 결집력이 강한 지역 주민들, 법적 근거와 권한을 가진 공공기관과 사회적 지지를 확보한 일반 시민들 사이에 갈등이 형성되고 일정기간 유지되는 것은 누가 봐도 약자로 보이는 쪽이 새로운 힘을 만들었기 때문이다.

그러나 주관적 판단 또는 상황의 변화로 새로운 힘이 만들어지고 그로 인해 대립 관계가 형성돼도 근본적으로 존재하는 힘의 차이를 극복하는 데는 한계가 있다. 문제는 힘의 차이가 큰 상황에서도 갈등을 해결하기 위해서는 대화와 협상을 해야 한다는 것이다. 그런데 우여곡절 끝에 대화의 자리가 마련돼도 근본적 힘의 차이가 여전하면 대화는 갈등을 해결하는 수단으로서의 기능을 하지 못한다. 힘이 월등한 쪽의 희망대로 합의가 이뤄지면 문제는 일단락되겠지만 그것으로 갈등이 해결되진 않는다. 겉으로 드러내지 않을 뿐 약한 쪽은 계속 불만을 가지기 때문이다.

그렇다면 힘의 차이를 극복하고 갈등을 해결하려면 어떻게 해야 할까? 우선 첫번째 단계는 힘의 차이를 있는 그대로 인정하는 것이다. 갈등에 처한 개인이나 집단 사이에 힘의 차이가 존재하는 것은 자연스런 일이다. 문제는 그 차이가 너무 심하다는 것인데 그런 현실도 인정해야 한다. 동시에 힘의 차이를 가져오는 힘의 원천을 파악하고 그렇게 만들어진 힘이 갈등에 미치는 영향을 따져봐야 한다. 그래야 힘의 불균형을 조금이라도 해소할 방안을 찾을 수 있다.

두번째 단계는 자신과 상대가 가진 힘을 성찰하고 분석하는 것이다. 특별히 각자가 가진 힘의 종류와 특징을 파악하고 비교해봐야 한다. 가지고 있는 힘의 객관적 수준을 파악하고 동시에 상대적 평가도 해봐야 힘의 차이를 극복할 방법도 찾을 수 있다.

세번째 단계로 힘의 차이를 극복할 구체적인 방법을 모색해야 한다. 그 방법은 기본적으로 약한 쪽의 힘을 키우는 방식이 되어야 한다. 약한 힘이 약점이 되지 않도록 실질적 지원을 하는 것이 필요하다. 최소한 약한 쪽이 강한 쪽에 문제를 제기할 수 있는 정도의 힘은 가져야 공정한 대화 과정이 만들어질 수 있고 갈등을 만든 문제가 제대로 해결될 수 있다. 강한 쪽의 힘을 줄이거나 없애는 것은 사실상 어렵고 저항도 크기 때문에 그것을 긍정적으로 활용할 수 있는 방안을 찾는 것이 더 현실적이다. 강한 쪽이 가지고 있는 인맥, 지식과 정보, 언론과 여론에 대한 영향력 등을 갈등해결에 도움이 되는 방향으로 활용할 수 있다.

힘의 차이가 미치는 부정적 영향을 극복하는 가장 현명하고 바람직한 처방은 각 당사자가 가지고 있는 다른 종류의 힘을 통합시켜 갈등을 해결할 공동의 힘으로 바꿀 방법을 찾는 것이다. 통합된 힘으로 주변 사람이나 집단을 설득할 수도 있고, 공동의 문제에 대한 보다 자세하고 정확한 정보를 얻을 수도 있다. 회사의 구조나 가족 내의 가부장적 문화 등 갈등을 일으킨 근본적인 문제를 다룰 수도 있고, 각자 생각한 것보다 훨씬 나은 대안을 찾아내 예상치 못한 좋은 해결책을 만들 수도 있다. 각자의 힘만으로 해결할 수 있는 갈등은 없다.

3. 대화를 거부하는 상대에 어떻게 대응할 것인가?

문제가 발생하면 갈등이 벌어지고, 갈등을 해결하려면 반드시 대화를 해야 한다. 물론 문제를 해결하는 다른 방법도 있다. 대표적인 경우가 소송이다. 그러나 소송을 하면 문제는 해결할 수 있어도 갈등은 해결되지 않는다. 한쪽이 이기고 다른 쪽이 지는 방식으로 끝나기 때문이다. 이기기 위해 상대를 공격하고 비난하는 과정을 거치며 오히려 갈등은 더 악화된다.

소송이 아니라 제3자가 양쪽의 얘기를 듣고 판단해주는 중재 재판(arbitration)도 있다. 당사자들이 직접 합의하지 않는 것은 소송과 비슷하지만 중재자가 양쪽의 얘기를 듣고 각 당사자들이 원하는 것을 최대한 반영해 판단을 내리기 때문에 소송보다는 낫다. 그러나 이 방법도 당사자들이 직접 대화하고 해결에 합의하는 것보다는 만족스럽지 않다. 어쨌든 당사자들이 스스로 문제를 해결하지 못해 제3자가 판단을 내려주는 것이기 때문이다. 그러니 문제는 해결되지만 당사자들 사이의 갈등은 여전히 남게 된다.

이런저런 방식을 다 따져봐도 당사자들이 직접 대화를 해서 갈등을 해결하는 것보다 바람직한 방법은 없다. 문제는 대화는 시작하는 것조차 쉽지 않다는 것이다.

대화를 해보려고 할 때 부딪히는 가장 현실적인 문제는 어떻게 모두가 대화를 원하는 상황을 만들 것이냐. 그리고 상대가 대화를 거부한다면 어떻게 할 것이냐. 이런 상황은 대화를 방해하는 가장 큰 장애물로, 자주 발생한다. 대체 사람들은 왜 대화를 거부할까?

대화를 거부하는 가장 큰 이유는 각자 자신의 논리와 정당성으로 상대를 굴복시킬 수 있다고 생각하기 때문이다. 갈등에 직면한 사람들 열 중 아홉은 자신이 절대적으로 옳고 상대는 완전히 틀리다고 생각한다. 그리고 자신이 옳다는 것이 밝혀지면 갈등은 자연스럽게 끝날 것이라 생각한다. 문제는 상대도 똑같은 생각을 한다는 것이다. 어쨌든 이런 이유 때문에 대화가 무의미하다고 여긴다. 힘들어도 기다리면 자신의 옳음이 밝혀지고 결국 상대가 무릎을 꿇을 것이기 때문이다.

두번째로 상대적으로 힘이 강한 쪽이 대화를 거부하는 경우가 있다. 자신의 힘을 이용해 충분히 상대를 굴복시키고 원하는 것을 얻을 수 있다고 보기 때문이다. 약한 쪽의 계속되는 저항으로 대립이 길어질 수도 있지만 결국 상대가 자신의 힘에 굴복할 것이라고 생각하는 것이다. 그러니 그때까지 참고 기다릴 뿐이다.

세번째 이유로는 깊은 불신을 들 수 있다. 믿을 수 없는 상대와의 대화를 무의미하다고 생각하는 것이다. 불신은 대립이 격렬해지고 갈등이 길어질수록 더 깊어진다. 갈등이 길어질수록 대화가 힘들어지는 것이 바로 이런 이유 때문이다.

네번째로 관계를 중요하게 생각하지 않는다면 역시 대화를 거부할 수 있다. 본래 친밀한 관계였고 같이 알고 있는 사람들이 많다면 어쨌든 갈등을 빨리 해결해야 하는 이유가 있다. 그러나 본래 관계가 깊지 않았거나 끝장나도 상관없는 관계라고 생각한다면 갈등을 해결해야 할 필요와 압력이 크지 않고 그에 따라 대화를 거부할 수 있다.

마지막으로 갈등 관계에 있는 상대와 마주 앉는 것을 불편하게 여기고 문제를 헤집는 것을 달갑게 생각하지 않기 때문에 대화를 거부하는 경우도 있다. 긁어 부스럼을 만드느니 힘들어도 그냥 현 수준의 갈등을 수용하면서 사는 것이 낫다는 판단을 하는 것이다.

어떤 이유에서든지 한쪽이 대화를 계속 거부하는 상황이라면, 다른 쪽이 아무리 대화의 의지를 가지고 있어도 아무 소용이 없다.

대화를 거부하는 사람을 대화의 자리로 끌어내기 위해서는 먼저 왜 대화를 거부하는지 파악해야 한다. 그런 다음에는 갈등을 해결할 수 있는 최선의 방법이 대화이며 그렇지 않으면 갈등이 지속될 수밖에 없다는 생각을 공유해야 한다. 상대가 거부한다면 한 번의 만남을 제안해보는 것도 좋은 방법이다. 설사 해결의 실마리를 찾을 수 없다 하더라도 자리에 마주 앉는 것은 그 자체로 의미가 있다. 한 번의 만남에서라도 서로의 존재를 인정하고 풀어야 할 문제를 공유하고 있음을 서로 확인할 수 있기 때문이다. 그것이 향후 대화의 디딤돌이 될 수 있다.

한 번의 만남조차 힘든 상황이라 해도 대화를 위해 지속적으로 노력해야 한다. 상대가 월등히 힘이 많아 대화에 응하지 않는다면 조금씩 힘을 키워 힘의 차이를 줄여나가야 하고, 다른 한편으로 힘으로 갈등이 해결되지 않는다는 것을 알려야 한다. 불신이 문제라면 신뢰할 수 있고 말이 통하는 사람이라는 것을 꾸준히 보여줘야 하고, 관계가 중요치 않다고 생각한다면 갈등으로 인해 이미 서로 상호의존적인 관계가 됐음을 알려야 한다. 만나는 게 불편하고 갈등이 확대될 것을 두려워한다면 대화에서 다룰 문제의 범위를 정하고 그것만 다루자고 제안할 수 있다.

대화를 위해 노력하는 것은 필요하지만 그렇다고 대화를 거부하는 사람에게 계속 자신의 주장을 강요하고 억지로 대화 자리로 끌어낼 수는 없다. 그것은 대화의 원칙에 어긋날 뿐만 아니라 효과적인 대화에도 도움이 되지도 않는다. 그렇지만 제대로 갈등을 풀어야 한다면 대화밖에 없다. 이 두 가지 문제를 동시에 해결하기 위해서는 여러 가지 전략과 설득을 병행해야 하며, 인내와 노력 없이는 성공할 수 없다.

4. 관계를 회복할 것인가?

관계는 갈등을 겪는 사람들이 가장 불편해하는 문제다. 관계가 중요할수록 관계를 어긋나게 만든 갈등을 인정하고 감내하는 것을 힘들어한다. 물론 갈등 전에 어떤 관계를 가지고 있었느냐에 따라 관계를 중요하게 여기는 경우도 있고 그렇지 않은 경우도 있다. 그렇지만 관계가 갈등에서 완전히 배제되는 경우는 없다. 갈등 전에 긴밀한 관계를 맺고 있었던 사람들에게는 당연히 관계가 가장 중요한 문제이고, 갈등이 생기면서 부정적 관계를 맺게 된 경우라도 갈등이 이어지는 동안 관계가 지속되기 때문이다. 갈등이 해결된 이후엔 다시는 보지 않게 될 가능성이 높다고 판단하면 갈등과 관계를 분리시켜 관계를 관리하는 데 별로 신경을 쓰지 않기도 한다. 그렇지만 좋지 않은 관계는 어떤 식으로든 갈등에 영향을 미치며 지속적으로 불편한 일을 만든다. 갈등을 겪는 사람들에게 관계는 외면하려 해도 없어지지 않는 문제다.

문제만 일단락될 뿐 갈등은 끝나지 않아서 관계가 전혀 개선되지 않는 경우도 많다. 또한 갈등이 완전히 해결된 경우라도 관계까지 자동적으로 회복되는 경우는 드물다. 이런 경우 사람들은 '과연 관계를 회복해야 하는가?'라는 질문을 하게 된다.

이 질문에 대한 답은 사람이나 집단마다 다를 수 있다. 대부분의 사람들은 관계의 회복을 반드시 필요한 것이 아니라 각자의 판단과 필요에 따라 선택하면 되는 문제라고 생각한다. 그러나 현실적으로 보면 선택의 문제가 아니라 오히려 반드시 다뤄야 하는 문제인 경우가 많다.

첫번째로 관계 회복이 필수가 되는 것은 갈등 이전에 밀접한 관계였고 갈등이 끝난 후에도 계속 보고 살아야 하는 경우다. 가족·친구·동료 등이 이런 경우에 해당된다. 특별히 이 경우에는 관계의 회복 여부가 주변 사람들에게 미치는 영향이 크기 때문에 주변의 기대와 압력이 강하게 가해진다. 따라서 관계 회복이 필요 없다고 말할 수조차 없다.

두번째는 갈등을 야기한 문제가 해결되고 대립도 중단됐지만 근본적인 원인은 그대로인 경우다. 어떻게 보면 갈등이 완전히 해결됐다고 볼 수 없는 경우다. 갈등을 폭발시킨 문제의 해결에는 합의했지만 여전히 상호 존중과 인정이 부족한 친구나 동료, 보상 문제에는 합의했지만 일방적 사업 결정과 강제 토지수용 문제는 다루지 못한 공기업과 지역 주민들의 경우를 생각해볼 수 있다. 이런 경우 근본원인이 해결되지 않았기 때문에 합의가 이뤄졌어도 관계는 전혀 변화되지 않는다. 오히려 이미 악화돼버린 관계 때문에 대립이 재발할 가능성이 크다.

세번째는 내부 구성원들 사이의 갈등과 분열로 조직이나 집단이

제 기능을 하지 못하는 경우다. 대표적인 경우는 공공사업을 둘러싸고 찬성과 반대로 나뉜 마을 사람들이, 갈등이 끝난 후에도 계속 대립하게 되는 경우다. 소속된 사람들 전체가 두 편으로 나눠져 첨예하게 대립했다면 문제가 해결되고 갈등이 끝나도 관계가 회복되지 않는다. 그 결과 그들의 공동생활과 공동체도 예전 수준으로의 회복이 힘들다. 이 경우 조직과 집단의 정상화를 위해서 구성원들 사이의 관계 회복이 반드시 필요하다.

관계를 회복해야 할 필요가 분명해도 당사자들이 관계를 포기하거나 그냥 좋지 않은 상태로 지내는 선택을 할 수도 있다. 그러나 관계가 회복되지 않으면 개인과 집단의 삶이 완전히 복구되지 않으며, 삶의 질은 갈등 전보다 훨씬 낮아진다. 다른 사람을 위해서가 아니라 자신의 삶의 질을 위해서라도 관계를 회복시키는 것이 현명하다.

가장 진전된 이론에 따르면 갈등해결은 관계의 회복까지를 포함한다. 관계가 회복되지 않으면 여전히 감정적 대립이 존재하고 그로 인해 언제라도 새로운 갈등이 생길 가능성이 존재하기 때문이다. 나아가 갈등의 해결은 이전보다 나은 관계로의 변화를 포함한다. 갈등의 원인이 된 상호 존중과 배려가 없는 관계, 힘에 의한 일방적 결정과 강요가 이뤄지는 관계, 상호 소통과 대화가 이뤄지지 않는 관계 등이 그대로 존재한다면 관계의 근본적인 변화는 기대할 수 없다. 오히려 어긋난 관계 때문에 항상 갈등의 재발을 우려해야 한다. 갈등의 재발은 완전히 회복되지 못한 관계를 더욱 악화시킬 것이다.

갈등을 기회로 만들자

갈등에 직면한다는 것은 마음에 무거운 돌 하나가 얹어지는 것과 같다. 아무리 마음을 다잡아도 그 돌의 무게는 가벼워지지 않는다. 돌이 치워질 때까지 삶은 정상으로 돌아오지 않고 치워진 뒤에도 삶은 예전의 모습을 완전히 회복하지 못한다. 이렇게 삶에 중대한 영향을 미치는 갈등을 겪지 않고 살 수는 없을까? 많은 사람들이 이런 생각을 한다. 그렇지만 갈등이 없는 삶은 거의 없다. 나와는 다른 사람들과 함께 산다는 것 자체가 이미 갈등을 전제로 하고 있다. 갈등에 대한 가장 현실적인 접근 방법은, 갈등에 잘 대응하고 가능하면 해결도 잘하며 사는 것이다. 피할 수 없으니 오히려 적극적으로 포용하고 앞서 대응하는 것이 최선의 방법이다.

지금까지 이 책에서 다룬 것은 갈등에 잘 대응하고 나아가 갈등을 잘 해결하기 위해 필요한 기본 정보들이다. 이 정도만 알면 적어도 갈등 때문에 자신과 타인의 삶을 망가뜨리는 일은 피할 수 있다. 나아가 주변의 갈등을 해결하는 데도 도움을 줄 수 있을 것이다. 이 책에서 갈등과 갈등해결에 대한 광범위한 이론은 다루지 않았다. 이론적인 것을 아주 피할 수는 없었지만 되도록 정형화된 이론의 틀에서 벗어나 일상의 갈등을 바라보려고 애썼다. 그런 접근이 독자들이 자기 삶에서 직면하는 갈등을 이해하는 데 도움이 될 것이라 생각했기 때문이다. 하지만 그 결과 갈등과 갈등해결에 대한 포괄적 내용을 다 담지 못했다는 점은 이 책의 의도된 한계라 할 것이다. 따라서 이 책만으로 갈등에 대해 모든 걸 알 수는 없다. 다만 최소한 갈등에 대처하는 삶의 지혜와 정보로 삼을 수 있는 것들을 담았기 때문에 수시로 찾아오는 갈등에 대응하는 데는 분명 도움이 될 것이다.

마지막으로 생각해봐야 할 몇 가지 점을 언급하고자 한다. 이 책을 잘 활용하기 위한 팁이기도 하고 갈등에 대응하는 기본적 태도에 대한 것이기도 하다. 이 책을 통해 지식을 얻는 데 그치지 않고 태도까지 바꾼다면 최소한 자신의 삶이 갈등에 휘둘리지 않을 수 있고, 나아가 갈등을 삶의 질을 높이고 주변 환경과 구조를 개선하는 기회로 만들 수도 있을 것이다.

제일 먼저 자신을 갈등의 피해자로 만들지 않겠다고 다짐해야 한다. 여기에는 두 가지 의미가 있다. 하나는 자기가 겪고 있는 갈등인데, 마치 자신만이 일방적인 피해자인 것처럼 굴지 않아야 한다는 의미다. 다른 하나는 갈등이 자신과 주변의 관계를 해치도록 내버려두지 말아야 한다는 의미다. 피해자가 되지 않으려면 먼저 갈등과 대면하는 것을 두려워하지 않아야 한다. 동시에 억지로라도 갈등을 자신의 상황을 개선하고 문제 대응 역량을 키우는 기회로 생각하는 자세가 필요하다. 언젠가는 닥칠 문제였음을 알고 피하지 않고 과감하게 마주하는 것이 현명한 대응 방법이다. 무엇보다 갈등이 남이 일방적으로 일으킨 것이 아닌, 자신의 문제임을 인정해야 한다. 이런 태도를 가질수록 현재의 갈등에 적극적이고 효율적으로 대응할 수 있고, 향후 다른 갈등을 겪을 때도 갈등의 부정적 영향을 줄이고 긍정적 영향을 키울 수 있다. 주변에서 생긴 갈등에 대응할 때도 같은 태도가 필요하다.

두번째로 삶과 관계의 회복에 관심을 가져야 한다. 갈등은 삶과 관계를 뒤흔든다. 그렇지만 사람들은 갈등을 만든 문제에만 관심을 두고 문제가 해결되면 삶과 관계도 정상이 될 것이라 생각한다. 이런 생각이 맞다면 문제가 해결돼 갈등이 일단락된 후에는 삶과 관계가 최소한 갈등 전의 상태로 회복돼야 된다. 그런데 십중팔구는 그렇지 못하다. 오히려 갈등 전의 상황보다 더 악화된 삶과 관계가 후유증으로 남는다. 갈등 현안을 삶이나 관계의 문제와 별개로 취급하기 때문에 그런 일이 생긴다. 그런 후유증을 만들지 않으려면 삶과 관계의 회복까지를 목표로 갈등을 해결하려고 노력해야 한다. 이런 접근은 적어도 갈등을 중대한 삶의 문제, 현재는 물론 미래의 문제로 진지하게 다루는 것이기에 더 나은 결과를 낳는다.

삶과 관계를 염두에 두고 갈등에 대응하는 것이 너무 이상적인 접근이라고 생각할 수 있다. 당장 코앞에 닥친 싸움부터 끝내는 것이 시급하다면서 말이다. 그렇지만 절대 그렇지 않다. 정치학·사회학·경제학 등이 정치·사회·경제 문제를 다루는 방식을 생각해보자. 이런 학문들은 항상 가장 바람직한 상황을 설정하고 현재의 문제를 해결하기 위한 이론·담론·실천방법을 만든다. 그래야만 문제 해결의 방향을 정하고 옆길로 새지 않기 때문이다. 갈등해결에서도 마찬가지다. 삶과 관계까지 회복시키는 것, 나아가 더 나은 삶과 관계를 만드는 것에 관심을 두지 않으면 당면한 갈등해결조차도 안 될 것이다.

세번째로 대립하고 있는 상대와의 공존을 염두에 둬야 한다. 여기에서 공존은 단순히 집단이나 사회 안에서 같이 존재하는 것이 아니라 서로를 인정하고 나아가 존중하는 것을 말한다. 갈등 관계에 있는 상대와의 대립이 격화되고 증오가 깊어지면 사람들은 보통 상대를 제거하는 데 온 힘을 쏟게 된다. 그런데 그렇게 하면 과연 갈등이 해결되고, 새로운 갈등도 생기지 않으며, 근본적으로 자신의 삶의 질이 향상될까? 단언컨대 그렇지 않다. 오히려 자신과 상대 모두의 삶의 질이 하락한다. 이런 부정적 상황을 만들지 않기 위해 공존에 초점을 맞춘 갈등 대응과 해결 노력이 필요하다. 성인군자여서가 아니라 자신의 갈등을 해결하기 위해, 나아가 상대로부터 자신이 인정과 존중을 받기 위해 필요하다. 한 사회 안에서 같이 살아야 한다면 지극히 바람직하고 당연한 접근이다.

네번째로 갈등을 예방하고 조기에 해결하기 위해 노력해야 한다. 한국인들은 갈등을 만든 문제와 사람을 구분해 대응하는 것을 힘들어한다. 때문에 일단 갈등이 생기면 사람과의 관계가 서먹해지거나 아예 깨져버린다. 그러니 해결보다 예방이 최선이다.

갈등 예방을 위해서는 갈등에 대한 이해를 넓히는 것이 우선이다. 그래야 문제에 신속하게 대응할 수 있고 갈등이 만들어진 후에도 최대한 조기에 해결할 수 있다. 문제가 다 곪아 터질 때까지 방치하거나 성질나는 대로 후련하게 한번 싸워보자는 식의 대응은 무모하다.

　마지막으로 바람직한 갈등 대응 방법을 익히고 연습해야 한다. 이 책에서 얘기한 것들은 크게 두 가지로 정리된다. 하나는 갈등 대응이고 다른 하나는 갈등해결이다. 자신의 갈등을 잘 해결하면서 살고 싶다면, 그리고 주변에도 도움을 주고 싶다면 실천 가능한 것들을 익히고 그것을 연습해야 한다. 갈등이 생겼을 때 예전의 방식을 따르지 말고 왜 갈등이 생겼는지 원인을 찾아보고 성찰하는 것, 자신의 갈등에 거리를 두고 상세 분석해보는 것, 바람직한 해결 방법을 고민하는 것, 대화 방법을 익히고 사소한 일상생활 문제의 해결에 적용해 보는 것 등이 모두 그런 연습에 속한다. 이 책에서 소개한 내용은 이론이 아니라 실천을 염두에 둔 것들이다. 그러므로 그런 연습이 이 책을 가장 잘 활용하는 방법이다. 책에서 얻은 정보를 실생활에서 연습해 자기 것으로 만들면 분명 갈등을 기회로 변화시킬 역량을 키울 수 있을 것이다.

찾아보기